화엄경소론찬요
華嚴經疏論纂要

화엄경소론찬요 ⑳
華嚴經疏論纂要

● **일러두기** ●

1. 이 책의 원서는 명말청초 때의 승려인 도패 스님※이 약술 편저한《화엄경소론찬요》이다.《대방광불화엄경》80권본을 기초로 하여, 경문에 청량 스님의 소초(疏鈔)와 이통현 장자의 논(論)을 붙여 상세하게 풀이하였다.

2. 경(經), 소(疏), 논(論)은 원문에 토를 붙여서 그 뜻을 이해하기 편하도록 했으며, 원문 바로 아래 번역문을 넣었다.

3. 원문을 살려 그대로 옮겨 놓음을 원칙으로 하다 보니 본문의 제목 번호에 있어서 다소 혼동이 올 수 있다. 그럴 경우 목차를 참고하기 바란다.

4. 산스크리트어 표기는〈표준국어대사전〉과〈불광 사전〉등에 등재된 음역어를 사용하였으며, 불교 용어에 대한 설명은 주로〈불광 사전〉을 참고하였다.

5. 내용을 좀 더 쉽게 풀기 위하여 중간에 체계가 약간 바뀌었음을 밝힌다.

※ 위림도패(爲霖道霈, 1615-1702) 스님은 명말청초 때의 조동종 승려이다. 14세 때 백운사(白雲寺)에서 출가하여 경교(經敎)를 공부했다. 영각원현을 모시며 법을 이었고, 천동산(天童山) 밀운원오(密雲圓悟)에게 배워 크게 깨달았다. 그 후 백장산(百丈山)에 암자를 짓고 5년 동안 정업(淨業)을 닦았다. 나중에 고산(鼓山)으로 옮겨 20여 년 동안 살았는데 귀의하는 사람이 매우 많았다.
저술로는《인왕반야경합소(仁王般若經合疏)》3권을 비롯하여《화엄경소론찬요(華嚴經疏論纂要)》120권,《법화경문구찬요(法華經文句纂要)》7권,《불조삼경지남(佛祖三經指南)》3권,《위림도패선사병불어록(爲霖道霈禪師秉拂語錄)》2권,《여박암고(旅泊庵稿)》4권,《선해십진(禪海十珍)》1권,《사십이장경지남(四十二章經指南)》,《불유교경지남(佛遺敎經指南)》,《고산록(鼓山錄)》6권,《반야심경청익설(般若心經請益說)》,《팔십팔불참(八十八佛懺)》,《준제참(準提懺)》,《발원문주(發願文註)》등이 있다.

• 간 행 사 •

《화엄경소론찬요》 번역서를 간행하면서

《화엄경》은 비로자나 세존께서 보리도량에서 처음 정각을 성취하신 후, 일곱 도량 아홉 차례의 법문에서 일진(一眞)의 법계(法界)와 제불의 과원(果願)을 보여주시어 미묘한 현지(玄旨)와 그지없는 종취(宗趣)를 밝혀주신 최상의 경전이다. 이처럼 《화엄경》은 법계와 우주가 둘이 아닌 하나로 그 광대함을 말하면 포괄하지 않음이 없고, 그 심오함을 말하면 갖춰져 있지 않음이 없어 공간으로는 법계에 다하고 시간으로는 삼세에 통하고 있다.

    이러한 이유에서 《화엄경》은 근본 법륜으로 중국은 물론 동양 각국에서 높이 받들며 수많은 주석서가 간행되어 왔다. 그러나 세상에 널리 알려진 것은 청량 국사의 《대방광불화엄경소초(大方廣佛華嚴經疏鈔)》와 통현 장자의 《대방광불화엄경론(大方廣佛華嚴經論)》이다. 소초(疏鈔)는 철저한 장구(章句)의 분석으로 본말을 지극히 밝혀주었고, 논(論)은 부처님의 논지를 널리 논변하여 자심(自心)으로 회귀하고 있는 것이 특징이다. 이처럼 청량소초와 통현론은 양대 명저(名著)로 모두 수증(修證)하는 데에 지극한 궤범(軌範)이었다.

    탄허 대종사께서는 이러한 점을 토대로 통현론을 주(主)로 하고 청량소초를 보(補)로 하여 번역하심으로써 《화엄경》이 동양에 전해진 이후 동양 최초의 《화엄경》 번역이라는 쾌거를 이룩하셨다. 일찍이 한국불교에 침체된 화엄사상은 대종사의 번역에 힘입어 다시 온 누리에 화엄의 꽃비가 내려 화엄의 향기로 불국정토를 성취하여 더할 수 없는, 지극한 법륜을 설하셨다.

그러나 대종사께서 열반하신 이후, 불법은 날로 쇠퇴하고 중생의 근기는 날로 용렬하여 방대한 소초와 논을 열람하기에는 역부족이었다. 이에 대종사의 《화엄경》을 다시 한 번 밝히기 위해서는 또 다른 모색을 필요로 할 시점에 이르렀다. 보다 쉽게 볼 수 있고 간명한 데에서 심오한 데로, 물줄기에서 본원을 찾아갈 수 있는 진량(津梁)을 찾지 않는다면 대종사의 평생 정력을 저버리게 된다는 절박한 마음이 없지 않았다.

청대(淸代) 도패(道霈) 대사는 청량의 소초와 통현의 논 가운데 그 정요(精要)만을 뽑아 《화엄경소론찬요(華嚴經疏論纂要)》를 편집하였다. 이는 매우 방대한 소초와 논을 축약하여, 가까이는 청량 국사와 통현 장자의 심법을 전수하였고 멀리는 비로자나불의 묘체(妙諦)를 밝혀주는 오늘날 최고의 《화엄경》 주석서이다.

이에 《화엄경소론찬요》를 대본으로 하여, 다시 대종사의 번역서를 참고하면서 현대인이 보다 쉽게 이해할 수 있는 번역서를 간행하기에 이르렀다.

이제 돌이켜 생각하면 무상한 세월 속에 감회가 적지 않다. 내 지난날 출가 입산하여 겨우 이레가 되던 날, 처음 접한 경전이 《화엄경》이었다. 행자 생활을 시작한 영은사는 대종사께서 오대산 수도원이 해산된 후, 이의 연장선상에서 3년 결사(結社)를 선포하시고 《화엄경》 번역이라는 대작불사를 시작하여 강의하셨던, 한국불교사에 한 획을 그려준 역사의 도량이었다.

그 당시 대종사께서는 행자인 나에게 《화엄경》을 청강하라 하시면서 "설령 알아듣지 못할지라도 들어두면 글눈이 생겨 안 들은 것보다 낫다."고 권면하셨다. 이제 생각해보면 행자 출가 즉시 《화엄경》 공부 자리에 참여했다는 것은 전생의 숙연(宿緣)이 아니었으면 어떻게 그 당시 그 법회에 참석이나 할 수 있었겠는가. 이는 행운 중 행운으로 다겁의 선근공덕이 아닐까 생각되며, 아울러 늦게나마 대종사의 영전에 하나의 향을 올리는 바이다.

처음 《화엄경》 설법을 듣는 순간, 끝없는 우주법계의 장엄세계가 황홀하고 법계를 맑혀주고 무진 보배를 담고 있는 바다의 불가사의한 공덕이라는 대종사의 사자후가 머릿속에 쟁쟁하게 울려왔을 뿐, 그 도리를 이해한다는 것은 나의 근기로써는 도저히 불가능한 일이었다. "쭉정이만도 못하다."고 꾸지람을 하시던 대종사의 방할(棒喝)을 맞으며 영은사에서의 결사가 끝난 후, 나는 단 한 번도 《화엄경》을 펼쳐 볼 엄두를 내지 못했다.

그러던 몇 해 전, 무비 스님께서 범어사에서 《화엄경》을 강좌하시면서 서울에서도 《화엄경》 강좌를 열어보라고 권할 적만 하더라도 언감생심 《화엄경》을 강의하겠다는 생각을 하지 못하였다. 그러나 씨앗을 뿌려놓으면 새싹이 돋아나듯, 반드시 인연법은 사라지지 않는 모양이다. 영은사에서의 《화엄경》 인연이 자곡동 탄허기념박물관에 화엄각건립불사를 발원하게 되었고, 화엄각건립불사를 위하여 《화엄경》 강좌를 열기에 이를 줄은 꿈에도 생각지 못하였다.

 미력한 소견으로 강좌를 열면서 정리된 강의 자료를 여러 뜻있는 이들과 다시 한 번 토론하고 강마하면서 우선 〈세주묘엄품〉 출간을 시작으로 계속 연차적으로 간행하고 있다.

 이 책이 간행되어 그동안 추진되어온 화엄각 창건 불사 또한 원만히 성취되길 기원한다. 이 귀한 인연공덕으로 다시 한 번 화엄사상이 꽃피어 온 누리에 탄허 대종사의 공덕이 빛나고, 아울러 화엄정토가 구현되어 남북의 통일과 세계의 평화가 이루어지길 진심으로 축원하는 바이다.

2024년 7월

五臺山 後學 慧炬 合掌 再拜

● 추 천 사 ●

인류사에서 가장 위대한 화엄경의 가르침

평소에 늘 두려워하며 존경하는 도반 혜거 스님이 《화엄경소론찬요》를 번역하고 출판하여 이 분야의 사람들을 온통 놀라게 하였습니다. 본디 화엄경에 이 몸을 바친 사람으로서, 어찌 가슴 떨리는 일이 아니겠습니까. 《화엄경소론찬요》 번역을 세상에 알리고 추천하는 글을 이 우둔한 글솜씨로라도 백 번이라도 쓰고 싶습니다.

화엄경이란 무엇입니까? 만약 화엄경을 알지 못하면 불법의 이치를 알지 못합니다. 또 화엄경을 알지 못하면 사람이 본래로 청정법신비로자나 부처님이라는 사실을 알지 못합니다. 이 세상이 그대로 화장장엄세계라는 사실도 알지 못합니다. 세간과 출세간의 진리를 전혀 알지 못합니다. 아름다운 세상과 환희로운 인생을 결코 알 길이 없습니다. 그러니 화엄경을 읽지 않고 어찌 불교를 입에 담으며 어찌 부처님을 입에 담겠습니까. 그래서 청량(淸涼) 스님은 화엄경을 두고 "이 몸을 바쳐서 그 죽을 곳을 얻었다[亡軀得其死所]."라고 하였습니다. 이 얼마나 가슴 저미는 말씀입니까. 그러므로 "화엄경이 있고서야 비로소 불교가 있다."라고 하겠습니다.

화엄경이 흥하면 불교가 흥하고, 화엄경이 흥하면 국가가 흥하였습니다. 원효(元曉) 스님과 의상(義湘) 스님이 화엄경을 흥성(興盛)시키던 신라가 그러했으며, 청량 스님과 통현(通玄) 장자가 화엄경을 흥성시키던 당(唐)나라가 그러하였습니다.

거기에 더하여 찬요(纂要)란 무엇입니까? 그것은 청량 스님의 화엄경에 대한 소(疏)와 통현 장자의 논(論)을 잎과 가지는 남겨두고 뿌리와 큰 줄기에 해당하는 요점만을 추려서 모아온 것입니다. 마치 흙과 잡석들을 걷어내고 진금들만을 모아왔으니 이 어찌 빛나지 않겠습니까. 그래서 화엄경을 그토록 빛나게 한 것은 알고 보면 소론찬요(疏論纂要)였던 것입니다.

옛말에 "산고수장(山高水長)이요, 근고지영(根固枝榮)"이라 하였습니다. 근세 한국의 불교를 중흥시킨 경허(鏡虛) 스님은 수월(水月)·혜월(慧月)·만공(滿空)·한암(寒巖) 등 기라성 같은 제자들을 길러내었는데, 한암 스님 밑으로 선교(禪敎)를 겸비하신 희대의 대석학이요 대선사이신 탄허(呑虛) 큰스님이 계셨습니다.

한암 스님 밑에서 오래 사셨던 범용(梵龍) 스님은 평소에 상원사에서 한암 스님이 화엄경을 강의하시던 일을 들려주셨습니다. 당시 교재는 통현 장자의 《화엄경합론(華嚴經合論)》이었으며 중강(仲講)은 언제나 탄허 스님이셨으므로, 대중들이 모두 동원되는 큰 운력까지도 면해주셨다고 하였습니다. 그날의 그 화엄법수(華嚴法水)가 흘러흘러 영은사의 혜거 행자에게까지 전해지더니 수십 년이 지난 오늘에는 드디어 이와 같은 《화엄경소론찬요》 출판 불사의 큰 바다를 이루게 되었습니다. 이 얼마나 기쁘지 아니합니까. 큰스님께서도 또한 크게 환희용약하시리라 믿습니다.

필자도 또한 작은 인연이 있어서 역경연수원 수학과 큰스님께서 《화엄경합론》을 번역하신 후 교열하고 출판하고 기념 강의를 하시던 일까지 함께하였으니, 가슴이 뜨거운 홍복(洪福)이라는 사실을 알고 있습니다. 그것에 더하여 처음 통도사 강주로 가기 전에 법맥을 전해주시어 큰스님의 뜻을 잇게 하였으니 더없는 영광이지만, 그 보답을 다하지 못하여 아직도 큰 짐을 내려놓지 못하고 있습니다.

앞으로 남은 시간이라도 혜거 화엄도반과 함께 인류사에서 가장 위대한 화엄경의 가르침을 깊이깊이 공부하여 더욱 널리, 더욱 왕성하게 펼쳐서 크나큰 은혜에 보답하려 합니다.

나아가서 이 아름다운 출판 불사에 뜻을 함께한 모든 분께도 큰 감사의 인사를 올리며 이 책이 만천하에 널리 유포되기를 마음 다해 추천하는 바입니다. 이 인연으로 부디 화엄의 큰 물결이 온 세상에 흘러넘쳐서 집집마다 평화와 행복이 가득하기를 기도드립니다.

　나무 대방광불화엄경
　나무 대방광불화엄경
　나무 대방광불화엄경

신라 화엄종찰 금정산 범어사 如天 無比 삼가 씀

● 목 차 ●

간행사 《화엄경소론찬요》 번역서를 간행하면서 5
추천사 인류사에서 가장 위대한 화엄경의 가르침 9

화엄경소론찬요 제90권 ● 이세간품 제38-1

    1. 유래한 뜻을 밝히다 19
    2. 품명의 해석 20
    3. 종취 33
    4. 경문의 해석 45

    제1. 서론 부분 45
        1. 기세간器世間의 원만 45
        2. 지정각세간智正覺世間의 원만 46
        3. 중생세간衆生世間의 원만 56

    제2. 삼매 부분 66

    제3. 삼매를 일으키는 부분 68

    제4. 삼매에서 일어난 부분 70

제5. 법문을 청하는 부분 70

제6. 법문을 설하는 부분 91
    1. 20문은 십신十信의 행에 관한 20가지 물음에 답하다 98
      (1) 9문은 자분행自分行의 원만을 밝히다 98
      (2) 8문은 잘 닦아나가는 행을 밝히다 124
      (3) 3문은 자리이타自利利他의 마지막 경계를 밝히다 145
    2. 20문은 십주十住의 행에 관한 20가지 물음에 답하다 154
      (1) 4문은 발심주發心住의 행을 밝히다 154
      (2) 2문은 치지주治地住 부분의 행을 밝히다 172
      (3) 2문은 수행주修行住 부분의 행을 밝히다 177
      (4) 1문은 생귀주生貴住 부분의 행을 밝히다 183
      (5) 1문은 구족방편주具足方便住 부분의 행을 밝히다 185
      (6) 2문은 정심주正心住 부분의 행을 밝히다 188
      (7) 2문은 불퇴주不退住 부분의 행을 밝히다 194
      (8) 2문은 동진주童眞住 부분의 행을 밝히다 198
      (9) 2문은 왕자주王子住 부분의 행을 밝히다 203
      (10) 2문은 관정주灌頂住 부분의 행을 밝히다 208

화엄경소론찬요 제91권 ◉ 이세간품 제38-2

3. 30문은 십행十行의 행에 관한 30가지 물음에 답하다 215
  (1) 3문은 환희행歡喜行 부분의 행을 밝히다 218
  (2) 요익행饒益行 부분의 행을 밝히다 233
  (3) 무위역행無違逆行 부분의 행을 밝히다 236
  (4) 2문은 무굴요행無屈撓行 부분의 행을 밝히다 242
  (5) 6문은 무치란행無痴亂行 부분의 행을 밝히다 256
  (6) 2문은 선현행善現行 부분의 행을 밝히다 272
  (7) 2문은 무착행無着行 부분의 행을 밝히다 287
  (8) 2문은 난득행難得行 부분의 행을 밝히다 292
  (9) 2문은 선법행善法行 부분의 행을 밝히다 297
  (10) 9문은 진실행眞實行 부분의 행을 밝히다 302
    − 첫째, 관찰의 지혜 302
    − 둘째, 설법의 지혜 304
    − 셋째, 장애를 여읜 지혜 306
    − 넷째, 결정하고 살피는 지혜 308
    − 다섯째, 사무치게 관조하는 지혜 317
    − 여섯째, 똑같을 수 없는 지혜 321

화엄경소론찬요 제92권 ● 이세간품 제38-3

- 일곱째, 못나지 않은 지혜 331
- 여덟째, 드높이 뛰어난 지혜 333
- 아홉째, 심오하고 광대한 지혜 354

4. 29문은 십회향十廻向의 행에 관한 29가지 물음에 답하다 355
  (1) 4문은 구호중생이중생상회향救護衆生離衆生相廻向
      부분의 행을 밝히다 357
  (2) 2문은 불괴회향不壞廻向 부분의 행을 밝히다 391
  (3) 2문은 등일체불회향等一切佛廻向 부분의 행을 밝히다 397
  (4) 지일체처회향至一切處廻向 부분의 행을 밝히다 401
  (5) 무진공덕장회향無盡功德藏廻向 부분의 행을 밝히다 403
  (6) 수순견고일체선근회향隨順堅固一切善根廻向 부분의 행을 밝히다 405
  (7) 평등수순일체중생회향平等隨順一切衆生廻向 부분의 행을 밝히다 407

화엄경소론찬요 제93권 ● 이세간품 제38-4

  (8) 10문은 진여상회향眞如相廻向 부분의 행을 밝히다 412
  (9) 3문은 무박무착해탈회향無縛無著解脫廻向 부분의 행을 밝히다 444
  (10) 4문은 법계무량회향法界無量廻向 부분의 행을 밝히다 451
5. 50문에 답하여 십지위十地位의 행상을 밝히다 485
  (1) 10문은 제1 환희지歡喜地 부분의 행을 밝히다 487
  (2) 6문은 제2 이구지離垢地 부분의 행을 밝히다 511

화엄경소론찬요 제90권
華嚴經疏論纂要 卷第九十

◉

이세간품 제38-1
離世間品 第三十八之一

科分四段

初明來意

과판은 4분야(來意·釋名·宗趣·釋文)로 나뉜다.

1. 유래한 뜻을 밝히다

● 疏 ●

來意有三이니

一은 分來니 前明修因契果生解分이니 則於法起解오 今明託法進修成行分이니 則依解起行이니 義次第故니라

二 會來者는 前會는 因圓果滿이니 生解之終이오 此會는 正行이니 處世無染이 通於始終일새 故次來也니라

三 品來者는 前品은 出現之果 殊勝이오 今明依彼하야 起行圓融이라 故次來也니라 雖一分·一會·一品이 是同이나 所對旣殊며 來意亦別이라

이 품을 여기에 쓰게 된 이유는 3가지이다.

(1) 부분에 의한 유래이다.

앞에서는 '원인을 닦아 결과에 계합하여 이해를 내는 부분[修因契果生解分]'을 밝힌 바 있다. 이는 법에 대해 이해를 일으킴이다. 여기에서는 '법에 의탁하여 닦아나가면서 행을 성취하는 부분[託法進修成行分]'을 밝혔다. 이는 이해를 의지하여 행을 일으키는 것이니, 의의의 차례를 따른 까닭이다.

(2) 법회에 의한 유래이다.

앞의 법회에서는 인과의 원만함을 말하였다. 이는 이해를 내는 끝부분이다.

이 법회에서 말한 바는 바른 수행이다. 세간에 거처하면서도 물듦이 없음이 시작과 끝에 모두 통하기에 다음으로 이를 쓰게 된 것이다.

(3) 품에 의한 유래이다.

앞의 제37 여래출현품에서는 여래 출현의 果德이 뛰어남을 밝혔고, 이 품에서는 여래 출현에 의해 행을 일으킴이 원융함을 밝혔기에 다음으로 이 품을 쓴 것이다.

비록 하나의 부분, 하나의 법회, 하나의 품이 똑같을지라도 상대로 언급한 바 이미 다르고, 이 품을 쓰게 된 이유 또한 다르다.

第二 釋名

2. 품명의 해석

● 疏 ●

亦有三別이니
一 分名者는 沒彼位名하고 但彰行法은 欲顯行位無礙하며 前後圓融일세 故以名也니라

이 또한 3가지가 있다.

1) 부분에 의한 명칭이다.

이는 그 지위의 명칭에 관한 부분을 덮어둔 채, 行法만을 밝힌 것은 行의 지위에 걸림이 없고 앞뒤가 원융함을 밝히고자 이로써 그 명칭을 붙인 것이다.

二 會名者는 約法인댄 不異分名하고 約處인댄 名三會普光明殿之會니 第七重會는 會終歸始라 故雖越四天이나 同爲生解之會니 今復重會는 通對彼分始終하야 依解成行일새 故會普光이라 而前分은 生解差別일새 故寄歷處하야 以顯淺深하고 今分은 起行圓融일새 故一會에 竝收因果하고 亦表成行이 不離普光明智故니라

此中에 不隔餘處어늘 何有重會之義오 若約次第인댄 前時後時 卽是重義오 若約圓融인댄 就義名重이라 故不動前二而升四天이니 二七相望에 亦何所隔가 明知하라 約義인댄 亦猶燈光이 涉入無礙하고 亦似燈炷 重發重明이며 約人인댄 名普慧普賢問答之會라

【鈔_ '第七重會'下는 釋意니 明第七已曾重會故로 今名三會오 而便明七八이 俱會普光이로되 而有差別이라

'而前分'下는 解妨이니 文有二妨이라

初有伏難이니 卽重會不同妨이니 謂有問言호되 一種重會에 何以前歷多會오 此唯一會에 答有二意니 一은 前 約解일새 故須多오 今約行일새 故須一이니 以頓起故니라 二는 前 約行布일새 故歷位不同이오 今 約圓融일새 故一會頓起니 在文可思니라

此中에 不隔餘處어늘 何有重會之義오 卽第二 顯難重會不成妨이라

若約下는 答有二意니

一은 約行布 不壞相邊이오 約時明重이니 如人 前於此講하고 續前이 豈非重耶아

若約圓融下는 二就圓融門이니 約義明重이라

於中有三이니

初標는 可知오

故不動下는 次反難以成이니 謂汝向問意云 第二至第七에 中隔四會라 故得名重이어니와 第七·第八은 中無有隔이어늘 何得名重고 今謂第二望七에 亦不隔越은 何者오 旣不起覺樹而升四天하니 四天·覺樹는 定是一時라 第六他化天後에 卽說第七은 會何隔越가 則二七不隔하로되 亦得名重이어늘 今七·八不隔이어니 何不名重가 明知約義者는 結成七八重會니 皆是約義而言이라 不動前二者는 文中에 雖云不起覺樹나 以普光近覺樹故로 不別言之오 實則不起前二코 頓昇四天也라

亦猶燈光下는 第三 以喩明也라 光雖涉入이나 隨燈有異오 時處雖一이나 約義不同이니 以約圓融인댄 一時頓演이라 故爲此通이라

亦似燈炷下는 復以喩顯이니 前喩는 燈異光重이오 此則燈一光異니 燈一은 喩於一處오 光重은 喩三會不同이라】

2) 법회에 의한 명칭이다.

법으로 말하면 부분의 명칭에 차이가 없지만, 법회의 장소로 말하면 제38 이세간품을 설한 곳은 보광명전에서의 3차 법회이다. 제7차 법회는 화엄법회를 끝마치면서 처음으로 회귀하는 것이다.

이 때문에 비록 제3 도리천 법회, 제4 야마천 법회, 제5 도솔천 법회, 제6 타화자재천 법회를 거쳐 왔지만, 그 모두가 이해를 내는 법이다. 보광명전에서 다시 법회를 열었던 것은 저 四天에서 설법한 '修因契果生解分'의 始終 전체를 상대로 그 이해에 의거하여 행을 성취하고자 한 까닭에 보광명전에서 이 법회를 마련한 것이다.

앞의 '修因契果生解分'은 이해를 내는, 각기 다른 차별이기에 거쳐 오는 하늘에 가탁하여 얕고 깊은 조예의 차이를 밝혔지만, 보광명전에서의 3차 법회에서 밝힌 '託法進修成行分'은 行을 일으킴이 원융하기에 이 하나의 법회에서 인과를 모두 수습하고, 또한 행의 성취가 普光明智를 여의지 않음을 밝혔기 때문이다.

"여기에는 다른 법회 장소와 가로막혀 있는 것도 아닌데, 어찌하여 거듭 3차 법회를 여는 의의가 있는가?"

① 법회의 차례로 말하면, 앞뒤 법회 시간이 다르기에 거듭 3차 법회라는 의의가 있다.

② 원융으로 말하면, 의의의 입장에서 '거듭'이라고 명명하였다. 이 때문에 앞의 제1 아란야법보리장의 법회와 제2 보광명전의 법회 자리에서 꼼짝하지 않고서도 제3 도리천, 제4 야마천, 제5 도솔천, 제6 타화자재천에 오른 것이다. 이로 보면, 제2 보광명전의 법회와 제7 보광명전의 법회를 서로 대조하면 그 무슨 막힘이 있겠는가.

③ 분명히 알라. 의의로 말하면, 또한 하나의 등불이 걸림 없이 모든 곳에 들어가는 것과 같고, 또한 등불의 심지가 거듭거듭 불을

밝혀주는 것과 같다.

④ 사람으로 말하면, 보혜보살과 보현보살이 문답한 법회라 이름 붙여야 할 것이다.【초_ '第七 重會' 이하는 해석한 뜻이다. 제7차 법회는 이미 거듭된 법회임을 밝힌 까닭에 여기에서 '보광명전 3차 법회'라 말하였고, 제7 보광명전의 2차 법회와 제8 보광명전의 3차 법회는 모두 보광명전이라는 똑같은 도량에서 이뤄졌지만, 제2차와 제3차의 각기 다른 법회에 따라 그 설법에 차이가 있다.

'而前分' 이하는 논란을 해석한 부분이다. 이의 해당 문장에 2가지 논란이 있다.

첫째, 논란을 굴복시켰다.

보광명전에서의 제2차 법회와 제3차 법회가 똑같지 않다는 논란이다.

어느 사람이 물었다.

"하나의 거듭된 법회가 무엇 때문에 4차례라는 많은 법회를 거쳐 왔는가?"

이 하나의 법회에 대한 답은 2가지 뜻이 있다.

① 앞의 법회에서는 이해를 내는 것으로 말한 까닭에 많은 법회를 필요로 했고, 여기에서는 행으로 말한 까닭에 하나를 필요로 한 것이다. 이는 단번에 일으키기 때문이다.

② 인식과 수행의 단계에 의한 行布 법문으로 말하면, 거쳐 온 지위가 똑같지 않지만, 여기에서는 원융 법문으로 말한 까닭에 하나의 법회에서 단번에 일으킨 것이다. 이의 경문을 보면서 생각해

야 할 점이다.

또 따져 물었다.

"이 법회는 다른 곳과 막힘이 없는데 어찌하여 거듭된 법회라는 의의가 있는가?"

이는 둘째, 거듭된 법회란 논란이 성립될 수 없음을 밝히고 있다.

'若約' 이하는 대답에 2가지 뜻이 있다.

① 단계에 의한 行布 법문으로 말하면, 현상의 측면을 무너뜨리지 않고, 시간으로 거듭된 법회를 밝힌 것이다. 이는 마치 어느 사람이 이전에 이를 강론하고 앞의 강론을 이어서 강론하는 것을 어떻게 거듭된 강론이 아니라고 말할 수 있겠는가.

'若約圓融' 이하는 ② 원융 법문으로 말하였다. 의의를 들어 거듭된 법회임을 밝힌 것이다.

여기에는 3가지가 있다.

첫 부분의 표장은 설명하지 않아도 알 수 있다.

'故不動' 이하는 다음으로 논란을 반박하여 끝맺음이다.

"그대가 조금 전에 물은 뜻은, '제2 보광명전 1차 법회로부터 제7 보광명전 2차 법회까지는 그 가운데 제3 도리천, 제4 야마천, 제5 도솔천, 제6 타화자재천 4차의 법회가 가로막혀 있기에 '重會'라 말할 수 있지만, 제7 보광명전의 2차 법회, 제8 보광명전의 3차 법회는 그 가운데 가로막힌 법회가 없이 연이어 한 자리에서 열린 법회임에도 어찌하여 重會라 말하는가. 여기에서 제2 보광명전의 법회로 제7 보광명전의 2차 법회를 비춰봄에 또한 가로막힘이 없다는 것은 무엇 때문인가라는 뜻이다.

　이미 부처님은 보리수 아래에서 몸을 일으키지 않고서도 도리천, 야마천, 도솔천, 타화자재천에 오른 것이다. 도리천 등 4하늘에서의 법회와 보리수 아래에서의 법회는 바로 모두 일시에 이뤄진 것이다.

　제6 타화자재천 법회 이후, 바로 제7 보광명전의 2차 법회는 일찍이 그 어떤 가로막힘이 있는가. 제2 보광명전 1차 법회와 제7 보광명전의 2차 법회는 가로막힘이 없지만 또한 거듭된 법회라 말했는데, 여기에서 제7 보광명전의 2차 법회와 제8 보광명전의 3차 법회가 가로막힌 바 없으니 어찌 거듭된 법회라 말하지 않을 수 있겠는가."

　'明知約義'는 제7 보광명전 2차 법회, 제8 보광명전 3차 법회의 '거듭된 법회'에 대해 끝맺음이다. 이는 모두 그 의의를 들어 말한 것이다. 앞의 "아란야법보리장과 보광명전에서 꼼짝하지도 않았다."는 것은 비록 경문에서 "보리수 아래에서 몸을 일으키지 않았다."고 말하지만, 보광명전 가까이에 있는 보리수이기에 별도로 말하지 않은 것이다. 실제로는 앞의 '아란야법보리장과 보광명전'에서 몸을 일으키지 않고서 그 자리에서 단번에 도리천 등 4하늘에 오른 것이다.

　'亦猶燈光' 이하는 제3 비유로 밝힌 부분이다. 등불의 빛은 비록 스며 들어가지만 등불에 따라 차이가 있고, 시간과 공간이 아무리 한곳이라 할지라도 그 의의를 말한 바가 똑같지 않다. 원융 법문으로 말하면 일시 한꺼번에 연설한 것이다. 따라서 이를 통틀어 말한 것이다.

　　'亦似燈炷' 이하는 다시 비유로 밝혔다. 앞의 비유는 등불이 다르지만 빛은 거듭됨을 밝혔고, 여기에서는 등불은 하나이지만 빛이 다름을 밝혔다. '등불이 하나'라는 것은 3차의 법회가 보광명전 한 곳에서 열렸음을 비유하였고, '빛이 거듭됨'은 보광명전에서의 3차 법회의 설법이 똑같지 않음을 비유한 것이다.】

三은 品名 有二니

一은 得名이오 二는 釋名이라

今初 又二니

一은 異名이니 下文十義는 至彼當辨호리라 有別行本하니 名度世經이라 度는 卽離義라 又有別行하니 名普賢菩薩答難二千經이니 此는 就能離人法·受稱이라

二는 正辨本稱이니 總由超絶世染일세 故受其名이니

別有三義니 一은 約法이오 二는 約行이오 三은 約位라

約法之中에 先은 世오 後는 離니

世有三類하니

一은 約事相인댄 有二世間하니 謂器及有情이니 此는 約依正分之니라

二는 約麤細인댄 亦二니 一은 有爲世間이오 二는 無爲世間이니 此約 分段·變易 分之니 以變易非三有攝일세 名之無爲니 故勝鬘云 '有爲生死 無爲生死'라하니라 然麤細雖殊나 體不出二니라

三은 約染淨인댄 有三이니 於初二中에 加智正覺이니 示同世間이나

不同世故니 如地論辨이라

二 明離者는 離有二義니

一은 性離니 世間性空이 卽是出世間故오

二는 明事離니 行成無染故니 力林頌云 '三世五蘊法은 說名爲世間이오 彼滅非世間이니 如是但假名이라하니 滅은 通二義니 於事離中에 有似離·眞離·分離·全離니 次下當辨호리라

二 約行者는 畧爲四句니 一隨 二離 三俱 四泯이라

言'隨'者는 凡夫 沉溺世蘊이니 非離非隨오 二乘은 無悲하야 不能隨世니 雖離非眞이오 菩薩은 能隨니 方爲眞離일세 故以隨釋離라

二'離'者는 有大智故로 了世性離하야 處而不染일세 亦異凡小라

三'俱'者는 悲故常行世間이오 智故不染世法이니 旣以世與性離하야 無二爲其境일세 故以悲智無二爲其行이라 境行融通이 有其三句니

一은 悲無不智니 則世無不離일세 是以로 常在世間호되 未曾不出이라

二는 智無不悲니 故離無不世라 是以로 恒越世表호되 無不游世라

三은 雙融故로 動靜無二하야 唯是一念이니 所謂無念이니 無念等故로 世與出世 無有障礙라

四云'泯'者는 謂境旣世與性離하야 形奪兩亡이라 故令悲智俱融이며 二念雙絶이오 又由境行相由하야 形奪齊離면 則絶待離言이니 融前四句하야 皆無障礙라야 方爲眞離世間也라

三 約位者는 凡夫 染而非離오 二乘은 分離非眞이니 謂果離分段하고 因唯事離니 非今所明이오 菩薩은 具上眞行이니 可得名離나 而非究竟이어니와 唯佛爲離라 故經云 '佛常在世間호되 而不染世法이라

然今文中에 備六位之行이니 卽是行離오 行所依位니 卽是位離라 故若事若理와 若因若果 皆名離也라
'二 釋名'者는 約法事離에 無他受稱이라 離는 非世間이니 卽相違釋이오 若約性離에 通持業釋이오 約行四句에 前三句는 俱通持業·相違二니 事理離故며 泯句는 竝非六釋이어니와 亦可持業이니 泯卽離故라【鈔_ 然此釋名이 妙則妙矣나 易則易焉인새 故不委釋이라】

3) 품에 의한 명칭으로는 2가지가 있다.

(1) 그 이름을 얻게 된 이유이며,

(2) 그 이름에 대한 해석이다.

'(1) 그 이름을 얻게 된 이유' 또한 2가지가 있다.

① 다른 이름이다. 아래의 경문에서 말한 10가지 뜻은 그 해당 부분에서 논변할 것이다. 別行本에서는 그 이름을 '度世經'이라 하였다. 度는 곧 여읜다는 뜻이다. 또 별행본에서는 그 이름을 '普賢菩薩答難二千經'이라 하였다. 이는 人我와 法我를 여읜 입장에서 이런 명칭을 붙인 것이다.

② 본래 명칭으로 말하였다.

위의 2가지 모두 세간의 오염을 초월한 것으로 연유한 까닭에 그런 이름을 붙인 것이다.

이와 별개로는 3가지 뜻이 있다.

① 법으로, ② 行으로, ③ 지위로 말하였다.

'① 법으로 말한' 부분에는 2가지가 있다.

㉠ 세계로 밝혔고,

ⓛ 여의는 것으로 밝혔다.

'㉠世'에는 다시 3가지가 있다.

첫째, 事·相으로 말하면, 2가지 세계가 있다. 器世界 및 有情世界이다. 이는 의보와 정보로 나뉜다.

둘째, 麤·細로 말하면, 또한 2가지 세간이 있다. 하나는 有爲世間, 또 다른 하나는 無爲世間이다. 이는 分段生死와 變易生死로 나뉜다.

변역생사는 三有에 속한 게 아니기에 '무위세간'이라 말한다. 이 때문에 승만경에서는 '有爲生死, 無爲生死'라 말하였다. 그러나 거칠고 미세한 부분이 다르지만, 그 자체는 유위와 무위 2가지에서 벗어나지 않는다.

셋째, 染·淨으로 말하면, 3가지가 있다. 첫째와 둘째에는 智正覺世間을 더하였다. 세간과 같음을 보여주고 있으나, 세간과 같지 않기 때문이다. 이는 地論에서 말한 바와 같다.

'ⓛ 여의는 것으로 밝혔다.'는 것은 여읜다는 데에 2가지 뜻이 있다.

첫째, '자성을 여읨[性離]'이다. 유마경의 不二 법문에서 말한 "세간의 자성이 공한 그 자리가 바로 출세간"이기 때문이다.

둘째, '현상의 사법계를 여읨[事離]'으로 밝혔다. 行이 성취되어 오염이 없기 때문이다. 제20 야마천궁게찬품 제7 力林보살의 게송에서 말하였다.

"삼세와 오온 법은 세간이라 이름하고,

그 세간이 사라지면 세간이 아니다. 이와 같이 이름만 빌렸을 뿐이다."

滅이란 2가지 의의에 모두 통한다.

'현상의 사법계를 여읨' 부분에는 '유사한 여읨[似離]', '진실한 여읨[眞離]', '부분의 여읨[分離]', '전체의 여읨[全離]'이 있다. 다음 아래의 해당 부분에서 논변할 것이다.

'② 행으로 말한' 부분에는 간단하게 4구가 있다.

㉠ 隨, ㉡ 離, ㉢ 俱, ㉣ 泯이다.

'㉠ 隨'라 말한 것은 범부란 세간의 오온에 빠져 있다. 현상의 사법계를 여읜 것도 아니고, 따르는 것도 아니다.

二乘은 중생을 가엾이 여기는 大悲의 마음이 없어 세간을 따르지 않는다. 비록 현상의 사법계를 여의었으나 진실한 여읨이 아니다.

보살은 현상의 사법계를 따르는 주체로서 진실한 여읨이기에, 현상의 사법계를 따르는 것으로 여읨을 해석하였다.

'㉡ 離'란 큰 지혜가 있는 까닭에 세간의 자성을 여읨을 알고 있어, 세간에 거처하면서도 세간에 물들지 않는다. 이 또한 범부·소승과 다른 점이다.

'㉢ 俱'란 것은 중생을 가엾이 여기는 大悲 때문에 항상 세간에서 행하고, 큰 지혜가 있기 때문에 세간의 법에 물들지 않는다. 이미 세간이 자성과 여의어 둘이 없는 것[無二]으로 그 경계를 삼기에 大悲·大智가 둘이 없는 것으로 그 행을 삼는다.

경계와 행이 서로 원융한[境行融通] 부분에는 3구가 있다.

첫째, 大悲는 大智 아닌 게 없다. 세간을 여의지 않음이 없다. 따라서 언제나 세간에 있으면서도 일찍이 출세간 아닌 게 없다.

둘째, 大智는 大悲 아닌 게 없다. 그러므로 세간을 여읜 것이 세간이 아님이 없다. 이로써 항상 세간 밖을 초월하되 세간에서 노닐지 않음이 없다.

셋째, 大智와 大悲가 모두 원융한 까닭에 動靜에 둘이 없다. 오직 한 생각이 이른바 無念이다. 무념이 평등한 까닭에 세간과 출세간에 장애가 없다.

'㉣泯'이란 경계를 말한다. 이미 세간이 자성과 여의어서 形奪로 모두 잊은 까닭에 대비와 대지가 모두 원융하고, 선과 악 2가지 생각을 모두 끊음이며, 또한 경계와 행이 서로 연유하여 形奪로 모두 여의면 상대가 끊어지고 언구를 여의게 된다. 앞의 4구가 원융하여 모두 장애가 없어야 비로소 참답게 세간을 여읨이다.

'③ 지위로 말한다.'는 것은 범부는 오염이라, 세간을 여읜 게 아니며,

이승은 부분으로 세간을 여읜 것[分離]이라, 참답게 세간을 여읨이 아니다. 결과는 중생이 받아온 分段의 몸에서 벗어났고, 원인은 오직 현상의 사법계를 여읜 것을 말한다. 따라서 여기에서 밝힐 바가 아니다.

보살은 위에서 말한 참답게 세간을 여읜 행을 갖추고 있기에, 세간을 여의었다는 이름을 얻을 수 있지만, 결코 究竟의 경지는 아

니다. 따라서 오직 부처님만이 참답게 세간을 여읜 것이다. 그러므로 경문에 이르기를, "부처님은 언제나 세간에 있으면서도 세간의 법에 물들지 않는다."고 말하였다.

그러나 이의 경문에는 6位[十信·十住·十行·十迴向·十地·等覺]의 行을 갖추고 있으니, 이는 行의 離世間이며, 의지 대상의 지위에서 행하니, 이는 位의 이세간이기 때문에 이처럼 사법계, 이법계, 원인, 결과를 모두 '이세간'이라고 말한다.

'(2) 그 이름에 대한 해석'이란 법의 이세간으로 말하면 다른 명칭을 붙일 수 없다.

離는 세간이 아니므로, 이는 곧 相違釋(dvaṃdva)이며,

만약 性의 이세간으로 말하면 持業釋(karma-dhāraya. 또는 同依釋)에 통하고,

行의 4句로 말하면 앞의 3구[隨, 離, 俱]는 지업석과 상위석 2가지에 모두 통한다. 이는 사법계와 이법계의 이세간이기 때문이며, '泯' 구는 아울러 6釋[依主釋, 相違釋, 持業釋, 帶數釋, 鄰近釋, 有財釋]은 아니지만, 또한 持業釋이라고 할 수도 있다. 泯이 여읨[離]이기 때문이다.【초_ 그러나 이러한 명칭의 해석이 미묘하다면 미묘하지만, 쉽다면 쉽기 때문에 자세히 해석하지 않는다.】

第三 宗趣

3. 종취

◉ 疏 ◉

頓彰六位 理事二離로 爲宗이오 令體性離하야 頓成眞離究竟로 爲趣니라

한꺼번에 6위[십신·십주·십행·십회향·십지·등각위]가 이법계와 사법계 2가지를 모두 여의는 것으로 종지를 삼고, 체성을 여의어 한꺼번에 참답게 세간을 여의는 究竟으로 나아갈 바를 삼는다.

◉ 論 ◉

將釋此品에 約作五門호리니

一은 釋品名目이오 二는 釋品來意오 三은 釋叙致始成覺所由오 四는 釋說法之主의 所以오 五는 隨文釋義라

이 품을 해석함에 있어 간추려 5가지 부분으로 나누고자 한다.

(1) 품의 명목을 해석하였고,

(2) 품의 유래한 뜻을 해석하였으며,

(3) 始成正覺에 이르게 된 연유를 해석하였고,

(4) 설법주가 될 수 있는 그 이유를 해석하였으며,

(5) 경문을 따라 그 의의를 해석하였다.

'一 釋品名目'者는 所以名離世間品은 明前品을 旣名如來出現일세 此品을 卽名得離世間이니 故名離世間이라

此有二義하니

一은 望說法之主컨댄 說敎益衆生이 是利益世間品이니 合作利益之名이오

二는 望衆生聞法컨댄 處世無染이 是離世間品故니
此約說法之主와 及得益者하야 二義通釋이라

'(1) 품의 명목을 해석하였다.'는 것은 '이세간품'이라 이름 붙인 바는 앞의 제37품에서 이미 '여래출현품'이라 명명하였기에, 이 품을 '이세간품'이라 이름 지은 것이다. 이런 이유에서 '이세간품'으로 명명함을 밝힌 것이다.

여기에는 2가지 뜻이 있다.

① 설법주를 상대로 말하면, 설교로써 중생에게 이익을 줌이 바로 '세간에 이익을 주는 품[利益世間品]'이다. 당연히 이익이란 이름을 써야 한다.

② 법을 듣는 중생을 상대로 말하면, 세간에 거처하면서도 오염됨이 없는 것이 바로 '이세간품'이기 때문이다.

이는 설법주와 이익을 얻는 중생을 들어, 2가지 뜻으로 통틀어 해석한 것이다.

'二 釋品來意'者는 明前品은 是五位升進已終에 自己佛果覺行已滿이오 此品은 是普賢常行이라 自從初如來始成正覺已來로 一時同說이니 是古今諸佛共行이며 從普光明殿에 說十信心法으로 乃至四十品經히 天上人中에 不離一刹那際三昧코 以普光明智로 一時普印하야 一時同說일새 以此諸會와 及至升天에 皆云不離始成正覺普光明殿이니 此明圓通始末하야 時法不遷故로 此品이 須來라

'(2) 품의 유래한 뜻을 해석하였다.'는 것은 앞의 제37 여래출현

품에서는 5위[십신·십주·십행·십회향·십지]의 승진이 이미 끝난 자리이다. 이는 자기의 佛果 覺行이 이미 원만하다. 따라서 이 품은 보현보살이 일상으로 행하는 법문이기에, 처음 여래가 처음 정각을 성취한 이후로 일시에 똑같이 말한 것이다.

이는 고금 모든 부처님의 공통된 행이며, 보광명전에서 十信의 법을 설함으로부터 〈제27 십정품, 제28 십통품, 제29 십인품, 제30 아승지품, 제31 여래수량품, 제32 제보살주처품, 제33 불부사의법품, 제34 여래십신상해품, 제35 여래수호광명공덕품, 제36 보현행품, 제37 여래출현품, 제38 이세간품과 같은 12품의 경문과〉 나아가 40품의 경문에 이르기까지 천상과 인간세계 가운데서 1찰나의 사이에도 삼매를 여의지 않고, 보광명지로써 일시에 널리 도장을 찍어 일시에 똑같이 설법한 것이다. 이 때문에 모든 회상과 승천에 이르기까지 모두 "처음으로 정각을 성취한 보광명전에서 떠난 적이 없다."고 말하였다.

이는 처음과 끝까지 원만히 통하여 시간과 설법이 바뀌지 않음을 밝힌 까닭에 이 품을 반드시 여기에 쓰게 된 것이다.

三 釋敍致始成正覺之所由者는 何故品初에 敍其使始成佛之時及處오 經云 '爾時 世尊 在摩竭提國 阿蘭若法菩提場中 普光明殿'으로 乃至 妙悟已滿'者는 意明此十定과 及離世間品等의 五位進修始終이 皆以此普賢行體로 爲升進故며 又四十品이 意謂는 雖別이나 總不離普光明智十定之體로 一時同說일세 無前後際하야 十方同然이라 已此升天에 但云 不離菩提場普光明殿이오

如說十定品一會에 說十一品經일세 在於十定初하야 亦同此品의 如前敍致하야 還云 爾時 世尊 在摩竭提國으로 乃至 妙悟已滿은 以明十定品이 以定無前後하야 普收一部經之始末과 及三世故오 此離世間品은 以其二千法門의 普賢行體로 成佛因果하야 普收前後와 及以三世常然之道일세 故以敍之니

明總是初成正覺時에 一時以普光明智로 人間天上과 以及十方世界를 一時頓印하야 無有前後하야 圓鏡頓照諸境이니 爲此敎 頓爲大心衆生하야 頓擧智境이라 非如劣解者의 情識所知故로 成佛도 亦一念成이며 說敎도 亦一念說이니 但約智體오 非三世時分歲月情量所收故니라

'(3) 始成正覺에 이르게 된 연유를 해석하였다.'는 것은 무슨 까닭에 품의 첫머리에서 처음으로 성불한 시간과 장소를 서술했을까?

경문에서 "그때, 세존께서는 마갈제국 아란야법보리장의 보광명전에 계시면서… 미묘한 깨달음이 이미 원만하였다."고 말한 뜻은 제27 십정품과 제38 이세간품 등에서 5위를 닦아나가는 시작과 끝이 모두 이 보현행의 체성을 승진으로 삼음을 밝힌 까닭이며,

또한 40품에서 말한 뜻은 비록 다를지라도 총체로 보광명지 십정의 체성을 여의지 않고, 일시에 똑같이 설하기 때문에 먼저와 나중의 차별이 없이 시방이 모두 똑같은 것이다. 이 때문에 승천에서 "법보리장의 보광명전을 여의지 않는다."고 말하였을 뿐이다.

제27 십정품을 설법한 제7회(보광명전 제2 법회)에서 11품(제27 십

정품~제37 여래출현품)의 경문을 설법할 적에 십정품의 첫머리 또한 이 품의 첫머리에서 말한 것처럼 똑같이 말하였다.

"그때, 세존께서 마갈제국에 계시면서… 미묘한 깨달음이 이미 원만하였다."

이는 제27 십정품에서 말한 선정[定]이 전후의 차이가 없어서 널리 화엄경 전체 경전의 始末과 삼세를 거두어들임을 밝힌 것이다.

그리고 이 이세간품은 그 2천 문의 보현행의 체성으로써 부처의 인과를 성취하여 널리 전후 및 삼세의 영원히 그러한 도를 거두어 묶은 까닭에 이를 서술한 것이다.

총체적으로 처음 정각을 성취할 때, 일시에 보광명지로써 인간과 천상, 그리고 시방세계를 일시에 한꺼번에 도장을 찍어 전후의 차별이 없이 원만한 거울로 모든 경계를 단번에 비춤을 밝힌 것이다.

이 가르침이 단번에 大心의 중생을 위하여 지혜 경계를 단번에 들어 말한 부분이라, 저속한 이해를 지닌 자의 情識으로는 알 수 있는 대상이 아니다. 이 때문에 성불 또한 한 생각의 찰나에 성취하고, 설교 또한 한 생각의 찰나에 연설한 것이다. 다만 지혜의 체성을 들어 말한 것이지, 삼세의 時分歲月의 情識과 사량으로는 수습할 수 있는 게 아니기 때문이다.

'四 釋說法之主所以者는 此品이 何故로 還令普賢菩薩說者오 明此二千法門이 是普賢所行常行故로 還令普賢으로 自說自行하야 令諸聞法者로 倣而敎之하야 卽行普賢之行이니 如是乃至示現成佛과 入涅槃이 總是普賢行故니라

若以根本法身智身佛인댄 無成壞之功이어니와 以差別智論인댄 總是普賢行攝故니라 是故로 如來出現品은 明自己覺行圓滿故로 十方諸佛이 同號普賢이니 以明十住十行十廻向中엔 但一分覺心으로 能治一切煩惱中一分麤惑行하야 得一分慈悲일새 雖踐普賢一分行蹤이나 然未全具普賢行滿故로 隨位佛果 但同號爲月 爲眼 爲妙어니와 至如來出現品하야는 明覺行齊圓故니라

是以로 不可說佛刹微塵數佛이 同號普賢佛故니 明根本智로 全成差別智하야 用滿得名故로 以體收用이니 此乃就用成名이니 若約初心信解인댄 卽將用從本하야 本以普賢用으로 從根本智일새 世界名金色이며 佛果號不動智며 能覺之人을 號曰文殊어니와 此至自行佛果覺行已圓하야 卽以根本智로 從用일새 佛號普賢故며 所行行도 亦號普賢故니 如說此品普賢은 是約本從用普賢이며 及說十定品普賢도 亦是어니와 如初會中普賢은 是毘盧遮那如來의 自行普賢이며 十定品已來普賢은 是凡夫 從十信十住已來의 升進道滿한 自行普賢이니 明自十信心으로 至十地는 以用從本하야 卽成根本智하야 使令圓滿이오 從十地로 向十一地는 以根本智從用하야 成差別智하야 一向利生이니 卽說十定已來普賢菩薩이 是也라

是故로 說十定品時에 已登十地諸菩薩이 再三求覓普賢不得者는 明以根本智會用이 未及滿故오 如來 令生想念에 普賢이 如對目前하야 方得見者는 明純用是普賢故로 卽以智想從用이라

是故로 出現品中에 令文殊로 問普賢者는 明以體從用故오 如說

此品普賢은 是主 以體從用普賢이니 共初如來初會中普賢으로 其功이 相似라 是以로 初會所說法門이 皆令普賢說法이니 亦是以體從用이어니와 第二會는 以普賢智用從體하야 直至十地히 皆是以用從體하야 且令成其根本智하야 使圓明하고 然後十地終에 捨三昧涅槃樂이 如稠林煩惱故로 方令具普賢大用하야사 始得稱周設敎하야 於生死中自在故니라

如是安立修行이 以智境으로 乃至一時일새 是故로 十定及此品에 總通敍致始成正覺菩提場始末이니 有發心之士는 深須得意하야사 方堪修道이니와 作前後하야 多生尋求하면 不可相應이니 但自以定慧力으로 觀照 所緣眞俗內外心境의 染淨偏多處하야 以理智體用平等法으로 而用治之호대 散動이 多者는 以定治之하고 樂寂이 多者는 以平等法身과 及大願廻向力으로 以悲智治之를 一如此 經五位修行法治之하야 至究竟趣니

若自智不及이면 志求良匠이오 不可安然하야 致無所益이니 當知此說法主者는 是成佛果後에 以體從用普賢이 說始終常道일새 普賢二千種法이 用該萬行이니 八地엔 捨七地中有行有開發하고 智淨無功하며 十地엔 捨涅槃三昧稠林行하고 成普賢行하야 入於生死하야 圓滿大悲 方始自在니라

'(4) 설법주가 될 수 있는 그 이유를 해석하였다.'는 것은 무슨 까닭에 보현보살로 하여금 이 품을 말하도록 했을까?

여기에서 말한 2천 가지의 문이란 보현보살이 일상으로 행한 일들이다. 따라서 또한 보현보살로 하여금 자신이 행했던 바를 스

스로 말하도록 하여, 설법을 듣는 모든 이로 하여금 이를 본받아 배워서, 보현행을 행하도록 함을 밝힌 것이다.

　이처럼 성불을 나타내 보이는 것, 열반에 드는 것에 이르기까지 모두가 보현행이기 때문이다. 만약 근본의 法身智身佛로서 말한다면 이뤄지거나 무너지는 일이 없지만, 차별지로써 논하면 모두가 보현행에 포괄되기 때문이다.

　이 때문에 제37 여래출현품은 자기의 覺行의 원만함을 밝히기에 시방 모든 부처가 똑같은 명호인 보현이다. 이로써 십주·십행·십회향에서는 다만 1분의 覺心으로 일체 번뇌 가운데 1분의 거친 미혹의 행을 다스려서 1분의 자비를 얻을 뿐이다. 이는 비록 보현보살이 행한 1분 자취를 실천한 것이라 할지라도 원만한 보현행을 온전히 갖추지는 못하였다. 이 때문에 지위에 따른 佛果는 다만 똑같은 명호로 '月' '眼' '妙'라 말함을 밝혔을 뿐이다. 그러나 여래출현품에 이르러서는 각행이 모두 똑같이 원만함을 밝힌 것이다.

　이 때문에 말로 다할 수 없는 국토의 미진수처럼 수많은 부처님의 명호가 모두 똑같은 '보현불'이다. 선천의 근본지로 후천의 차별지를 온전히 성취하여 妙用이 원만한 데서 얻은 명호이기에 본체로써 작용을 수습하였음을 밝힌 것이다. 이는 작용의 입장에서 그 명호를 성취하였기 때문이다.

　만약 초심의 신심과 이해로 말하면, 작용을 가지고 본체를 따라서 본래 보현보살의 묘용으로 근본지를 따르는 것이기에 세계의 명칭은 '금색세계', 불과의 명호는 '부동지불', 정각 성취의 주체가 되는 인물의 명호는 '문수'라 하였다. 그러나 이 품에서는 스스로 행한 불과의 覺行이 이미 원만한 자리에 이르러, 근본지로써 작용을 따르는 것이므로 부처의 명호는 보현이며, 행하는 바의 행 또한 그 명호가 보현이기 때문이다.

제38 이세간품을 설법한 보현보살은 바로 근본지에서 작용을 따르는 보현이고, 제27 십정품을 설법한 보현 또한 이에 해당한다. 그러나 아란야법보리장에서의 初會 설법주 보현은 비로자나여래가 스스로 행한 보현이며, 제27 십정품 이후에서 말한 보현은 범부가 십신·십주 이후로부터 위로 올라가면서 스스로 원만하게 도를 행한 보현을 말한다.

십신의 마음으로부터 십지에 이르는 것은 작용으로 본체를 따라서 근본지를 성취하여 원만케 하는 것이며, 십지로부터 11지로 향하는 것은 근본지로써 작용을 따라 차별지를 성취하여 하나같이 중생에게 이익이 되는 일을 밝힌 것이다. 십정을 말한 이후의 보현보살이 이에 해당된다.

이 때문에 제27 십정품을 설할 때, 이미 십지에 오른 모든 보살이 두 번 세 번 보현행을 구함에도 이를 얻지 못한 것은 근본지로써 작용을 회통함이 원만한 자리에 이르지 못함을 밝힌 것이며, 여래가 생각을 내어 보현을 눈앞에 대하듯이 해야 비로소 볼 수 있다는 것은 순수한 작용이 바로 보현이기 때문에 곧 지혜의 생각으로써 작용을 따름을 밝힌 것이다.

그러므로 제37 여래출현품에서 문수보살로 하여금 보현보살에게 묻도록 한 것은 본체로써 작용을 따름을 밝혔기 때문이며, 이 품을 설한 보현보살은 본체로써 작용을 따름을 위주로 하는 보현이다. 아란야법보리장에서의 최초 법회 설법주 보현과 그 공덕이 서로 비슷하다.

이 때문에 최초 법회에서 설한 법문이 모두 보현보살로 하여금 설법하도록 한 것이다. 이 또한 본체로써 작용을 따르는 것이며, 보광명전에서의 제2 법회는 보현보살의 지혜 작용으로 본체를 따라서 바로 십지에 이르기까지 모두 작용으로써 본체를 따라서 근본지를 성취하여 원만히 밝히고, 그런 뒤에 십지가 종결되면 삼매열반의 즐거움을 버리되 마치 빽빽한 번뇌의 숲을 버리듯이 하는 것이다. 이 때문에 바야흐로 보현의 큰 작용을 갖춰야 비로소 두루 원만함에 걸맞은 가르침을 마련하여 생사 속에서 자재하기 때문이다.

이처럼 안립한 수행이 지혜 경계로써 일시에 이뤄진 것이다. 이 때문에 십정과 이 품에서 모두 처음 정각을 성취한 보리장의 시말을 통틀어 서술한 것이다. 발심한 사람들은 반드시 깊이 뜻을 얻어야 비로소 도를 닦을 수 있는 것이지, 전후의 차별을 통하여 많은 생을 거쳐 찾는다면 이에 상응할 수 없다.

다만 자신의 定慧力으로 반연 대상[所緣]인 眞諦와 俗諦, 안과 밖, 마음과 경계에서 유독 오염과 청정이 치우친 곳을 관조하여, 理·智와 體·用의 평등한 법으로 다스리되, 마음이 산란하고 흔들림이 많은 자는 선정으로 다스리고, 적멸의 즐거움이 많은 자는 평등한 법신과 大願의 廻向力인 자비와 지혜로써 다스리는 것을 하나같이 이 경문의 5위 수행법처럼 다스려서 최고의 경지[究竟趣]에 이르러야 한다.

만약 자신의 지혜가 미치지 못하면 훌륭한 선지식을 찾아야 하는 것이지, 안일하게 아무런 이익이 없는 일들을 불러들임이 없어야 한다. 이에 반드시 알아야 할 게 있다. 이 설법주는 불과를 성취한 뒤에 본체로써 작용을 따르는 보현이 시종 常道를 설법하기 때문에 보현의 2천 문으로 만행을 총괄했다는 사실이다.

제8 부동지에서는 제7 원행지에서의 수행을 필요로 함과 개발을 필요로 함을 버려 두었기에, 지혜가 청정하여 더 이상 노력할 게 없으며, 제10 법운지에서는 열반삼매의 稠林行을 버려 두고 보현행을 성취하여, 생사에 들어가 원만한 大悲가 비로소 자재하게 된 것이다.

'第五隨文釋義'者는 於此一品에 有七卷經을 如文自明이라

'(5) 경문을 따라 그 의의를 해석하였다.'는 것은 이 품의 7권 경문에서 말한 바와 같이 경문 자체에 스스로 밝히고 있다.

第四釋文

長科十分이니

一은 序分이오 二는 三昧分이오 三은 發起分이오 四는 起分이오 五는 請分이오 六은 說分이오 七은 結勸分이오 八은 現瑞分이오 九는 證成分이

오 十은 重頌分이라

今初는 有三이니

一은 器世間 圓滿이니 義如前釋이오 二는 智正覺世間 圓滿이오 三은 衆生世間 圓滿이라

今은 初라

4. 경문의 해석

큰 과목으로는 10부분으로 나뉜다.

제1. 서론 부분,

제2. 삼매 부분,

제3. 삼매를 일으키는 부분,

제4. 삼매에서 일어난 부분,

제5. 법문을 청하는 부분,

제6. 법문을 설하는 부분,

제7. 끝맺으면서 권면하는 부분,

제8. 상서가 나타난 부분,

제9. 증명 성취의 부분,

제10. 게송 부분이다.

'제1. 서론 부분'에는 3가지가 있다.

1. 기세간의 원만, 이의 의의는 앞의 해석과 같다.

2. 지정각세간의 원만,

3. 중생세간의 원만이다.

이는 '1. 기세간의 원만'이다.

經

爾時에 **世尊**이 **在摩竭提國 阿蘭若法 菩提場中 普光明殿**하사 **坐蓮華藏師子之座**하사

그때, 세존이 마갈제국 아란야법보리도량의 보광명전에 머물면서 연화장 사자좌에 앉으셨는데,

二 智正覺世間 圓滿
   2. 지정각세간의 원만

經

妙悟皆滿하시며 **二行永絶**하시며 **達無相法**하시며 **住於佛住**하시며 **得佛平等**하시며 **到無障處**하시며 **不可轉法**이시며 **所行無礙**하시며 **立不思議**하시며 **普見三世**하시며 **身恒充徧一切國土**하시며 **智恒明達一切諸法**하시며 **了一切行**하시며 **盡一切疑**하시며 **無能測身**이시며 **一切菩薩等所求智**시며 **到佛無二究竟彼岸**하시며 **具足如來平等解脫**하시며 **證無中邊佛平等地**하시며 **盡於法界**하시며 **等虛空界**하시니라

미묘한 깨달음이 모두 원만하시며,

유지(有知)와 무지(無知) 두 가지 행을 영원히 끊었으며,

모양 없는 법을 통달하였으며,

부처님이 머문 자리에 머물렀으며,

부처의 평등을 얻었으며,

장애가 없는 곳에 이르렀으며,

물러서지 않는 법이며,

행하는 바에 장애가 없으며,

불가사의의 경계를 세웠으며,

삼세를 두루 보았으며,

몸은 언제나 일체 국토에 가득하며,

지혜는 언제나 일체 모든 법을 밝게 통달하였으며,

모든 행을 분명히 아셨으며,

모든 의심을 끊었으며,

헤아릴 수 없는 몸이며,

일체 보살 등이 추구하는 지혜이며,

부처의 둘이 없는 구경의 피안에 이르렀으며,

여래의 평등한 해탈이 두루 넉넉하며,

중간과 언저리가 없는 부처의 평등한 곳을 증득하였으며,

법계에 다하며,

허공계와도 같았다.

● *疏* ●

明佛二十一種殊勝功德이니 廣引諸論은 已見升兜率品이어니와 今但畧明호리라

初句는 爲總이니 具下二十一種功德이라 故云妙悟皆滿이라
後'二行'下는 別이니 於中에 前四는 自利오 餘皆利他니라
前中에 一은 智德이오 二는 斷德이오 三은 恩德이오 四는 作用平等德이라

부처님의 21가지 뛰어난 공덕을 밝혔다. 널리 여러 논경을 인용함은 이미 제23 승도솔천궁품에 나타나 있지만, 여기에서는 간단히 밝히고자 한다.

첫 구절은 총체로서 아래의 21가지 뛰어난 공덕을 갖추고 있다. 이를 "미묘한 깨달음이 모두 원만하다."고 말하였다.

뒤의 '二行永絶' 이하는 개별로 밝혔다.

'뒤의 20구' 가운데 앞의 4구는 자리행이고, 나머지는 모두 이타행이다.

'앞의 4구' 가운데

제1구[二行永絶]는 지혜의 공덕,

제2구[達無相法]는 결단의 공덕,

제3구[住於佛住]는 은혜의 공덕,

제4구[得佛平等]는 작용 평등의 공덕이다.

今初'二行永絶'은 卽於所知에 一向無障轉功德이니 佛地經에 名不二現行이니 不字는 此宜言無니 卽永絶義니 謂佛智德이 離所知障하야 非如聲聞極遠時處等이 有不知故라 有知不知 卽是二行이니 今無不知일세 故云永絶이라

제1구 "두 가지 행을 영원히 끊었다."는 것은 '아는 바에 하나같이 걸림이 없이 전변하는 공덕'이다.

불지경에서는 이를 '둘이 아닌[不二] 現行'이라고 이름 붙였다. 不二의 '不' 자란 여기에서는 없다[無]는 뜻으로 말해야 한다. 영원히 끊는다는 뜻이다. 부처님의 지혜공덕이 所知障을 여의어, 지극히 머나먼 시간과 공간 등을 알지 못하는 성문과는 다르기 때문이다.

有知와 不知는 곧 2가지 行이다. 여기에서는 알지 못함이 없기에, 이를 "영원히 끊었다."고 말한다.

二'達無相法'은 則於有無 無二相에 眞如最勝淸淨能入功德이니 彼經에 名趣無相法이니 趣는 謂趣入이니 卽此達義라 然無相法은 體卽眞如니 無彼有無二相일세 故名無相이오 諸法中最라 淨無客塵하야 令自他入이 勝於二乘일세 名最勝淸淨이라

제2구 "모양 없는 법을 통달하였다."는 것은 '有와 無, 2가지 모양이 없는 자리에 진여의 가장 뛰어나게 청정함으로 들어가는 공덕'이다.

그 경문에서는 "모양 없는 법에 나아감[趣無相法]이다."고 말하였다. 趣는 달려 들어감을 말하는 것이니, 이는 '통달'하다의 뜻이다. 그러나 '모양 없는 법'의 본체가 바로 진여이다. 저 有·無 2가지 모양이 없기에 이의 이름을 '無相'이라 말하고, 모든 법 가운데 최상이라, 청정하여 客塵이 없다. 나와 남으로 하여금 그 자리에 들어가게 함이 이승보다 뛰어나기에 그 이름을 '最勝淸淨'이라 말한다.

三'住於佛住'者는 卽無功用佛事에 不休息功德이니 世親云 '謂住佛所住호되 無所住處라하니 此卽釋經이오 於此住中에 常作佛

事하야 無有休息이 此卽解論이니라

제3구 "부처님이 머문 자리에 머물렀다."는 것은 '노력으로 힘쓰는 일이 없는 부처의 일에 멈춤이 없는 공덕'이다.

세친보살이 말하였다.

"부처님이 머문 자리에 머물되 머문 곳이 없음을 말한다."

이는 경문의 해석이다.

"이처럼 머문 자리에서 언제나 불사를 지으면서 멈춤이 없다."

이는 바로 논의 해석이다.

四'得佛平等'은 卽於法身中에 所依意樂作事無差別功德이니 謂諸佛有三事無差니 一은 所依智 同이오 二는 益生意樂 同이오 三은 報化作業 同일세 故云平等이라

제4구 "부처의 평등을 얻었다."는 것은 법신 가운데 '좋아하는 생각에 의지하여 일을 일으키는, 차별이 없는 공덕'이다.

일체 여러 부처님에게 차별이 없는 3가지의 일이 있다.

⑴ 의지한 바의 지혜가 똑같고,

⑵ 중생에게 이익이 되는 것을 생각하고 좋아함이 똑같으며,

⑶ 報身佛과 化身佛의 하는 일이 똑같기에 이를 '평등'이라 말한다.

五'到無障處'는 則修一切障對治功德이니 世親云 '謂一切時에 常修覺慧하야 對治一切障故라하니 此明覺慧爲能治오 一切障卽 二障 爲所治니라

제5구 "장애가 없는 곳에 이르렀다."는 것은 '일체 장애를 닦아

다스리는 공덕'이다. 세친보살이 말하였다.

"모든 시간에 언제나 覺慧를 닦아서 일체 장애를 다스리기 때문이다."

이는 각혜란 다스림의 주체이고, 일체 장애는 소지장과 번뇌장으로 다스림의 대상임을 밝혔다.

六'不可轉法'은 卽降伏一切外道功德이니 謂敎證二道를 他不能動故니라

제6구 "물러서지 않는 법이다."는 것은 '일체 외도를 항복시키는 공덕'이다.

교도와 증도 2가지를 남들이 흔들지 못하기 때문이다.

七'所行無礙'는 卽生在世間하야 不爲世法所礙功德이니 謂利衰等 八法이 不能拘故니라

제7구 "행하는 바에 장애가 없다."는 것은 '세간에 살면서도 세간법에 장애되지 않는 공덕'이다.

'利·衰·毁·譽·稱·譏·苦·樂' 8가지의 법[八風]이 그를 구속하지 못하기 때문이다.

八'立不思議'는 卽安立正法功德이니 謂安立十二分敎오 餘不能思故니라

제8구 "불가사의의 경계를 세웠다."는 것은 '바른 법을 정립한 공덕'이다.

12分敎[十二部經]를 안립할 뿐, 나머지를 생각지 않기 때문이다.

九'普見三世'는 卽授記功德이니 謂記別過未 皆如現在故니라

제9구 "삼세를 두루 보았다."는 것은 '授記의 공덕'이다.

과거와 미래의 기별이 모두 현재와 같기 때문이다.

十'身恒充滿一切國土'는 卽一切世界에 示現受用變化身功德이니 謂二種身 徧二種國故니라

제10구 "몸은 언제나 일체 국토에 가득하다."는 것은 '일체 세계에 몸을 나타내는 수용신과 변화신의 공덕'이다.

이는 수용신과 변화신 2가지 몸이 淨土와 穢土 2가지 나라에 두루 존재하기 때문이다.

十一'智恒明達一切諸法'은 卽斷疑功德이니 謂自於一切境善決定故로 能決他疑니라

제11구 "지혜는 언제나 일체 모든 법을 밝게 통달하였다."는 것은 '의심을 끊어버린 공덕'이다.

스스로 일체 경계에 대해 잘 결정하는 까닭에 다른 의심들을 잘 결정하는 것을 말한다.

十二'了一切行'은 卽令入種種行功德이니 二釋에 攝論은 易故不解니 意云徧了一切有情性行하야 隨根令入故니라

제12구 "모든 행을 분명히 아셨다."는 것은 '가지가지 행에 들어가도록 하는 공덕'이다.

제2의 해석 부분에서 섭대승론은 '쉽게 알 수 있기에 해석하지 않는다.'고 하였다. 그 뜻은 일체중생의 성품과 행을 두루 통달하여 근기를 따라서 그들로 하여금 들어가도록 마련해 주기 때문이다.

十三'盡一切疑'는 卽當來法에 生妙智功德이니 謂聲聞이 言其全

無善根어든 如來知其久遠微善이 後當生故니라

제13구 "모든 의심을 끊었다."는 것은 '미래의 법에 미묘한 지혜를 생겨나게 하는 공덕'이다.

성문보살이 '나에게 선근이 전혀 없다.'고 말하면, 여래는 그의 머나먼 과거의 작은 선근이 훗날 반드시 생겨남을 알기 때문이다.

十四'無能測身'은 卽如其勝解 示現功德이니 謂隨諸有情 種種勝解하야 現金色等身이니 雖現此身이나 而無分別이 如末尼等일세 故無能測이라

제14구 "헤아릴 수 없는 몸이다."는 것은 '그 뛰어난 이해와 같이 나타내어 보여주는 공덕'이다.

모든 중생의 가지가지 뛰어난 이해를 따라서 금색의 몸 등을 나타냄이다. 비록 이런 몸을 나타내지만, 분별하는 마음이 없는 것이 마니주[末尼] 등과 같기에 이를 헤아릴 수 없다.

十五'一切菩薩等 所求智'는 卽無量所依로 調伏有情 加行功德이니 謂由無量菩薩所依하야 爲欲調伏諸有情故로 發起加行佛增上力하야 聞法爲先하야 獲得妙智하고 異類菩薩을 攝受付囑하야 展轉傳來하야 相續無間而轉일세 由此로 證得一切菩薩等 所求智라 意云 佛智 爲一切菩薩等所求故니라

제15구 "일체 보살 등이 추구하는 지혜이다."는 것은 '한량없는 의지 대상으로 중생을 조복하는 加行의 공덕'이다.

이는 한량없는 보살의 의지한 바를 따라서 모든 중생을 조복하기 위한 까닭에 부처님의 增上力을 일으키고 加行하여, 법문을

들는 것으로 우선을 삼아서 미묘한 지혜를 얻고, 異類 보살을 받아들이고 법을 맡겨 차례차례 전하면서 끊임없이 이어오는 것이다.

이런 연유로 일체 보살 등이 추구한 바의 지혜를 증득할 수 있다. 그 뜻은 부처의 지혜란 일체 보살 등이 추구하는 대상이기 때문이다.

十六到佛無二究竟彼岸은 卽平等法身波羅蜜多 成滿功德이니 平等은 卽無二義오 無二法身은 爲波羅蜜多所依니라

제16구 "부처의 둘이 없는 구경의 피안에 이르렀다."는 것은 '평등법신 바라밀다의 원만 성취 공덕'이다.

평등은 둘이 없다는 뜻이다. 둘이 없는 법신이란 바라밀다의 의지 대상이다.

十七具足如來平等解脫은 卽隨其勝解하야 示現差別佛土功德이니 此中解脫이 卽是勝解니 隨物勝解所宜하야 如來勝解로 能現金銀等土하나니 佛佛皆然일세 故云平等이라하니라

제17구 "여래의 평등한 해탈이 두루 넉넉하다."는 것은 '그 뛰어난 이해를 따라서 각기 다른 국토에 각기 다른 몸을 나타내는 공덕'이다.

여기에서 말한 해탈이 곧 '뛰어난 이해'이다. 중생이 잘 알고 있는, 적절한 바를 따라서 여래의 뛰어난 이해로 황금의 국토와 은색의 세계 등을 나타내주는 것이다. 모든 부처님이 모두 그처럼 하였기에 이를 평등이라고 말한다.

十八證無中邊佛平等地는 卽三種佛身 方處無分限功德이니

世親云 '謂佛法身은 不可分限爾所方處며 受用變化도 亦不可說爾所世界니라'

제18구 "중간과 언저리가 없는 부처의 평등한 곳을 증득하였다."는 것은 '법신·보신·응신 3가지 몸이 어느 곳에서나 구분과 한량이 없는 공덕'이다.

세친보살이 말하였다.

"부처의 법신은 그 있는 곳을 구분과 한량을 지을 수 없으며, 수용신과 변화신 또한 그 세계를 말할 수 없다."

十九 盡於法界는 卽窮生死際토록 常現利樂一切有情功德이라

제19구 "법계에 다하다."는 것은 '삶과 죽음의 세계가 다하도록 언제나 일체중생에게 이익과 즐거움을 나타내는 공덕'이다.

二十 等虛空界는 卽無盡功德이니 謂佛實智 如空無盡故니라

제20구 "허공계와도 같다."는 것은 '그지없는 공덕'이다.

부처의 진실한 지혜가 허공처럼 그지없기 때문이다.

今經에 闕最後窮未來際니 總別 合有二十一句는 義如前說이라 然佛地·攝論은 約受用身이오 此約十身이니 所以知者는 處摩竭提國이 是變化土어늘 而歎受用功德하니 明知二身二國은 本相融故로 不要地前地上이니 則五位通見故니라

이의 경문에는 맨 끝에 '미래의 세월이 다하는 날까지'의 구절이 누락되었다.

총체의 구절과 개별 부분은 당연히 21구가 있다는 의의는 앞에서 말한 바와 같다. 그러나 佛說佛地經과 섭대승론에서는 수용

신으로 말하였지만, 여기에서는 十身을 들어 말하였다. 이를 알 수 있는 바는 마갈제국의 거처는 變化土임에도 이에 수용신의 공덕을 찬탄하였다.

여기에서 분명히 알 수 있다. 수용신과 변화신, 그리고 수용토와 변화토는 본래 서로 원융한 까닭에 地前과 地上을 구분하지 않는다. 이는 5位를 공통으로 보았기 때문이다.

第三 衆生世間圓滿

中二니

先은 擧數歎德이오 後는 列名歎德이라 前은 則多人具德이오 後는 則勝人具德이라

今은 初라

3. 중생세간의 원만

이 부분은 2단락이다.

(1) 수효를 들어 공덕을 찬탄하였고,

(2) 보살의 명호를 열거하여 공덕을 찬탄하였다.

'(1) 수효' 부분은 많은 사람이 갖춘 공덕이고,

'(2) 보살의 명호' 부분은 뛰어난 사람이 갖춘 공덕이다.

이는 '(1) 수효를 들어 공덕을 찬탄한' 부분이다.

與不可說百千億那由他佛刹微塵數菩薩摩訶薩로 俱
하시니 皆一生에 當得阿耨多羅三藐三菩提라 各從他方
種種國土하야 而共來集호대

悉具菩薩方便智慧하니

所謂善能觀察一切衆生하야 以方便力으로 令其調伏하
야 住菩薩法하며

善能觀察一切世界하야 以方便力으로 普皆往詣하며

善能觀察涅槃境界하야 思惟籌量하야 永離一切戲論分
別하고 而修妙行하야 無有間斷하며

善能攝受一切衆生하며

善入無量諸方便法하며

知諸衆生이 空無所有호대 而不壞業果하며

善知衆生의 心使諸根과 境界方便의 種種差別하며

悉能受持三世佛法하야 自得解了하고 復爲他說하며

於世出世無量諸法에 皆善安住하야 知其眞實하며

於有爲無爲一切諸法에 悉善觀察하야 知無有二하며

於一念中에 悉能獲得三世諸佛所有智慧하며

於念念中에 悉能示現成等正覺하야 令一切衆生으로 發
心成道하며

於一衆生心之所緣에 悉知一切衆生境界하며

雖入如來一切智地나 而不捨菩薩行하며

諸所作業이 智慧方便으로 而無所作하며
爲一一衆生하야 住無量劫하며
而於阿僧祇劫에 難可値遇며
轉正法輪하야 調伏衆生하야 皆不唐捐하며
三世諸佛淸淨行願을 悉已具足하야
成就如是無量功德하니 一切如來 於無邊劫에 說不可盡이러라

말할 수 없는 백천억 나유타 세계의 티끌 수처럼 수많은 보살 마하살과 함께하였다. 모두 한 차례의 생에서 아뇩다라삼먁삼보리를 얻은 보살들이다. 각기 다른 지방의 가지가지 국토에서 이곳 법회를 찾아와 모인 이들이다.

그들은 모두 보살의 방편 지혜를 갖추었다.

이른바 일체중생을 잘 관찰하여, 방편의 힘으로 그들을 조복하여 보살의 법에 머물도록 하였으며,

일체 세계를 잘 관찰하고 방편의 힘으로 널리 일체 세계에 두루 나아가며,

열반의 경계를 잘 관찰하여 생각하고 헤아려, 일체 부질없는 말과 분별심을 영원히 떠나서 끊임없이 미묘한 행을 닦았으며,

일체중생을 잘 거두어 주었으며,

한량없는 방편에 잘 들어갔으며,

중생들이 공하여 아무것도 없는 줄 알면서도 업과 과보를 무너뜨리지 않았으며,

중생의 마음과 육근, 그리고 경계와 방편이 가지가지로 다른 것을 잘 알았으며,

과거·현재·미래의 불법을 모두 잘 받들어 스스로가 이해하고, 이를 남들에게 말해주었으며,

세간·출세간의 한량없는 법에 모두 잘 머물면서 그 진실을 알며,

유위법(有爲法)과 무위법(無爲法), 일체 모든 법을 모두 잘 관찰하여 둘이 아님을 알았으며,

한 생각의 찰나에 삼세 모든 부처님이 지닌 지혜를 모두 얻었으며,

한 생각 한 생각에 모두 등정각의 성취를 보여주어, 일체중생으로 하여금 마음을 내어 도를 이루게 하였으며,

한 중생이 마음으로 반연하는 바에 일체중생의 경계를 모두 알았으며,

비록 여래의 일체 지혜에 들어갔지만 보살의 행을 버리지 않았으며,

여러 가지 짓는 업은 지혜 방편으로 지은 바가 없으며,

하나하나 중생을 위하여 한량없는 겁에 머물렀으며,

아승지겁에도 만나기 어려운 이들이며,

바른 법륜을 굴리어 중생을 조복하여 모두 헛되지 아니하며,

삼세 모든 부처의 청정한 행과 원을 두루 갖춰,

이처럼 한량없는 공덕을 성취하였다.

일체 여래가 그지없는 겁에 이를 이루 다 말할 수 없다.

◉ 疏 ◉

前中二니

先은 擧數揀定이라【鈔_ 前則多人者는 以擧多數오 次卽歎故로 後列普賢諸勝上人而歎德故니라】

앞부분은 2단락이다.

㈀ 수효를 들어서 가려내고 결정지었다.【초_ "⑴ 수효' 부분은 많은 사람"이란 많은 수효를 들어 말하였고, 다음으로 찬탄한 까닭에 뒤이어 보현보살 등 수많은 뛰어난 인물들을 열거하여 공덕을 찬탄하였기 때문이다.】

二悉具菩薩下는 歎具勝德이니

分三이니 初는 總標오 二所謂下는 別顯이오 後成就下는 總結이라

別中 十九句는 皆不出方便智慧니

分二니 前十은 歎自分德이오 後於一念下 九句는 勝進德이라

今初 前八은 皆有慧方便이니 依體起用故니 前五는 以善能爲句首오 六은 知空不壞業果오 七은 知根器하야 別明識病이오 八은 持法化之라

後二는 明有方便慧니 皆卽事歸實이라

後 勝進中에 初句는 總明速成果智오 餘皆果智之用과 及後總結은 文竝可知니라

㈁ '悉具菩薩' 이하는 뛰어난 공덕을 갖춤에 대해 찬탄하였다. 이는 3부분으로 나뉜다.

① 총체의 표장이며,

② '所謂' 이하는 개별로 밝혔으며,

③ '成就' 이하는 총체로 끝맺었다.

'② 개별' 부분은 19구이다. 이는 모두 방편의 지혜에서 벗어나지 않는다.

2부분으로 나뉘는데, 앞의 10구는 그 자신의 공덕을 찬탄하였고, 뒤의 '於一念' 이하 9구는 훌륭하게 닦아나가는 공덕이다.

'앞의 10구' 가운데 앞의 8구는 모두 지혜의 방편이다. 본체(지혜)에 의하여 작용(방편)을 일으키기 때문이다.

앞의 5구[所謂善能觀察一切衆生~善入無量諸方便法]는 잘하는 것[善能]으로써 구절의 첫머리를 삼았고,

제6구[知諸衆生… 而不壞業果]는 공이면서도 業果가 무너지지 않음을 아는 것이며,

제7구[善知衆生… 種種差別]는 중생의 근기를 알고서 개별로 識의 병폐를 밝혔으며,

제8구[悉能受持… 復爲他說]는 법을 들어 중생을 교화하는 것이다.

뒤의 2구[於世出世無量諸法~知無有二]는 방편의 지혜가 있음을 밝혔다. 이는 모두 현상의 사법계에 나아가 실상으로 귀결 지은 것이다.

'뒤 9구의 훌륭하게 닦아나가는 공덕' 부분에 첫 구절[於一念中… 諸佛所有智慧]은 빠르게 성취한 불과의 지혜를 총체로 밝혔고,

나머지 구절[於念念中~悉已具足]은 모두 불과 지혜의 작용에 해당하는 경문과 '③ 총체로 끝맺은 부분'의 경문은 아울러 설명하지

않아도 알 수 있다.

一

第二列名歎德

  ⑵ 보살의 명호를 열거하여 공덕을 찬탄하다

經

其名曰 普賢菩薩과 普眼菩薩과 普化菩薩과 普慧菩薩과 普見菩薩과 普光菩薩과 普觀菩薩과 普照菩薩과 普幢菩薩과 普覺菩薩과 如是等十不可說百千億那由他佛刹微塵數

皆悉成就普賢行願하야 深心大願이 皆已圓滿하며

一切諸佛出興世處에 悉能往詣하야 請轉法輪하며

善能受持諸佛法眼하며

不斷一切諸佛種性하며

善知一切諸佛興世授記次第와 名號國土하며

成等正覺하야 轉於法輪하며

無佛世界에 現身成佛하며

能令一切雜染衆生으로 皆悉淸淨하며

能滅一切菩薩業障하며

入於無礙淸淨法界하나라

    보살들의 명호는 다음과 같다.

보현보살, 보안보살, 보화보살, 보혜보살, 보견보살, 보광보살, 보관보살, 보조보살, 보당보살, 보각보살, 그리고 이와 같은 열 곱절 말할 수 없는 백천억 나유타 세계의 티끌 수와도 같은 보살들이

모두 보현의 행과 원을 성취하여, 깊은 마음과 큰 서원이 모두 원만하였고,

일체 모든 부처님이 세상에 출현하는 곳에는 모두 찾아가 법륜 굴려주기를 청하였으며,

부처님들의 법안 잘 받들어 지녔고,

일체 모든 부처님의 종성을 끊이지 않게 하였으며,

일체 모든 부처님이 세상에 나오심과 수기하는 차례와 이름과 국토를 잘 알았고,

평등하고 바른 깨달음을 성취하여 법륜을 굴렸으며,

부처가 없는 세계에서 몸을 나타내어 부처를 이루었고,

일체 물든 중생들을 모두 청정케 하였으며,

일체 보살의 업장을 없애주었고,

걸림 없는 청정한 법계에 들어갔다.

● **疏** ●

於中二니

初는 列名結數오 二,皆悉下는 歎德이라

文有十句니 初總餘別이라

別中에

一은 契理願圓이니 普眼滿故오

二는 攝法上首니 爲普化故오

三은 受持正法이니 有普慧故오

四는 不斷佛種이니 普見有性故오

五는 知佛化儀니 光普徹故오

六은 示現成佛이니 觀見無故오

七은 淨染機니 照其源故오

八은 摧他障이니 有智幢故오

九는 證法界니 覺法性故니라

上之九句를 別明이면 則初句 爲願이오 餘八 爲行이며 通說이면 則 皆普賢願이니 宿誓今滿故며 如十大願이 竝普賢行이니 現緣所作故니라 故總句云 '成就行願'이라

又此十句十人通具니 文云 '皆悉成故'니라 亦句顯一人之德이니 當釋名故니라 故總句 爲普賢이오 餘九는 如次니 前已配釋이라

이의 경문은 2단락이다.

① 명호를 열거하여 수효를 끝맺었고,

② '皆悉' 이하는 공덕을 찬탄하였다.

공덕 찬탄의 문장은 10구이다.

첫 구절[皆悉成就… 皆已圓滿]은 총체이고, 나머지 구절은 개별이다.

개별의 구절에서,

제1구[一切諸佛… 請轉法輪]는 이치에 계합하여 서원이 원만함이

다. 넓은 안목[普眼]이 원만하기 때문이다.

제2구[善能受持諸佛法眼]는 법을 지닌 상수보살이다. 널리 교화[普化]하기 때문이다.

제3구[不斷一切諸佛種性]는 바른 법을 받아 지님이다. 널리 지혜[普慧]를 지녔기 때문이다.

제4구[善知一切… 名號國土]는 부처의 종성이 끊이지 않음이다. 성품이 있음을 널리 보았기[普見] 때문이다.

제5구[成等正覺 轉於法輪]는 부처의 교화 의식을 앎이다. 광명이 널리 통하였기[普徹] 때문이다.

제6구[無佛世界 現身成佛]는 성불을 보여줌이다. 지견이 없음을 관찰하였기 때문이다.

제7구[能令一切雜染衆生 皆悉淸淨]는 청정과 잡염의 기틀이다. 그 본원을 관조하였기 때문이다.

제8구[能滅一切菩薩業障]는 다른 장애를 꺾음이다. 지혜의 幢竿[智幢]이 있기 때문이다.

제9구[入於無礙淸淨法界]는 법계를 증득함이다. 법성을 깨달았기 때문이다.

위의 9구를 개별로 밝히면 제1구[一切諸佛… 請轉法輪]는 보현의 서원이고, 나머지 8구는 보현의 행이며, 통설로 말하면 모두가 보현의 서원이다. 宿世의 서원이 금생에 원만하기 때문이며, 10가지 큰 서원이 모두 보현의 행이니 현재의 반연으로 지은 바이기 때문이다. 이 때문에 총체의 구절[皆悉成就… 皆已圓滿]에서 "보현의 행과 원을 성취한다."고 말하였다.

또한 이 10구를 열 보살이 공통으로 갖추고 있다. 이 때문에 경문에서 "모두가 다 성취하였기 때문[皆悉成故]"이라고 말하였다.

또한 구절마다 한 사람의 공덕을 나타내고 있다. 명호의 해석에 해당되기 때문이다. 따라서 총체의 구절은 보현보살이고, 나머지 9구는 보살의 차례와 같다. 앞에서 이미 짝지어 해석한 바 있다.

大文第二三昧分
제2. 삼매 부분

經

爾時에 普賢菩薩摩訶薩이 入廣大三昧하시니 名佛華莊嚴이라

그때, 보현보살마하살이 넓고 큰 삼매에 들었는데, 그 이름을 '불화장엄삼매'라 한다.

◉ 疏 ◉

普賢入者는 是會主故오 說普行故며
佛華嚴者는 萬行披敷하야 嚴法身故니 卽以法界行門心海 爲體하야 持無限故며 說法成行하야 發起爲用이 依此能故니라【鈔_ 佛華嚴下는 釋佛華嚴三昧니

華者는 菩薩萬行也니 以因能感果일세 故言如華오
嚴者는 行成果滿하야 契合相應하고 垢障外消하야 證理圓潔하야 隨用讚德일세 故稱嚴也오
三昧者는 理智無二하야 交徹鎔融하고 彼此俱亡하야 能所斯絕이라 故 亦可華卽是嚴이니 理智無礙故로 華嚴卽三昧오
以行融離見故로 華卽是嚴이오 一行에 頓修一切行故로 華嚴三昧니 卽多而不礙一故로 華嚴卽三昧며 以定亂雙融故로 三昧卽華嚴이오
理智如故로 晉經云 '一切自在難思議여 華嚴三昧勢力故라하니 此卽據行爲言하야 名華嚴三昧니 如賢首品이라】

보현보살이 삼매에 들어간 것은 會主이기 때문이며, 보현행을 설법하고자 한 까닭이다.

불화엄삼매는 모든 행을 펼쳐 법신을 장엄하기 때문이다. 이는 법계의 수행 법문인 마음의 바다로 본체를 삼아 한량없이 지니기 때문이며, 설법으로 행을 성취하여 일으킴으로 작용을 삼음이 이를 의지하여 가능하기 때문이다.【초_ '불화엄' 이하는 불화엄삼매에 관한 해석이다.

華는 보살의 모든 행이다. 인행으로 결과를 얻는 까닭에 꽃과 같다고 말하였다.

嚴은 보살의 행이 성취되고 果德이 원만하여 하나가 되고 상응하며, 때와 장애가 밖으로 소멸하여 증득한 이치가 원만하고 깨끗하여 작용에 따라 공덕을 찬탄한 까닭에 장엄이라고 말한다.

三昧는 진리와 지혜가 둘이 없어 서로서로 통하고 원융하여 이것과 저것이라는 분별이 모두 사라져 주체와 대상이 끊어진 자리이다. 이 때문에 꽃[華]은 바로 장엄[嚴]이다. 진리와 지혜에 걸림이 없기 때문에 화엄이 바로 삼매이다.

행이 원융하여 견해를 벗어난 까닭에 꽃은 바로 장엄이며, 하나의 行으로 단번에 일체 모든 행을 닦기 때문에 화엄삼매이다.

많은 것과 하나가 되면서도 하나에 걸림이 없기에 화엄이 바로 삼매이며, 선정과 산란이 모두 원융한 까닭에 삼매가 바로 화엄이며,

진리와 지혜가 진여이기 때문에 60화엄경에 이르기를 "일체의 자재함 불가사의여, 화엄삼매의 힘 때문이다."고 하였다. 이는 행을 근거로 말하여 화엄삼매라 말하니, 제12 현수품에서 말한 바와 같다.】

大文第三 明發起分
제3. 삼매를 일으키는 부분

經
入此三昧時에 十方所有一切世界 六種十八相動하야 出大音聲하니 靡不皆聞이라

이 삼매에 들었을 때에 시방에 있는 모든 세계가 여섯 가지 열

여덟 모양으로 진동하면서 큰 소리를 울려 내니 이 소리를 듣지 않은 이가 없었다.

◉ 疏 ◉

先明地動은 警群機故요 後顯出聲은 令聞法故니라 前皆有加而無發起요 此有發起而無加分者는 前表解可從他일새 故有他加어니와 此表行由已立일새 故自力發起니라

又表行依解起라 無別法故로 不加요 攝解成行일새 亦須入定이니 聖旨多端하야 不可一準이라

먼저 땅이 움질거림을 밝힌 것은 중생의 근기를 경계하기 때문이며, 뒤에 소리가 울려남을 밝힌 것은 중생으로 하여금 법을 듣도록 하기 위함이다.

앞에서는 모두 加持 부분이 있으나 일으킴이 없고, 여기에서는 일으킴은 있으나 가지 부분이 없는 것은, 앞에서 말한 이해는 남을 따라 얻은 것임을 밝힌 까닭에 남들의 가지가 있지만, 여기에서는 行이란 자신에 의해 성립됨을 밝힌 까닭에 자신의 힘으로 일으키는 것이다.

또한 행은 아는 것에 의해 일어나는 터라, 별도의 법이 없음을 밝힌 까닭에 더 이상의 가지가 없고, 아는 것을 받아들여 행을 성취한 까닭에 또한 반드시 선정에 드는 것이다. 성인이 말한 종지는 여러 가지이다. 따라서 그 어느 한 가지로 일정하게 준할 수 없다.

大文 第四 起分

제4. 삼매에서 일어난 부분

經

然後에 從其三昧而起하시니라

그런 뒤에 불화장엄삼매에서 일어났다.

⦿ 疏 ⦿

三義는 如前이라

삼매의 '三'에 관한 의의는 앞에서 말한 바와 같다.

大文 第五 請分

제5. 법문을 청하는 부분

經

爾時에 普慧菩薩이 知衆已集하고 問普賢菩薩言하사대
佛子여 願爲演說하소서
何等이 爲菩薩摩訶薩依며 何等이 爲奇特想이며
何等이 爲行이며 何等이 爲善知識이며
何等이 爲勤精進이며 何等이 爲心得安穩이며

何等이 爲成就衆生이며 何等이 爲戒며
何等이 爲自知受記며 何等이 爲入菩薩이며
何等이 爲入如來며 何等이 爲入衆生心行이며
何等이 爲入世界며 何等이 爲入劫이며
何等이 爲說三世며 何等이 爲知三世며
何等이 爲發無疲厭心이며 何等이 爲差別智며
何等이 爲陀羅尼며 何等이 爲演說佛가

 그때, 보혜보살은 대중이 모두 모였음을 알고서 보현보살에게 물었다.

 "불자여, 바라건대 저희를 위해 말해주소서.

무엇이 보살마하살의 의지이며,

무엇이 기특한 생각이며,

무엇이 행이며,

무엇이 선지식이며,

무엇이 부지런히 정진함이며,

무엇이 마음에 편안함이며,

무엇이 중생을 성취함이며,

무엇이 계행이며,

무엇이 스스로 수기 받을 줄을 알며,

무엇이 보살에 들어감이며,

무엇이 여래에 들어감이며,

무엇이 중생의 마음에 들어감이며,

무엇이 세계에 들어감이며,

　　무엇이 겁에 들어감이며,

　　무엇이 삼세를 말함이며,

　　무엇이 삼세를 앎이며,

　　무엇이 피곤해함이 없는 마음을 냄이며,

　　무엇이 차별의 지혜이며,

　　무엇이 다라니이며,

　　무엇이 부처를 연설하는 것입니까?

何等이 爲發普賢心이며 何等이 爲普賢行法이며
以何等故로 而起大悲며 何等이 爲發菩提心因緣이며
何等이 爲於善知識에 起尊重心이며 何等이 爲淸淨이며
何等이 爲諸波羅蜜이며 何等이 爲智隨覺이며
何等이 爲證知며 何等이 爲力이며
何等이 爲平等이며 何等이 爲佛法實義句며
何等이 爲說法이며 何等이 爲持며
何等이 爲辯才며 何等이 爲自在며
何等이 爲無著性이며 何等이 爲平等心이며
何等이 爲出生智慧며 何等이 爲變化오

　　무엇이 보현의 마음을 일으킴이며,

　　무엇이 보현의 행하는 법이며,

　　무슨 까닭에 큰 자비를 일으키며,

무엇이 보리심을 일으키는 인연이며,

무엇이 선지식에게 존중한 마음을 일으킴이며,

무엇이 청정함이며,

무엇이 모든 바라밀다이며,

무엇이 지혜로 따라서 깨달음이며,

무엇이 증득하여 아는 것이며,

무엇이 힘이며,

무엇이 평등이며,

무엇이 불법의 진실한 뜻이며,

무엇이 설법이며,

무엇이 지님이며,

무엇이 변재이며,

무엇이 자유자재이며,

무엇이 집착 없는 성품이며,

무엇이 평등한 마음이며,

무엇이 지혜를 냄이며,

무엇이 변화입니까?

何等이 **爲力持**며 **何等**이 **爲得大欣慰**며
何等이 **爲深入佛法**이며 **何等**이 **爲依止**며
何等이 **爲發無畏心**이며 **何等**이 **爲發無疑惑心**이며
何等이 **爲不思議**며 **何等**이 **爲巧密語**며

何等이 爲巧分別智며 何等이 爲入三昧며
何等이 爲徧入이며 何等이 爲解脫門이며
何等이 爲神通이며 何等이 爲明이며
何等이 爲解脫이며 何等이 爲園林이며
何等이 爲宮殿이며 何等이 爲所樂이며
何等이 爲莊嚴이며 何等이 爲發不動心이며
何等이 爲不捨深大心이며 何等이 爲觀察이며
何等이 爲說法이며 何等이 爲淸淨이며
何等이 爲印이며 何等이 爲智光照며
何等이 爲無等住며 何等이 爲無下劣心이며
何等이 爲如山增上心이며 何等이 爲入無上菩提如海智오

 무엇이 견고히 지님이며,

 무엇이 큰 위안과 기쁨을 얻음이며,

 무엇이 불법에 깊이 들어감이며,

 무엇이 의지함이며,

 무엇이 두려움 없는 마음을 일으킴이며,

 무엇이 의혹 없는 마음을 일으킴이며,

 무엇이 불가사의이며,

 무엇이 교묘하고 비밀스러운 말이며,

 무엇이 교묘하게 분별하는 지혜이며,

 무엇이 삼매에 들어감이며,

 무엇이 두루 들어감이며,

무엇이 해탈의 문이며,

무엇이 신통이며,

무엇이 밝음이며,

무엇이 해탈이며,

무엇이 동산과 숲이며,

무엇이 궁전이며,

무엇이 즐기는 바이며,

무엇이 장엄이며,

무엇이 흔들리지 않는 마음을 일으킴이며,

무엇이 깊고 큰 마음을 버리지 않음이며,

무엇이 관찰함이며,

무엇이 설법이며,

무엇이 청정이며,

무엇이 도장 찍음이며,

무엇이 지혜 광명의 비춤이며,

무엇이 같을 이 없이 머무름이며,

무엇이 못났다는 생각이 없는 마음이며,

무엇이 산처럼 더하는 마음이며,

무엇이 위없는 보리에 들어가는 바다 같은 지혜입니까?

**何等이 爲如寶住며 何等이 爲發如金剛大乘誓願心이며
何等이 爲大發起며 何等이 爲究竟大事며**

何等이 爲不壞信이며 何等이 爲授記며
何等이 爲善根廻向이며 何等이 爲得智慧며
何等이 爲發無邊廣大心이며 何等이 爲伏藏이며
何等이 爲律儀며 何等이 爲自在며
何等이 爲無礙用이며 何等이 爲衆生無礙用이며
何等이 爲刹無礙用이며 何等이 爲法無礙用이며
何等이 爲身無礙用이며 何等이 爲願無礙用이며
何等이 爲境界無礙用이며 何等이 爲智無礙用이며
何等이 爲神通無礙用이며 何等이 爲神力無礙用이며
何等이 爲力無礙用이며 何等이 爲遊戲며
何等이 爲境界며 何等이 爲力이며
何等이 爲無畏며 何等이 爲不共法이며
何等이 爲業이며 何等이 爲身가

 무엇이 보배처럼 머무름이며,

 무엇이 금강 같은 대승의 서원 마음을 일으킴이며,

 무엇이 크게 일으킴이며,

 무엇이 마지막 가장 큰일이며,

 무엇이 무너지지 않는 믿음이며,

 무엇이 수기이며,

 무엇이 선근의 회향이며,

 무엇이 지혜를 얻음이며,

 무엇이 그지없이 광대한 마음을 일으킴이며,

무엇이 보이지 않게 감춰놓음이며,

무엇이 계율과 위의이며,

무엇이 자재함이며,

무엇이 걸림 없는 작용이며,

무엇이 중생의 걸림 없는 작용이며,

무엇이 세계의 걸림 없는 작용이며,

무엇이 법의 걸림 없는 작용이며,

무엇이 몸의 걸림 없는 작용이며,

무엇이 서원의 걸림 없는 작용이며,

무엇이 경계의 걸림 없는 작용이며,

무엇이 지혜의 걸림 없는 작용이며,

무엇이 신통의 걸림 없는 작용이며,

무엇이 위신력의 걸림 없는 작용이며,

무엇이 힘의 걸림 없는 작용이며,

무엇이 유희이며,

무엇이 경계이며,

무엇이 힘이며,

무엇이 네 가지 두려움 없음이며,

무엇이 그 누구도 함께할 수 없는 열여덟 가지의 법이며,

무엇이 업이며,

무엇이 몸입니까?

何等이 爲身業이며 何等이 爲身이며

何等이 爲語이며 何等이 爲淨修語業이며

何等이 爲得守護며 何等이 爲成辦大事며

何等이 爲心이며 何等이 爲發心이며

何等이 爲周徧心이며 何等이 爲諸根이며

何等이 爲深心이며 何等이 爲增上深心이며

何等이 爲勤修며 何等이 爲決定解며

何等이 爲決定解入世界며 何等이 爲決定解入衆生界며

何等이 爲習氣며 何等이 爲取며

何等이 爲修며 何等이 爲成就佛法이며

何等이 爲退失佛法道며 何等이 爲離生道며

何等이 爲決定法이며 何等이 爲出生佛法道며

何等이 爲大丈夫名號며 何等이 爲道며

何等이 爲無量道며 何等이 爲助道며

何等이 爲修道며 何等이 爲莊嚴道며

何等이 爲足이며 何等이 爲手며

何等이 爲腹이며 何等이 爲臟이며

何等이 爲心이며 何等이 爲被甲이며

何等이 爲器仗이며 何等이 爲首며

何等이 爲眼이며 何等이 爲耳이며

何等이 爲鼻며 何等이 爲舌이며

何等이 爲身이며 何等이 爲意며

何等이 **爲行**이며 **何等**이 **爲住**며
何等이 **爲坐**며 **何等**이 **爲臥**며
何等이 **爲所住處**며 **何等**이 **爲所行處**오

무엇이 몸의 업이며,

무엇이 몸이며,

무엇이 말이며,

무엇이 말의 업을 청정히 닦음이며,

무엇이 수호함을 얻음이며,

무엇이 큰일을 성취함이며,

무엇이 마음이며,

무엇이 마음을 일으킴이며,

무엇이 두루 존재한 마음이며,

무엇이 여러 근(根)이며,

무엇이 깊은 마음이며,

무엇이 증상의 깊은 마음이며,

무엇이 부지런히 닦음이며,

무엇이 결정한 지혜이며,

무엇이 결정한 지혜로 세계에 들어감이며,

무엇이 결정한 지혜로 중생계에 들어감이며,

무엇이 익힌 버릇이며,

무엇이 취함이며,

무엇이 닦음이며,

무엇이 불법을 성취함이며,

무엇이 불법에서 물러섬이며,

무엇이 생을 여의는 도이며,

무엇이 결정한 법이며,

무엇이 불법을 내는 도이며,

무엇이 대장부의 이름이며,

무엇이 도이며,

무엇이 한량없는 도이며,

무엇이 도를 도움이며,

무엇이 도를 닦음이며,

무엇이 도를 장엄함이며,

무엇이 발이며,

무엇이 손이며,

무엇이 배이며,

무엇이 오장이며,

무엇이 마음이며,

무엇이 갑옷을 입음이며,

무엇이 싸우는 도구이며,

무엇이 머리이며,

무엇이 눈이며,

무엇이 귀이며,

무엇이 코이며,

무엇이 혀이며,

무엇이 몸이며,

무엇이 뜻이며,

무엇이 다님이며,

무엇이 머무름이며,

무엇이 앉음이며,

무엇이 누움이며,

무엇이 머무를 곳이며,

무엇이 다닐 곳입니까?

何等이 爲觀察이며 何等이 爲普觀察이며

何等이 爲奮迅이며 何等이 爲師子吼며

何等이 爲淸淨施며 何等이 爲淸淨戒며

何等이 爲淸淨忍이며 何等이 爲淸淨精進이며

何等이 爲淸淨定이며 何等이 爲淸淨慧며

何等이 爲淸淨慈며 何等이 爲淸淨悲며

何等이 爲淸淨喜며 何等이 爲淸淨捨며

何等이 爲義며 何等이 爲法이며

何等이 爲福德助道具며 何等이 爲智慧助道具며

何等이 爲明足이며 何等이 爲求法이며

何等이 爲明了法이며 何等이 爲修行法이며

何等이 爲魔며 何等이 爲魔業이며

何等이 爲捨離魔業이며 何等이 爲見佛이며
何等이 爲佛業이며 何等이 爲慢業이며
何等이 爲智業이며 何等이 爲魔所攝持며
何等이 爲佛所攝持며 何等이 爲法所攝持며
何等이 爲住兜率天所作業이며 何故로 於兜率天宮歿이며
何故로 現處胎며 何等이 爲現微細趣며
何故로 現初生이며 何故로 現微笑며
何故로 示行七步며 何故로 現童子地며
何故로 現處內宮이며 何故로 現出家며
何故로 示苦行이며 云何往詣道場이며
云何坐道場이며 何等이 爲坐道場時奇特相이며
何故로 示降魔며 何等이 爲成如來力이며
云何轉法輪이며 何故로 因轉法輪하야 得白淨法이며
何故로 如來應正等覺이 示般涅槃이니잇고
善哉라 佛子여 如是等法을 願爲演說하소서

   무엇이 관찰함이며,

   무엇이 널리 관찰함이며,

   무엇이 분발함이며,

   무엇이 사자후이며,

   무엇이 청정한 보시이며,

   무엇이 청정한 계율이며,

   무엇이 청정한 인욕이며,

무엇이 청정한 정진이며,

무엇이 청정한 선정이며,

무엇이 청정한 지혜이며,

무엇이 청정한 대자(大慈)이며,

무엇이 청정한 대비(大悲)이며,

무엇이 청정한 기쁨이며,

무엇이 청정한 버림이며,

무엇이 이치이며,

무엇이 법이며,

무엇이 복덕으로 도를 돕는 도구이며,

무엇이 지혜로 도를 돕는 도구이며,

무엇이 밝음이 구족함이며,

무엇이 법을 구함이며,

무엇이 법을 밝게 앎이며,

무엇이 법을 수행함이며,

무엇이 마이며,

무엇이 마의 업이며,

무엇이 마업을 여읨이며,

무엇이 부처를 봄이며,

무엇이 부처의 업이며,

무엇이 교만한 업이며,

무엇이 지혜의 업이며,

무엇이 마에게 붙잡힘이며,

무엇이 부처가 거두심이며,

무엇이 법으로 거둠이며,

무엇이 도솔천에 머물면서 짓는 업이며,

무엇 때문에 도솔천궁에서 사라졌으며,

무엇 때문에 모태에 들어가 몸을 나타냈으며,

무엇 때문에 미세한 길을 나타냈으며,

무엇 때문에 처음 태어남을 나타냈으며,

무엇 때문에 미소를 나타냈으며,

무엇 때문에 일곱 걸음을 걸었으며,

무엇 때문에 동자의 지위를 나타냈으며,

무엇 때문에 내궁에 있음을 나타냈으며,

무엇 때문에 출가함을 나타냈으며,

무엇 때문에 고행을 보여주었으며,

어떻게 도량에 나아갔으며,

어떻게 도량에 앉았으며,

무엇이 도량에 앉았을 때의 기특한 모습이며,

무엇 때문에 마군의 항복을 보여주었으며,

무엇이 여래의 힘을 성취함이며,

어떻게 법륜을 굴리며,

무엇 때문에 법륜 굴림으로 인하여 청정한 법[白淨法]을 얻었으며,

무엇 때문에 여래·응공·정등각께서 반열반을 보였습니까?

훌륭하신 불자여, 이런 법들을 저희를 위해 말해주소서."

● 疏 ●

分三이니

初는 標問意오 二'佛子'下는 正顯問端이오 三'善哉佛子'下는 結請願說이라

今은 初라 當機衆集에 說法時至하니 此爲問意라 何以前來諸會는 先問 後定이러니 今乃翻此오

此有二意하니

一은 說儀無定이니 前은 表重法이라 感而後應이오 此는 明悲深이라 觀機欲說이니 衆旣已集일새 故先入定하야 令知說主니라

二는 約所表인댄 則前明從相入實하야 以成正解오 此中에 依體起用하야 以成正行일새 故不同也라

普慧 問者는 稱法界慧로 能發行故오 一人問者는 行獨已成일새 非如解故니라

第二正顯問端中에 有二百句하니 其別行度世經에 別作六番問答호되 番番之中에 皆先問次答하고 後 動地現瑞하고 顯益證成이라 古來諸德이 皆依彼文하야 用科此經호되 以爲六段이니

初 二十句는 問十信行이오

二 從'發普賢心'下는 二十句는 問十住行이오

三 從'力持'下 三十句는 問十行之行이오

四 從'如寶住'下 二十九句는 問十廻向行이오

五從'身業'下五十句는 問十地行이오

六從'觀察'下五十一句는 問因圓果滿行이니

其第四段中에 句雖三十이나 以無礙用一句로 是總標虛句니라 故此有五十一句라【鈔_ '以無礙用'者는 次下에 別問衆生無礙用等十問호되 下文에 各以十句答之호되 其'無礙用'句를 卽用衆生無礙用等十句釋之니 明是虛句니라】

이는 3단락으로 나뉜다.

1. 물음의 뜻을 내세웠고,

2. '佛子' 이하는 바로 물음의 단서를 밝혔으며,

3. '善哉佛子' 이하는 청법을 끝맺으면서 설법을 원함이다.

이는 '1. 물음의 뜻을 내세움'이다. 부처님이 설법하는 자리에서 법을 듣고 도를 깨달을 수 있는 대중[當機衆]이 모여듦에 설법할 시기가 이른 것이다. 이것이 물음의 뜻이다.

"어찌하여 앞의 모든 법회에서는 먼저 묻고 뒤에 선정에 들었는데, 이번에는 이와는 반대일까?"

여기에는 2가지 뜻이 있다.

(1) 설법의 의식이 일정하지 않다. 앞에서는 법의 중시를 밝혔으므로 감촉한 이후에 응한 것이지만, 여기에서는 大悲의 마음이 깊음을 밝힌 터라, 機緣을 살펴보고서 말하고자 함이다. 대중이 이미 법회에 모인 까닭에 먼저 선정삼매에 들어, 설법주에게 이런 사실을 알도록 하기 위함이다.

(2) 표현의 대상으로 말하면, 앞에서는 외적 형상을 따라서 내

면의 실상에 들어감을 밝혀 바른 이해를 성취한 것이며, 여기에서는 본체에 의하여 작용을 일으켜 바른 행을 성취한 까닭에 똑같지 않다.

보혜보살의 질문은 법계에 걸맞은 지혜로 행을 일으키기 때문이다. 한 사람이 이를 모두 물은 것은 수행이란 자신이 홀로 성취해야 할 바이기에, 단순히 이해하는 것과는 같지 않기 때문이다.

'2. 바로 물음의 단서를 밝힌 부분'은 2백 구이다.

別行度世經에서는 6차의 문답을 개별로 구분, 열거하되 모든 차례에서 앞은 질문으로, 뒤는 대답으로 구성되어 있고, 뒷부분에서는 땅이 움질거리면서 상서를 나타내주고, 증득의 성취에 대한 이익을 밝혀주고 있다.

예전의 많은 스님은 모두 그 경문에 따라서 이 경문의 科判을 정리하되 6단락으로 말하였다.

(1) 이하 20문은 십신의 행을 물었고,

(2) '發普賢心' 이하 20문은 십주의 행을 물었으며,

(3) '力持' 이하 30문은 십행의 행을 물었고,

(4) '如寶住' 이하 29문은 십회향의 행을 물었으며,

(5) '身業' 이하 50문은 십지의 행을 물었고,

(6) '觀察' 이하 51문은 인과의 원만한 행을 물었다.

'(4) 십회향' 단락은 30문이지만, 제13 '無礙用' 구절이 無礙를 밝히는 總相의 虛句이기에 29문이라 함에 따라서 '(6) 인과의 원만한 행을 물은' 부분이 오히려 51문이다. 【초_ '以無礙用'이란 그 아

래에 '衆生無礙用' 등 10가지 물음을 통해 별개로 묻자, 아래의 경문에서 각기 10구로 답하되, 그 '無礙用' 구절을 '衆生無礙用' 등 10구에 인용하여 해석하였다. 이는 분명 虛句이다.】

此經 總三徧說六位하니 此當第二約行說也니 以普賢行이 該六位故니라 故度世經 初에 請云 '唯願解說諸菩薩行하소서 從始至終히 令無疑故라하니 彼經 雖不配於信等이나 旣云 '從始至終'하고 末後에 復明成佛하니 則知決是六位之行이라

此經은 所以不問答相間者는 意取位中之行하고 不取位故니 如下圓融이라 若尅定約位인댄 何殊差別因果리오

此經上下와 及本業經等에 判於六位호되 皆以信未入位라하야 十住爲首하니 謂三賢十聖과 等妙覺故어늘 今何不開等覺而取信耶아 此有深意하니 彼及此前은 意在於位일새 取位成說이어니와 今此 意明於行일새 故十信之行이 正居行始하고 等覺之位는 有其三義하니 或攝屬前十地勝進이며 或攝屬後니 卽名佛故며 或別開位니 無垢地故니라

今爲說行일새 攝屬因圓之中이니 故五十一句에 唯後四句는 屬妙覺位하고 餘皆等覺이라 若爾인댄 此中依言은 依菩提心等이니 豈非發心住耶아 此難은 尤非라

第二段 初에 發普賢心이라하니 豈非發心住耶아 十信之初인들 豈無發心耶아 故賢首云 '菩薩發意求菩提니 非是無因無有緣'等이라하니 正是發心所依어늘 不究斯旨코 空張援據니라【鈔_ 言'三徧說'者는 一은 差別因果니 是第一徧이니 下法界品 寄位修行이 爲

第三偏이라 故此爲第二오 旣云 '此約行說'이라하니 則知前約解說이오 後約證說也라】

　　화엄경에서는 6위에 대해 모두 3차례 말하고 있다. 이는 제2차에 해당되는 것으로 行을 들어 말하였다. 보현행에는 모두 6위를 갖추고 있기 때문이다.

　　따라서 도세경의 첫 부분에서 법을 청하여 말하기를, "오직 모든 보살행을 해설해 주기를 원합니다. 처음부터 끝까지 의심을 없애주기 위함입니다."고 하였다.

　　도세경에서는·비록 십신 등에 짝지어 말하지 않았지만, 이미 '처음부터 끝까지'라 말하였고, 끝부분에서 다시 성불을 밝히고 있다. 이는 반드시 6위의 행임을 알 수 있다.

　　이 부분의 경문에서 하나의 물음과 하나의 대답으로 서로 끼워 넣지 않고, 오직 전체를 묻고 전체를 일괄적으로 대답한 뜻은 6위 가운데 수행해야 할 행으로 말한 것이지, 그 지위를 취하여 말하지 않은 까닭이다. 아래에서 6위를 원융하게 말한 바와 같다. 만약 반드시 지위를 들어 말한다면 어찌 각기 다른 인과와 다르겠는가.

　　"이 경문의 위아래 부분 및 본업경 등에서 6위를 구분할 적에, 모두 '십신은 지위에 넣어 말하지 않았다.'는 점에 의하여, 십주로 6위의 첫머리를 삼았다. 三賢·十聖·等妙覺을 말한 까닭인데, 여기에서는 어찌하여 등각위를 하나의 지위로 나누지 않고, 도리어 십신을 들어서 말했을까?"

　　여기에는 깊은 뜻이 담겨 있다. 본업경 및 앞의 경문에서 말한 뜻은 지위의 단계를 밝히는 데 그 목적이 있기에 그에 따른 지위를 들어 말하였지만, 이 부분에서 말한 뜻은 그 지위에 따른 행을 밝히는 데에 있다. 이 때문에 십신의 行이 바로 수행의 첫자리에 있기 때문이다.

等覺의 지위에는 3가지 의의가 있다.

어떨 때는 앞의 十地를 잘 닦아나가는 데에 속하고,

어떨 때는 뒤의 지위에 속하는데, 이는 곧 부처를 말하기 때문이며,

어떨 때는 지위를 개별로 나누어 말하는데, 이는 無垢地이기 때문이다.

여기에서는 行을 들어 말하고 있기에 원인이 원만한 부분에 속한다. 이 때문에 맨 끝의 51구 가운데 오직 뒤의 4구만이 妙覺位에 속하고 나머지 47구는 모두 等覺에 속한다.

"그렇다면 '此中依體起用'의 '依'란 보리심 등을 의지한다는 뜻이다. 이는 어찌 발심주가 아니겠는가."

이러한 논란은 더욱 잘못된 논지이다.

제2 단락, 첫 구절[何等爲發普賢心]에서 "보현의 마음을 일으킨다."고 말하였다. 이것이 바로 發心住를 말함이 아니겠는가. 십신의 첫 부분인들 어떻게 發心이 없을 수 있겠는가.

이 때문에 제12 현수품의 게송에서 다음과 같이 말하였다.

"보살이 발심하여 보리를 구하는 것이지, 직접 원인과 간접 인연이 없다는 것이 아니다."

이처럼 등등으로 말하니 이는 바로 발심의 의지 대상임에도, 이러한 뜻을 깊이 생각지 않고, 부질없이 장황한 근거를 들어 말하였을 뿐이다.【초_ "6위에 대해 모두 3차례 말하고 있다."는 것은 첫째, 각기 다른 인과이다. 이것이 제1차의 설명이다. 아래 제39 입법계품에서 말한, '지위에 붙여 그에 따른 행을 닦는다.'는 것은 제3차의 설명이다. 이 때문에 이 부분은 제2차의 설명에 해당된다. 앞서 "이는 행을 들어 말한 것이다."고 하니, 이는 앞에서는 이해로 말하였고, 뒤에서는 증득으로 말하였음을 알 수 있다.】

大文第六說分
中二니 先은 總告라

제6. 법문을 설하는 부분

이 부분은 2단락이다.

먼저 총체로 말하였다.

經
爾時에 普賢菩薩이 告普慧等諸菩薩言하사대

그때, 보현보살이 보혜보살 등에게 말하였다.

二 佛子 下는 正答이니 答前門二百問이니 問一 答十하야 以顯無

盡하야 成其二千이니 普賢勝行故니라 英公云 '雲興二百問에 瓶瀉二千酬라하니라【鈔_ '英公云'者는 彼有九會禮讚하니 第八會云 '法門當再席하니 法雨更滂流라 懸河二百問에 瓶瀉二千酬라 一心은 窮性海하고 萬行은 炳齊修라 五位因成滿하야 八相果圓周로다' 今畧擧二句하고 復改懸河하야 作雲興字하다】

다음 '佛子' 이하는 바로 대답이다.

앞부분 2백 가지의 물음에 대답하였다. 하나의 물음에 대답은 10가지이다. 이를 통하여 그지없는 법문을 나타내어 2천 가지의 대답을 이루고 있다.

英公(唐 蒲州 普齊寺 釋道英)의 게송에서 말하였다.

"2백 가지 물음이 구름처럼 일어나자, 2천 가지 대답이 병의 물 거꾸로 쏟은 듯하다."【초_ '英公云'이란 도영 스님이 일찍이 '부처님의 9차 법회에 대한 예찬[九會禮讚]'을 읊은 바 있는데, 제8 예찬에서 말하였다.

"재차 법문의 자리에 이르니 법 비 다시 세차게 내리네.

2백 가지 물음 폭포 쏟아지는데, 2천 가지 대답이 병의 물 거꾸로 쏟은 듯.

하나의 마음은 성품 바다 다하고 萬行은 모두 빛나게 닦았어라.

5위의 인연 원만 성취하여 八相의 과덕 두루 원만하여라."

여기에서는 2구만을 간추려 말하였고, 다시 懸河 2자를 '雲興'으로 바꿔 썼다.】

釋此二千에 畧爲五門하니

一은 約因果오 二는 分行位오 三은 顯普別이오 四는 明統收오 五는 辨行相이니 前問例此니라

今初 有四니

一은 約大位니 前五 爲因이오 後一 爲果며 或後四門 爲果오 餘皆是因이라

二는 約細辨이니 一一皆徹佛果일새 故諸文末에 皆結得佛이니 是則二千竝通因果니라

三은 或總屬因이니 普賢位行으로 示成佛果니라

四는 或皆屬果니 下文多云 雖得成佛이나 不斷菩薩行故니라

이 2천 가지의 대답을 해석함에 있어 5부분으로 간추려 말하고자 한다.

가. 원인과 결과로 말하였고,

나. 行과 지위로 구분하였으며,

다. 보편과 개별로 밝혔고,

라. 통합하여 묶음을 밝혔으며,

마. 行의 모양을 논변하였다.

앞의 물음을 위의 예에 준하여 말하고 있다.

'가. 원인과 결과'에는 4가지 의의가 있다.

① 큰 지위로 말하였다. 앞의 5가지는 원인이고, 뒤의 하나는 결과이며, 또는 뒤의 4가지는 결과이고 나머지는 모두 원인이다.

② 자세함을 들어 논변하였다. 하나하나가 모두 佛果에 통하므로 모든 문장의 말미에서 모두 부처의 경지를 얻은 것으로 끝맺

고 있다. 이는 곧 2천 가지의 因果에 모두 통한다.

③ 혹은 총체에 속한다. 보현위의 행으로 佛果 성취를 보여주었다.

④ 혹은 모두 果德에 속한다. 아래의 경문에서 대부분 이르기를, "비록 성불을 얻었으나 보살행을 단절하지 않기 때문"이라고 말하였다.

'二 分行位者도 亦有四義니

一은 束行成位니 分成六分故며

二는 總屬位收니 以行竝是位中行故며

三은 總屬行이니 普賢行體 不依位故며

四는 一行徧六位니 位位通修故니 如此無礙라야 方爲普賢行이라

然文正顯後二니 以攬行成位에 位虛行實故니라 故問答倂擧하고 不分六番이 意在此也니라

'나. 行과 지위로 구분' 또한 4가지 의의가 있다.

① 行을 묶어 지위를 성취함이다. 6부분으로 나누었기 때문이다.

② 지위로 거두는 데에 총괄하여 귀속시켰다. 行이 모두 지위 속의 行이기 때문이다.

③ 行에 총괄하여 귀속시켰다. 보현행의 본체가 지위를 의지하지 않기 때문이다.

④ 하나의 행이 6위에 두루 통함이다. 지위마다 수행이 모두 통하기 때문이다. 이처럼 걸림이 없어야 비로소 보현행이라 할 수 있다.

그러나 경문은 바로 뒤의 2가지를 밝히고 있다. 행을 잡아 지위

를 성취함에 지위는 공허하고 행은 실체이기 때문이다. 이 때문에 물음과 대답을 아울러 들어 말하고, 6가지로 구분하지 않은 뜻이 여기에 있다.

'三 普別'者는 謂一行相이 必徧一切라 然恒不雜이니 不雜故로 別義殊分하고 必徧故로 普義該攝이라 猶如錦文이 衆色成文에 常普常別하야 縷縷交徹이라 非如繡成하야 行法亦爾하야 卽普是別이며 卽別成普하야 皆無障礙니라

若爾인댄 此則普別具足이어늘 何以獨名普賢行耶아 非謂守普而不能別이오 亦非作別而失於普라 實爲能別而不壞普일세 故名普賢行也니라

'다. 보편과 개별'이란 하나의 行相이 반드시 일체에 두루 있지만 언제나 뒤섞이지 않는다.

뒤섞이지 않기에 개별의 의의가 각기 달리 나뉘고, 반드시 두루 존재한 까닭에 보편의 의의가 널리 포괄함이 마치 비단 무늬가 여러 가지 색깔로 무늬를 형성하여 언제나 두루 널리 펼쳐져 있고 언제나 개별로 또렷하게 한 올 한 올이 모두 서로 통하여 어울리는 것처럼, 하나의 고정체로 이뤄진 비단과는 같지 않다. 行法 또한 그와 같다. 보편과 하나가 된 개별이며, 개별과 하나가 된 보편을 이루어 보편과 개별에 모두 장애가 없다.

"만약 그와 같다면 이는 보편과 개별이 두루 넉넉한 것인데, 어찌하여 유독 보현행이라 명명했을까?"

보편만을 고수한 나머지 개별로 나열되지 못한 것을 말함이

아니며, 또한 억지로 개별을 만들어 보편성을 상실한 것도 아니다. 진실로 개별이 있지만 보편성을 무너뜨리지 않기에 그 이름을 普賢行이라 한다.

'四統收攝'者는 復有四重하니

一은 以位收位니 六位各各收一切位故로 一位卽具二千하야 爲萬二千行也니 上云一地之中에 具足一切諸地功德이오

二는 以門收門이 卽二百門이 一一各收一切門하야 卽成二百二百하야 爲四萬行이오

三은 以行收行이니 一行에 具一切行이면 則有二千箇二千行하야 成四兆行이오

四는 以畧攝廣이니 此二千行을 下頌에 結云 '如大地一塵'라하니 以此一塵之畧說이 不離十方之廣地라 是故로 攝廣하야 亦無不盡이니 此乃等無極之法界오 越無際之虛空이니 下頌에 云 '虛空은 可度量어니와 菩薩德無盡'이라하니 斯之謂矣라

'라. 통합하여 묶음'에는 또한 4중으로 구성되어 있다.

① 지위로써 지위를 묶었다. 6위가 각각 일체 지위를 묶는 까닭에 하나의 지위에 바로 2천 가지를 갖춰서 1만 2천 가지의 行이 된다. 위에서는 "한 지위의 가운데 일체 모든 지위의 공덕이 두루 원만하다."고 말하였다.

② 법문으로써 법문을 묶었다. 이는 2백 문이 하나하나 각각 일체 법문을 묶기에, 곧 2백×2백으로 4만 행이다.

③ 行으로써 行을 묶었다. 이는 하나의 행에 일체의 행을 갖추

고 있기에, 2천 가지×2천 행으로 4조 행을 이루고 있다.

　④ 간략한 것으로써 광범위한 부분을 받아들인 것이다. 이 2천 가지 행을 아래의 게송에서 끝맺어 말하기를, "대지의 티끌 하나와 같다."고 하였다. 이처럼 티끌 하나라는 畧說이 광대한 시방 대지를 여의지 않는다. 따라서 광범위한 부분을 받아들여 또한 다하지 않음이 없다. 이는 끝이 없는 법계와 같으며, 가장자리가 없는 허공보다 더 초월한 것이다. 아래의 게송에서 말하기를, "허공은 헤아릴 수 있지만 보살의 공덕은 그지없다."고 하였는데, 바로 이를 말한다.

'五辨行相'은 卽隨文釋이니 釋寄相別하야 卽分六段이라

今初 二百句는 答前信行二十句問이라

文分三別이니

初 九門은 明自分行滿이오 二 '入諸菩薩'下 八門은 勝進行圓이오 三 '差別智'下 三門은 明二行究竟이라

今初에 一門一類니 卽爲九段이라 首明依者는 起行所依故니 謂依託菩提心等하야 成萬行故니라 賢首品云 '菩薩發意求菩提 非是無因無有緣'等이라

然二百門은 多分五別이니

一은 總標오 二는 徵數오 三은 列釋이오 四는 結數오 五는 顯修勝益이라 或闕後二하고 或闕第五하니 至文當知니라

今此依中에 文具有五니라

　'마. 行의 모양에 대한 논변'은 경문을 따라 그 의의를 해석한 것이다. 행의 모양을 각기 다른 지위에 붙여 말한 부분을 해석하

여, 이를 6단락으로 나누었다.

1. 2백 구, 즉 20문은 십신의 행에 관한 20가지 물음에 답한 것이다.

'십신의 행 20문'은 3단락으로 구별된다.

⑴ 9문은 自分行의 원만을 밝혔고,

⑵ '入諸菩薩' 이하 8문은 잘 닦아나가는 행이 원만함을 밝혔으며,

⑶ '差別智' 이하 3문은 자리이타의 마지막 경계를 밝혔다.

'⑴ 9문'은 하나의 문이 하나의 유로, 9단락이다.

9문의 첫머리에서 '의지[依]'를 밝힌 것은 행을 일으키는 의지처의 대상이기 때문이다. '보리심' 등에 의탁하여 모든 행을 성취하기 때문이다.

제12 현수품에서 말한, "보살이 마음을 일으켜 보리를 추구함이 직접 원인이 없다거나 간접 인연이 없는 게 아니다."는 등이다.

그러나 2백 문의 문장 구성은 대부분 5가지로 구분되어 있다.

① 총체의 표장,

② 그 수효를 물음,

③ 나열하여 해석함,

④ 그 수효를 끝맺음,

⑤ 수행의 뛰어난 이익을 밝힘이다.

간혹 뒤의 ④~⑤ 2부분이 빠져 있거나 혹은 ⑤ 부분이 누락되어 있다. 해당 경문에서 이런 점을 알아야 한다.

이의 첫째, '열 가지 의지' 부분의 경문에는 5가지를 모두 갖추고 있다.

經

佛子여 菩薩摩訶薩이 有十種依하니
何等이 爲十고
所謂以菩提心爲依니 恒不忘失故며
以善知識爲依니 和合如一故며
以善根爲依니 修習增長故며
以波羅蜜爲依니 具足修行故며
以一切法爲依니 究竟出離故며
以大願爲依니 增長菩提故며
以諸行爲依니 普皆成就故며
以一切菩薩爲依니 同一智慧故며
以供養諸佛爲依니 信心淸淨故며
以一切如來爲依니 如慈父敎誨不斷故니라
是爲十이니 若諸菩薩이 安住此法하면 則得爲如來無上大智所依處니라

"불자여, 보살마하살이 열 가지 의지가 있다.

무엇이 열 가지 의지인가?

이른바 보리심으로 의지를 삼는다. 항상 잊지 않기 때문이다.

선지식으로 의지를 삼는다. 화합하여 한결같기 때문이다.

선근으로 의지를 삼는다. 닦고 익혀 증장하기 때문이다.

바라밀다로 의지를 삼는다. 구족하게 수행하기 때문이다.

일체 법으로 의지를 삼는다. 끝에 가서는 벗어나기 때문이다.

큰 서원으로 의지를 삼는다. 보리를 증장하기 때문이다.

여러 행으로 의지를 삼는다. 널리 모두 성취하기 때문이다.

일체 보살로 의지를 삼는다. 지혜가 같기 때문이다.

부처님께 공양함으로 의지를 삼는다. 믿는 마음이 청정하기 때문이다.

일체 여래로 의지를 삼는다. 아버지의 가르침처럼 끊이지 않기 때문이다.

이것이 열 가지 의지이다.

만약 보살들이 이러한 법에 편안히 머물면, 여래의 위없는 큰 지혜의 의지할 곳을 얻는다.

● 疏 ●

初二는 可知라

三 所謂下는 列釋中十句니 各先標名하고 後釋義라

一 依菩提心者는 十皆名依는 已爲衆行之首요 而菩提心은 復是十中之初니 以是萬行之本일새 故貫二千之首라 釋云不忘失者는 忘失菩提心코 修諸善根이면 則是魔業故로 依斯不忘이라야 能成萬行이니 此句 爲總이라

二는 上雖內有勝心이나 若外不依善友면 行亦無成이라 故大聖이

謂善財言호되 '求善知識이 是無上菩提 最初因緣이라'하니라 釋云 如一者는 若不心行符契면 豈爲我友리오

三은 若不增修善根이면 遇友何益가

四는 隨所修善하야 須到彼岸이니라

五는 非獨十度라 觸境皆通이니 上四는 自利라

六은 願이오 七은 行이니 竝通自他니 上皆依法이오 後三은 依人이라

八은 勝侶智同이오

九·十은 唯佛究竟이니 爲所依處故로 淨心供養하야 以成福德이며 長禀慈訓하야 以成智嚴이라

又前五는 自分이오 後五는 勝進이니 六은 廣菩提心이오 七은 廣三·四·五오 後三은 廣第二라

四 結은 可知오

五 若諸菩薩 下 顯修勝益者는 由依上十하야 成佛大智하야 爲一切所依 斯爲勝益이니 豈得不修리오 故亦名勸修니라

　'① 총체의 표장'과 '② 그 수효를 물음'은 설명하지 않아도 알 수 있다.

　③ '所謂' 이하는 나열하여 해석한 부분의 10구이다. 구절마다 각각 앞의 문장은 그 명칭을 밝혔고, 뒤의 문장은 그 의의를 해석하였다.

　제1구, "보리심으로 의지를 삼는다."는 것은 10구 모두 '의지'라 이름 붙인 것은 이미 모든 행의 첫머리이며, '보리심'은 또한 10구 가운데 첫 구절이다. 이는 모든 행의 근본이기에 2천 문의 첫머리에 넣은 것이다. '잊지 않기 때문[不忘失]'이라 해석한 것은 보리심을 잃

고서 모든 선근을 닦으면 이는 곧 마업인 까닭에 보리심에 의지하여 잊지 않아야 모든 행을 성취할 수 있다. 이 구절은 10구의 총체이다.

제2구는 위에서는 비록 안으로 훌륭한 마음이 있을지라도, 밖으로 선지식을 의지하지 않으면 행 또한 성취할 수 없기 때문이다. 부처님이 선재에게 말씀하시기를, "선지식을 구함이 위없는 보리를 얻는 최초의 인연이다."고 하였다. "한결같기 때문이다."고 해석한 것은 만약 마음이 맞지 않으면 어떻게 나의 벗이 될 수 있겠는가.

제3구는 선근을 더욱 닦지 않으면 선지식을 만난다 한들 무슨 이익이 있겠는가.

제4구는 닦아야 할 바를 따라 반드시 피안에 이르러야 한다.

제5구는 십바라밀뿐 아니라, 모든 경계에 모두 통한다.

위의 4가지는 자리행이다.

제6구는 서원이며, 제7구는 행이다. 나와 남에 모두 통한다.

위는 모두 법에 의지함이며, 뒤의 3구는 사람에 의지함이다.

제8구는 훌륭한 보살과 지혜가 같으며,

제9~10구는 오직 부처님이 마지막 최고의 경계이다. 의지처이기 때문에 청정한 마음으로 공양하여 복덕을 성취하고, 자애로운 가르침을 길이 받들어 지혜의 장엄을 성취한 것이다.

또한 앞의 5구는 자신의 본분이며, 뒤의 5구는 잘 닦아나감이다.

제6구는 보리심의 의지를 넓힘이며, 제7구는 제3~5구의 의지를 넓힘이며, 뒤의 3구는 제2구의 의지를 넓힘이다.

④ 그 수효를 끝맺음은 설명하지 않아도 알 수 있다.
⑤ '若諸菩薩' 이하에서 수행의 뛰어난 이익을 밝힌 것은 위의 10가지 의지에 따라서 부처님의 큰 지혜를 성취하여 일체 의지한 바가 뛰어난 이익이다. 어떻게 이를 닦지 않을 수 있겠는가. 이 때문에 그 이름을 '수행의 권면'이라 하였다.

經

佛子여 菩薩摩訶薩이 有十種奇特想하니
何等이 爲十고
所謂於一切善根에 生自善根想하며
於一切善根에 生菩提種子想하며
於一切衆生에 生菩提器想하며
於一切願에 生自願想하며
於一切法에 生出離想하며
於一切行에 生自行想하며
於一切法에 生佛法想하며
於一切語言法에 生語言道想하며
於一切佛에 生慈父想하며
於一切如來에 生無二想이 是爲十이니
若諸菩薩이 安住此法하면 則得無上善巧想이니라

불자여, 보살마하살이 열 가지 기특한 생각이 있다.
무엇이 열 가지 기특한 생각인가?

이른바 일체 선근에 대해 자기의 선근이라는 생각을 내며,

일체 선근에 대해 보리의 종자라는 생각을 내며,

일체중생에 대해 보리의 그릇이라는 생각을 내며,

일체 소원에 대해 자기의 소원이라는 생각을 내며,

일체 법에서 벗어날 생각을 내며,

일체 행에 대해 자신의 행이라는 생각을 내며,

일체 법에 대해 부처의 법이라는 생각을 내며,

일체 말하는 법에 대해 말의 도라는 생각을 내며,

일체 부처에 대해 아버지라는 생각을 내며,

일체 여래에 대해 둘이 없다는 생각을 내는 것이다.

이것이 열 가지 기특한 생각이다.

만약 보살들이 이 법에 편안히 머물면, 위없이 뛰어난 생각을 얻는다.

● 疏 ●

第二 奇特想者는 前依因緣하야 以成諸行이어니와 今依勝相하야 以攝善根이니 翻妄想源이 次所依故니 竝出常想일새 受奇特名이니 卽上文中에 常欲利樂諸衆生等 利益之想也라

十中에 一은 以他善同己者는 隨喜於他하야 情無彼此故며 互爲主伴하야 相資益故며 同體性故며 卽我所行故며 自他相卽故니 四六願行도 亦然이라

二는 一毫微善도 皆是佛因일새 故法華中에 擧手低頭 皆已成佛이라

三은 下至闡提히 皆有佛性故니라
五는 思益云 '知離名爲法故'라
七은 諸性相法이 佛所證故니 文殊云 '我不見一法非佛法者니 皆不可得故오 諸軌儀法이 皆佛所流니 涅槃云 外道之法도 亦如來正法之餘故'니라
八은 因言契理이언정 而理非言일세 故名言道라
九는 佛以覺他圓滿일세 故爲慈父니라
十은 如來는 卽諸法如義일세 故無有二니라
益中에 無想之想을 名善巧想이라

둘째, 기특한 생각이란 앞에서는 인연에 의하여 모든 행을 성취하였지만, 여기에서는 뛰어난 모양에 의하여 선근을 받아들이는 것이다. 망상의 근원을 뒤집는 것이 다음의 의지 대상이기 때문이다. 아울러 변함없는 생각을 내기에 그 이름을 '기특'이라 붙인 것이다. 이는 위의 문장에서 말한, 언제나 모든 중생 등에게 이익과 즐거움을 주고자 하는 이익의 생각이다.

10구 가운데 제1구의 남들의 선을 자기와 같다고 생각하는 것은 남을 따라 기뻐하면서 마음에 나와 너라는 차별의 마음이 없기 때문이며, 서로 주체와 객체가 되어 서로 돕고 힘입기 때문이며, 체성이 같기 때문이며, 곧 나의 행할 바이기 때문이며, 나와 남이 서로 하나가 되기 때문이다.

제4구와 제6구의 願行 또한 그와 같다.

제2구는 일호의 미세한 선까지도 모두 성불의 원인이기에 법

화경에서는 "한 차례 손을 들고 한 차례 머리를 숙이는 것이 모두가 이미 성불이다."고 말하였다.

제3구는 아래로 도저히 성불할 수 없는 闡提에 이르기까지 모두 불성이 있기 때문이다.

제5구는 사익경(구마라습 번역, 思益梵天所問經의 약칭)에 이르기를, "세간에서 벗어날 줄 아는 것을 '법'이라 말하기 때문이다."고 말하였다.

제7구는 모든 性·相의 법이 부처의 증득한 바이기 때문이다. 문수보살이 말하였다.

"나는 어느 한 법도 불법 아닌 것을 보지 못하였다. 모두 얻을 수 없기 때문이다.

모든 軌儀의 법이 모두 부처에 의해 유통된 바이다. 열반경에 이르기를, '외도의 법 또한 여래의 正法 이외의 것이기 때문'이라고 말하였다."

제8구는 말로 인하여 진리를 깨닫고 밝힐 뿐, 진리는 말 자체가 아니기에 '말의 도[言道]'라 이름 붙인 것이다.

제9구는 부처는 남을 깨우쳐 줌이 원만한 까닭에 '자애로운 아버지'라 한다.

제10구는 여래는 곧 모든 법이 '여여'하다의 뜻이기에 둘이 없다.

'중생에게 이익과 즐거움을 주고자 하는 부분'에 생각이 없는 생각을 '뛰어난 생각[善巧想]'이라고 말한다.

經

佛子여 菩薩摩訶薩이 有十種行하니

何等이 爲十고

所謂一切衆生行이니 普令成熟故며

一切求法行이니 咸悉修學故며

一切善根行이니 悉使增長故며

一切三昧行이니 一心不亂故며

一切智慧行이니 無不了知故며

一切修習行이니 無不能修故며

一切佛刹行이니 皆悉莊嚴故며

一切善友行이니 恭敬供養故며

一切如來行이니 尊重承事故며

一切神通行이니 變化自在故니라

是爲十이니 若諸菩薩이 安住此法하면 則得如來無上大智慧行이니라

불자여, 보살마하살이 열 가지 행이 있다.

무엇이 열 가지 행인가?

이른바 일체중생의 행이다. 두루 널리 성숙시켜 주기 때문이다.

일체 법을 구하는 행이다. 모두 닦아 배우기 때문이다.

일체 선근의 행이다. 모두 더욱 키워주기 때문이다.

일체 삼매의 행이다. 한결같은 마음이 산란하지 않기 때문이다.

일체 지혜의 행이다. 알지 못함이 없기 때문이다.

일체 닦아 익히는 행이다. 닦지 않음이 없기 때문이다.

일체 부처 세계의 행이다. 모두 장엄하기 때문이다.

일체 선지식의 행이다. 공경하고 공양하기 때문이다.

일체 여래의 행이다. 존중하고 받들어 섬기기 때문이다.

일체 신통한 행이다. 변화가 자재하기 때문이다.

이것이 열 가지 행이다.

만약 보살들이 이 법에 편안히 머물면, 여래의 위없는 큰 지혜의 행을 얻는다.

● 疏 ●

第三 十種行은 依勝想之解하야 造修大行이니 想唯在心이오 行通三業이니 空想不行이면 亦無成辦이니 卽上文中 修學處也라

釋中 唯九者는 準晉本컨대 此脫第三善學一切戒라

具十爲五對니

一은 下化上求오 二는 止惡進善이오 三은 妙止深觀이오 四는 修因嚴刹이오 五는 敬友事師니라

셋째, 열 가지 행은 뛰어난 생각을 앎에 의하여 큰 행을 닦아나가는 것이다.

생각은 오직 마음에 있고, 행은 신·구·의 삼업에 모두 통한다. 공상으로 실행하지 않으면 또한 성취할 수 없다. 이는 위의 경문에서 말한 '닦고 배울[修學]' 곳이다.

해석의 부분에 유독 9구만 있는 것은 60화엄경에 의하면, 여기

에 "제3구 일체 계율을 잘 닦는다."는 부분이 탈락되었다.

    10구는 5對句로 구성되어 있다.

    제1 대구는 아래로 중생을 교화하고, 위로 보리를 구함이며,

    제2 대구는 악행을 멈추고 선행으로 나아감이며,

    제3 대구는 미묘한 止와 심오한 觀이며,

    제4 대구는 원인을 닦음과 국토의 장엄이며,

    제5 대구는 선지식을 공경함과 스승을 섬김이다.

經

佛子여 菩薩摩訶薩이 有十種善知識하니

何等이 爲十고

所謂令住菩提心善知識과

令生善根善知識과

令行諸波羅蜜善知識과

令解說一切法善知識과

令成熟一切衆生善知識과

令得決定辯才善知識과

令不著一切世間善知識과

令於一切劫에 修行無厭倦善知識과

令安住普賢行善知識과

令入一切佛智所入善知識이 是爲十이니라

    불자여, 보살마하살이 열 가지 선지식이 있다.

무엇이 열 가지 선지식인가?

이른바 보리심에 머물게 하는 선지식,

선근을 내게 하는 선지식,

모든 바라밀다를 행하게 하는 선지식,

일체 법을 해설하게 하는 선지식,

일체중생을 성숙케 하는 선지식,

결정한 변재를 얻게 하는 선지식,

일체 세간에 집착하지 않게 하는 선지식,

일체 겁에 수행하되 게으름이 없게 하는 선지식,

보현의 행에 편안히 머물게 하는 선지식,

일체 부처의 지혜로 들어간 바에 들게 하는 선지식이다.

이것이 열 가지 선지식이다.

◉ 疏 ◉

第四 善知識者는 行起에 必依善友일세 故次明之니 未知善을 令知며 未知惡을 令識故로 凡所順益 皆我善友라 故十皆益也니 上云卽得親近善知識이 是라

넷째, 선지식이란 행을 일으키면 반드시 선지식을 의지해야 하는 까닭에 이를 다음으로 밝힌 것이다. 알지 못하는 선을 알려주고, 알지 못하는 잘못을 알려주기 때문이다. 대체로 이익을 따르는 바는 모두 나의 선지식이기에 10가지가 모두 이익이다. 위에서 말한 "선지식을 가까이한다."는 것이 바로 이를 말한다.

佛子여 菩薩摩訶薩이 有十種勤精進하니

何等이 爲十고

所謂敎化一切衆生勤精進과

深入一切法勤精進과

嚴淨一切世界勤精進과

修行一切菩薩所學勤精進과

滅除一切衆生惡勤精進과

止息一切三惡道苦勤精進과

摧破一切衆魔勤精進과

願爲一切衆生하야 作淸淨眼勤精進과

供養一切諸佛勤精進과

令一切如來로 皆悉歡喜勤精進이 是爲十이니

若諸菩薩이 安住此法하면 則得具足如來無上精進波羅蜜이니라

　　불자여, 보살마하살이 열 가지 부지런한 정진이 있다.

　　무엇이 열 가지 부지런한 정진인가?

　　이른바 일체중생을 교화하는 부지런한 정진,

　　일체 법에 깊이 들어가는 부지런한 정진,

　　일체 세계를 깨끗이 하는 부지런한 정진,

　　일체 보살이 배웠던 바를 닦아 행하는 부지런한 정진,

　　일체중생의 악업을 없애주는 부지런한 정진,

일체 삼악도의 고통을 멈춰주는 부지런한 정진,

일체 마의 무리를 타파하는 부지런한 정진,

일체중생의 청정한 눈이 되어주고자 하는 부지런한 정진,

일체 부처님께 공양하는 부지런한 정진,

일체 여래로 하여금 모두 기쁘게 하는 부지런한 정진이다.

이것이 열 가지 정진이다.

만약 보살들이 이 법에 편안히 머물면 여래의 위없는 정진바라밀다가 두루 넉넉하게 된다.

◉ 疏 ◉

第五精進者는 行友旣具에 必須策勤이니 於此十事에 離身心相이오 而進修不雜일새 故上云勤修佛功德이라

다섯째, 정진이란 10가지의 行과 선지식이 이미 갖춰졌으면 반드시 부지런히 경책해야 한다. 이 10가지 일에 몸과 마음의 모양을 여의고 닦아나감이 혼잡하지 않기에 위에서 "부지런히 부처의 공덕을 닦는다."고 말하였다.

經

佛子여 菩薩摩訶薩이 有十種心得安穩하니
何等이 爲十고
所謂自住菩提心하고 亦當令他住菩提心하야 心得安穩하며

自究竟離忿諍하고 亦當令他離忿諍하야 心得安穩하며
自離凡愚法하고 亦令他離凡愚法하야 心得安穩하며
自勤修善根하고 亦令他勤修善根하야 心得安穩하며
自住波羅蜜道하고 亦令他住波羅蜜道하야 心得安穩하며
自生在佛家하고 亦當令他生於佛家하야 心得安穩하며
自深入無自性眞實法하고 亦令他入無自性眞實法하야 心得安穩하며
自不誹謗一切佛法하고 亦令他不誹謗一切佛法하야 心得安穩하며
自滿一切智菩提願하고 亦令他滿一切智菩提願하야 心得安穩하며
自深入一切如來無盡智藏하야 亦令他入一切如來無盡智藏하야 心得安穩이 是爲十이니
若諸菩薩이 安住此法하면 則得如來無上大智安穩이니라

불자여, 보살마하살이 열 가지 마음의 평온이 있다.

무엇이 열 가지 마음의 평온인가?

이른바 자신이 보리심에 머물고 또한 남들에게도 보리심에 머물게 하여 마음이 평온해지며,

자신이 끝까지 분함과 다툼을 여의고 또한 남들에게도 분함과 다툼을 여의게 하여 마음이 평온해지며,

자신이 범부와 어리석음의 법을 여의고 또한 남들에게도 범부와 어리석음의 법을 여의게 하여 마음이 평온해지며,

자신이 선근을 부지런히 닦고 또한 남들에게도 선근을 부지런히 닦게 하여 마음이 평온해지며,

자신이 바라밀다의 도에 머물고 또한 남들에게도 바라밀다의 도에 머물게 하여 마음이 평온해지며,

자신이 부처의 집안에 태어나고 또한 남들에게도 부처의 집안에 태어나게 하여 마음이 평온해지며,

자신이 자성이 없는 진실한 법에 깊이 들어가고 또한 남들에게도 자성이 없는 진실한 법에 들어가게 하여 마음이 평온해지며,

자신이 모든 부처의 법을 비방하지 않고 또한 남들에게도 모든 부처님의 법을 비방하지 않게 하여 마음이 평온해지며,

자신이 일체 지혜 보리원을 원만케 하고 또한 남들에게도 일체 지혜 보리원을 원만케 하여 마음이 평온해지며,

자신이 일체 여래의 그지없는 지혜의 법장(法藏)에 깊이 들어가고 또한 남들에게도 일체 여래의 그지없는 지혜의 법장에 들어가게 하여 마음이 평온해지는 것이다.

이것이 열 가지 마음의 평온이다.

만약 보살들이 이 법에 편안히 머물면 여래의 위없는 큰 지혜의 평온함을 얻는다.

● 疏 ●

第六心得安穩이니 進成二利일새 故獲心安이라 自利故智心安이오 利他故悲心安이니 卽上文 增上最勝心이라

十中에 初一은 行本이오 次二는 離過니 一은 無諍三昧니 離一切諍이오 二는 越凡小니 凡은 謂凡夫오 愚는 卽愚法小乘이라

次二는 進善이오 次三은 證入이니 一은 入位오 二는 入法이오 三은 入盆이니 謂謗有二義니 一은 麤니 言此非佛說等이니 其過彌大오 二는 細니 謂說不契實이니 其過則微하니 若無細謗이면 證實方能이라 後二는 因圓果滿이라

得盆中에 究竟安穩은 謂菩提涅槃이라【鈔_ '三入盆'者는 以得證實이라야 方無細謗이니 卽是盆也니라】

여섯째, 마음의 평온을 얻음이다. 자리와 이타를 닦아 성취한 까닭에 마음의 평온을 얻는다. 자기를 위하는 이익을 얻은 까닭에 지혜의 마음이 편안하고, 다른 이에게 이익을 베풀기에 大悲의 마음이 편안하다. 이는 위의 경문에서 말한 "증상의 가장 훌륭한 마음"이다.

10구 가운데,

제1구는 수행의 근본이고,

다음 제2~3 2구는 허물을 여의는 것이다. 제2구는 다툼이 없는 삼매이다. 일체 다툼을 여읨이며, 제3구는 범부와 소승을 초월함이다. 凡은 凡夫를, 愚는 법에 대해 어리석은 소승을 말한다.

다음 제4~5 2구는 선을 닦아나감이며,

다음 제6~8 3구는 증득하여 들어감이다.

제6구는 지위에 들어감이며,

제7구는 법에 들어감이며,

제8구는 이익에 들어감이다.

제8구[自不誹謗一切佛法]에서 말한 비방[謗]에는 2가지 뜻이 있다.

① 거친 비방이다. "이는 부처님의 말씀이 아니다." 등이니, 그 허물이 더욱 크다.

② 미세한 비방이다. "말씀이 실상에 맞지 않다." 등이니, 그 허물이 미약하다. 만약 미세한 비방이 없으면 실상을 증득함이 바야흐로 가능하다.

뒤의 제9~10 2구는 인과의 원만이다. 이익을 얻은 가운데 마지막 최상의 평온이다. 이는 보리열반을 말한다.【초_ "제8구는 이익에 들어감이다[三入益]."는 것은 실상을 증득해야 비로소 미세한 비방이 없다. 이것이 바로 이익이다.】

經

佛子여 **菩薩摩訶薩**이 **有十種成就衆生**하니

何等이 **爲十**고

所謂以布施로 **成就衆生**하며

以色身으로 **成就衆生**하며

以說法으로 **成就衆生**하며

以同行으로 **成就衆生**하며

以無染著으로 **成就衆生**하며

以開示菩薩行으로 **成就衆生**하며

以熾然示現一切世界로 **成就衆生**하며

以示現佛法大威德으로 成就眾生하며
以種種神通變現으로 成就眾生하며
以種種微密善巧方便으로 成就眾生이 是爲十이니
菩薩이 以此成就眾生界니라

　　불자여, 보살마하살이 열 가지 중생을 성취함이 있다.

　　무엇이 열 가지 중생 성취인가?

　　이른바 보시로 중생을 성취하고,

　　육신으로 중생을 성취하고,

　　설법으로 중생을 성취하고,

　　함께 행함으로 중생을 성취하고,

　　물들지 않음으로 중생을 성취하고,

　　보살의 행을 열어 보임으로 중생을 성취하고,

　　일체 세계를 빛나게 몸을 나타내는 것으로 중생을 성취하고,

　　불법의 큰 위엄과 공덕을 나타내는 것으로 중생을 성취하고,

　　가지가지 신통과 변화로 중생을 성취하고,

　　가지가지 비밀의 뛰어난 방편으로 중생을 성취함이다.

　　이것이 열 가지의 중생 성취이다.

　　보살이 이로써 중생세계를 성취하는 것이다.

◉ 疏 ◉

第七 成就眾生者는 上은 通明二利心安이오 今은 別明利物成就라 故上云則 '能慈愍度眾生'이라

然有二義하니

一은 以此十으로 通用成就一切衆生이오

二는 各成一類衆生이니 謂一은 成就慳貪貧窮衆生이오 二는 成恃形色憍慢衆生이오 三은 疑法이오 四는 狠戾오 五는 貪愛오 六은 樂二乘이오 七은 不樂嚴刹이오 八은 不欣佛果오 九는 邪歸依오 十은 邪智狡猾이니 以經中十法으로 如次成就니라

일곱째, 중생 성취는 위에서는 자리이타의 평온한 마음을 전체로 밝혔고, 여기에서는 중생의 이익 성취를 개별로 밝혔다. 이 때문에 위에서 "사랑과 가엾이 여기는 마음으로 중생을 제도한다."고 하였다.

그러나 2가지 의의가 있다.

① 10구로써 일체중생을 전체로 성취함이며,

② 한 부류의 중생을 제각각 성취함이다.

제1구 '布施成就'는 인색하거나 탐욕스럽거나 빈궁한 중생을 성취함이며,

제2구 '色身成就'는 육신을 믿고 교만한 중생을 성취함이며,

제3구 '說法成就'는 법을 의심하는 중생을 성취함이며,

제4구 '同行成就'는 사납고 모진 중생을 성취함이며,

제5구 '無染著成就'는 탐욕과 애욕의 중생을 성취함이며,

제6구 '開示菩薩行成就'는 이승을 좋아하는 중생을 성취함이며,

제7구 '熾然示現一切世界成就'는 국토 장엄을 좋아하지 않는

중생을 성취함이며,

제8구 '示現佛法大威德成就'는 佛果를 좋아하지 않는 중생을 성취함이며,

제9구 '種種神通變現成就'는 삿된 이단에 귀의한 중생을 성취함이며,

제10구 '種種微密善巧方便成就'는 삿된 지혜로 교활한 중생을 성취함이다.

경문에서 10가지 법으로 차례와 같이 중생을 성취하였다.

經

佛子여 菩薩摩訶薩이 有十種戒하니

何等이 爲十고

所謂不捨菩提心戒와

遠離二乘地戒와

觀察利益一切衆生戒와

令一切衆生住佛法戒와

修一切菩薩所學戒와

於一切法에 無所得戒와

以一切善根으로 廻向菩提戒와

不著一切如來身戒와

思惟一切法호대 離取著戒와

諸根律儀戒 是爲十이니

若諸菩薩이 **安住此法**하면 **則得如來無上廣大戒波羅蜜**이니라

불자여, 보살마하살이 열 가지 계율이 있다.

무엇이 열 가지 계율인가?

이른바 보리심을 버리지 않는 계율,

이승의 지위를 멀리 여의는 계율,

일체중생을 관찰하여 이익을 베푸는 계율,

일체중생을 불법에 머물게 하는 계율,

일체 보살이 배웠던 바를 닦는 계율,

일체 법에 얻을 바가 없는 계율,

일체 선근으로 보리에 회향하는 계율,

일체 여래의 몸에 집착하지 않는 계율,

일체 법을 생각하되 집착을 여의는 계율,

모든 근의 계율과 의식을 지키는 계율이다.

이것이 열 가지 계율이다.

만약 보살들이 이 법에 편안히 머물면 여래의 위없고 광대한 지계 바라밀다를 얻는다.

● 疏 ●

第八 戒者는 欲成就衆生인댄 須自止惡行善이니 十中에 若忘菩提心하며 乃至諸根犯境은 皆名破菩薩戒라 故上云 '堅固大悲心'이라하니 則不破也라 此十은 三聚니 如應思之니라

여덟째, 계율이란 중생을 성취시켜 주고자 원한다면 반드시 자신이 먼저 악업을 버리고 선업을 닦아야 한다.

10가지 계율 가운데 만약 '보리심을 망각하고, …모든 근의 계율과 의식'의 경계를 범하면 이는 모두 보살계를 깨뜨리는 것이다. 이 때문에 위의 경문에서 "견고한 大悲의 마음"이라 하니 이는 보살계를 깨뜨리지 않음이다.

이 10가지 계율은 三聚淨戒[攝律儀戒·攝善法戒·攝衆生戒]이다. 이를 깊이 생각해야 한다.

經

佛子여 **菩薩摩訶薩**이 **有十種受記法**하야 **菩薩**이 **以此自知受記**하나니

何等이 **爲十**고

所謂以殊勝意로 **發菩提心**하야 **自知受記**하며

永不厭捨諸菩薩行하야 **自知受記**하며

住一切劫行菩薩行하야 **自知受記**하며

修一切佛法하야 **自知受記**하며

於一切佛敎에 **一向深信**하야 **自知受記**하며

修一切善根하야 **皆令成就**하야 **自知受記**하며

置一切衆生於佛菩提하야 **自知受記**하며

於一切善知識에 **和合無二**하야 **自知受記**하며

於一切善知識에 **起如來想**하야 **自知受記**하며

恒勤守護菩提本願하야 自知受記 是爲十이니라

불자여, 보살마하살이 열 가지 수기 받는 법이 있어, 이로써 스스로 수기 받을 줄을 안다.

무엇이 열 가지 수기 받는 법인가?

이른바 훌륭한 뜻으로 보리심을 내어 스스로 수기 받을 줄을 알며,

보살의 행을 영원히 버리지 않아 스스로 수기 받을 줄을 알며,

일체 겁에 머물면서 보살행을 행하여 스스로 수기 받을 줄을 알며,

일체 불법을 닦아 스스로 수기 받을 줄을 알며,

일체 부처의 가르침을 하나같이 깊이 믿어 스스로 수기 받을 줄을 알며,

일체 선근을 닦아 모두 성취케 하여 스스로 수기 받을 줄을 알며,

일체중생을 부처님의 보리에 두어 스스로 수기 받을 줄을 알며,

일체 선지식과의 화합으로 둘이 없어 스스로 수기 받을 줄을 알며,

일체 선지식에 대해 여래라는 생각을 내어 스스로 수기 받을 줄을 알며,

보리의 본래 서원을 부지런히 수호하여 스스로 수기 받을 줄을 아는 것이다.

이것이 열 가지 수기 받는 법이다.

● 疏 ●

第九 受記法者는 旣離過德成인댄 自驗已行이 必招當果일새 故自知受記니라 故上云 '若得無生深法忍'이라하니 則爲諸佛所受記라 卽此中一義라

一은 見理深悲 卽發心殊勝이니 得果無疑어니와 若因他厭苦면 則非殊勝이니 未定得記라 二는 無厭修오 三은 長時修오 四는 無餘修오 五는 契理修오 餘五는 可知니라

於此十中에 隨有其一하야 卽自知得記니 此辨得記之行이오 非顯受記相殊니 如瑜伽等이라 又此約十信橫具오 餘約豎位不同이라

【鈔_ 又此約下는 結成上義則得授記니 瑜伽는 豎說授記相殊라】

아홉째, 수기를 받는 법이란 이미 허물을 여의고 공덕이 성취되었다면 스스로 자신의 행이 반드시 그에 걸맞은 결과를 징험할 수 있다. 이 때문에 위의 경문에서 "만약 無生의 심오한 法忍을 얻으면 여러 부처님의 수기를 받게 된다."고 하였다. 이는 이런 것 가운데 하나의 의의이다.

제1구 '殊勝意發菩提心'은 진리를 본 심오한 大悲의 마음이 곧 뛰어난 발심이다. 과덕을 얻을 것은 의심할 게 없지만, 남으로 인해서 괴로움을 싫어한다면 그것은 뛰어난 발심이 아니다. 결코 수기를 받지 못할 것이다.

제2구 '永不厭捨諸菩薩行'은 수행을 싫어함이 없음이며,

제3구 '住一切劫行菩薩行'은 장시간의 수행이며,

제4구 '修一切佛法'은 남김 없는 수행이며,

제5구 '於一切佛教一向深信'은 진리에 계합하는 수행이다.
나머지 5구는 설명하지 않아도 알 수 있다.

이 10가지 가운데 그중 하나를 지님에 따라서 스스로 수기 받음을 아는 것이다. 이는 수기를 받게 된 행을 논변한 것이지, 수기를 받는 바가 서로 다르다는 점을 밝히려는 것은 아니다. 유가사지론 등에서 말한 바와 같다.

또한 이는 十信을 공간의 횡적으로 말한 것이며, 나머지는 시간의 종적 지위에 따른 다른 점을 들어 말하였다.【초_ '又此約' 이하는 위에서 말한 의의에 의해 수기를 받게 된 점을 끝맺은 것이다. 유가사지론에서는 시간의 종적으로 수기를 받음이 서로 다름을 말해주고 있다.】

上來初 九門 明自分行 竟하다

위의 (1) 9문의 自分行을 밝힌 부분을 끝마치다.

第二 八門 明勝進行

(2) 8문은 잘 닦아나가는 행을 밝히다

經

佛子여 菩薩摩訶薩이 有十種入하야 入諸菩薩하나니
何等이 爲十고
所謂入本願하며 入行하며 入聚하며 入諸波羅蜜하며 入

成就하며 入差別願하며 入種種解하며 入莊嚴佛土하며
入神力自在하며 入示現受生이 是爲十이니
菩薩이 以此普入三世一切菩薩이니라

　불자여, 보살마하살이 열 가지 들어감으로 모든 보살의 경계에 들어감이 있다.

　무엇이 열 가지 들어감인가?

　이른바 보살의 본래 서원에 들어가며,

　보살의 행에 들어가며,

　보살의 쌓아감에 들어가며,

　보살의 여러 바라밀다에 들어가며,

　보살의 성취에 들어가며,

　보살의 각기 다른 서원에 들어가며,

　보살의 가지가지 이해에 들어가며,

　보살의 불국토 장엄에 들어가며,

　보살의 신통력이 자재함에 들어가며,

　보살의 생을 받아 몸을 나타내는 데 들어감이다.

　이것이 열 가지 들어감이다.

　보살이 이로써 삼세 일체 보살의 경계에 널리 들어가는 것이다.

◉ 疏 ◉

勝進行中에 旣自分行成일세 故勝進하야 入諸所入之處等이니 卽
爲八段이라

今初는 入菩薩이니 入有二義니 一은 證得義오 二는 觀達義니 入因은 則通證通達이어니와 入果는 唯達未證이라
此下五門은 皆是智入이오 四·五 二入은 亦通身入이니 今此는 卽是 入因이라
所以入者는 卽彼所修 是我所修니 互相資益하야 爲同行故니라 故 度世經에 名不相求短이라하니 卽上文中에 '神通深密用'等이라
四結은 可知니라

'잘 닦아나가는 행'의 부분은 이미 자신의 行이 성취되었기에 잘 닦아나가 들어가야 할 모든 곳의 경계에 들어가는 등이다. 이는 8단락이다.

'잘 닦아나가는 행'의 첫 부분은 보살의 경계에 들어가는 것이다.

들어간다[入]는 것은 2가지 뜻이 있다.

① 증득의 의의이고,

② 달관의 의의이다.

因地에 들어간다는 것은 증득과 달관에 모두 통하지만, 여래의 佛果에 들어가면 오직 달관일 뿐, 증득은 아니다.

이 아래의 5문은 모두 지혜로 들어가는 경계이며, 제4, 제5의 2문은 또한 몸으로 들어가는 경계에 통한다. 이의 첫 문은 바로 因地에 들어감이다.

들어가는 바는 곧 그가 닦았던 바가 곧 내가 닦았던 바이다. 서로가 서로 도움이 되고 이익이 되어 함께 행하기 때문이다. 따라서 도세경에서는 "서로 단점을 찾지 않는다."고 말하였다. 이는 위의 경

문에서 말한 "신통이 심오하고 비밀스러운 작용" 등이다.

넷째 결론 부분은 설명하지 않아도 알 수 있다.

經

佛子여 菩薩摩訶薩이 有十種入하야 入諸如來하나니
何等이 爲十고
所謂入無邊成正覺하며
入無邊轉法輪하며
入無邊方便法하며
入無邊差別音聲하며
入無邊調伏衆生하며
入無邊神力自在하며
入無邊種種差別身하며
入無邊三昧하며
入無邊力無所畏하며
入無邊示現涅槃이 是爲十이니
菩薩이 以此普入三世一切如來니라

불자여, 보살마하살이 열 가지 들어감으로 모든 여래의 경계에 들어감이 있다.

무엇이 열 가지 들어감인가?

이른바 그지없이 바른 깨달음을 이루는 데 들어가며,

그지없이 법륜을 굴리는 데 들어가며,

그지없이 방편의 법에 들어가며,

그지없이 각기 다른 음성에 들어가며,

그지없이 중생을 조복함에 들어가며,

그지없이 신통의 힘이 자재함에 들어가며,

그지없이 가지가지 각기 다른 몸에 들어가며,

그지없이 삼매에 들어가며,

그지없이 십력과 네 가지 두려움 없음에 들어가며,

그지없이 열반을 나타내는 데 들어감이다.

이것이 열 가지 들어감이다.

보살이 이로써 삼세 일체 여래의 경계에 널리 들어가는 것이다.

⦁ 疏 ⦁

第二. 入諸如來는 是入果니 所以入者는 必當證入이라 故上云 '則以佛德自莊嚴'이라 하니라

둘째, 여래의 경계에 들어간다는 것은 佛果에 들어감을 말한다.

들어가는 바는 반드시 증득하여 들어감이다. 이 때문에 위에서 이르기를, "곧 부처님의 공덕으로써 나의 몸을 장엄한다."고 하였다.

經

佛子여 菩薩摩訶薩이 有十種入衆生行하니

何等이 爲十고

所謂入一切衆生過去行하며

入一切衆生未來行하며

入一切衆生現在行하며

入一切衆生善行하며

入一切衆生不善行하며

入一切衆生心行하며

入一切衆生根行하며

入一切衆生解行하며

入一切衆生煩惱習氣行하며

入一切衆生敎化調伏時非時行이 **是爲十**이니

菩薩이 **以此普入一切諸衆生行**이니라

불자여, 보살마하살이 열 가지 중생의 행에 들어감이 있다.

무엇이 열 가지 중생의 행에 들어감인가?

이른바 일체중생의 과거의 행에 들어가며,

일체중생의 미래의 행에 들어가며,

일체중생의 현재의 행에 들어가며,

일체중생의 선행에 들어가며,

일체중생의 불선의 행에 들어가며,

일체중생의 마음의 행에 들어가며,

일체중생의 근기의 행에 들어가며,

일체중생의 이해하는 행에 들어가며,

일체중생의 번뇌와 습기의 행에 들어가며,

일체중생의 교화하고 조복할 시기와 시기가 아닌 행에 들어감이다.

이것이 열 가지 중생의 행에 들어감이다.

보살이 이로써 일체중생의 행에 널리 들어가는 것이다.

● 疏 ●

第三 入衆生行이니 前 二入은 能化오 此는 明入所化心行等이니 上
云'悉能調伏諸衆生'等이라
問中에 有心字오 行有多種하니 如文可知니라
十'時非時'는 謂熟·未熟等이니 不知時者는 非大法師니라

셋째, 중생의 행에 들어감이다.

앞의 보살과 여래의 행에 들어간다는 것은 교화의 주체이고, 이는 교화 대상인 일체중생의 마음과 행 등에 들어감을 밝힌 것이다. 따라서 위의 경문에서 말한 "모두 일체중생을 조복한다." 등이다.

물음 부분에서는 마음 '心' 자가 있고 行에는 여러 가지가 있다. 경문에서 말한 바와 같이 설명하지 않아도 알 수 있다.

제10구의 '교화하고 조복할 시기인지 아닌지'는 근기가 성숙했는지, 못했는지 등을 말한다. 교화하고 조복할 시기를 알지 못한 이는 대법사가 아니다.

經

佛子여 菩薩摩訶薩이 有十種入世界하니
何等이 爲十고

所謂入染世界하며

入淨世界하며

入小世界하며

入大世界하며

入微塵中世界하며

入微細世界하며

入覆世界하며

入仰世界하며

入有佛世界하며

入無佛世界 是爲十이니

菩薩이 以此普入十方一切世界니라

불자여, 보살마하살이 열 가지 세계에 들어감이 있다.

무엇이 열 가지 세계에 들어감인가?

이른바 더러운 세계에 들어가며,

청정한 세계에 들어가며,

작은 세계에 들어가며,

큰 세계에 들어가며,

티끌 속의 세계에 들어가며,

미세한 세계에 들어가며,

엎어진 세계에 들어가며,

잦혀진 세계에 들어가며,

부처님이 계시는 세계에 들어가며,

부처님이 없는 세계에 들어감이다.

이것이 열 가지 세계에 들어감이다.

보살이 이로써 시방의 모든 세계에 두루 들어가는 것이다.

◉ 疏 ◉

第四 入世界는 對佛이면 是依報오 對生이면 是化處니 上云 '普隨諸趣而現身'이라

結云 '普入'者는 不離此十故로 一時頓入이니 非前後故니라

넷째, 세계에 들어간다는 것은 부처를 상대로 말하면 依報이고, 중생을 상대로 말하면 교화할 공간이다. 위의 경문에서 이르기를, "여러 길의 세계를 따라 널리 몸을 나타낸다."고 하였다.

끝맺은 문장에서 "두루 들어간다[普入]."고 말한 것은 이 10가지를 여의지 않기 때문에 일시에 한꺼번에 들어가는 것이지, 전후의 시간 차이가 있는 게 아니기 때문이다.

經

佛子여 菩薩摩訶薩이 有十種入劫하니

何等이 爲十고

所謂入過去劫하며

入未來劫하며

入現在劫하며

入可數劫하며

入不可數劫하며
入可數劫이 卽不可數劫하며
入不可數劫이 卽可數劫하며
入一切劫이 卽非劫하며
入非劫이 卽一切劫하며
入一切劫이 卽一念이 是爲十이니
菩薩이 以此普入一切劫이니라

불자여, 보살마하살이 열 가지 겁에 들어감이 있다.

무엇이 열 가지 겁에 들어감인가?

이른바 과거의 겁에 들어가며,

미래의 겁에 들어가며,

현재의 겁에 들어가며,

셀 수 있는 겁에 들어가며,

셀 수 없는 겁에 들어가며,

셀 수 있는 겁이 셀 수 없는 겁에 들어가며,

셀 수 없는 겁이 셀 수 있는 겁에 들어가며,

일체 겁이 겁 아닌 데 들어가며,

겁 아닌 것이 일체 겁에 들어가며,

일체 겁이 한 생각의 찰나에 들어감이다.

이것이 열 가지 겁에 들어감이다.

보살이 이로써 일체 겁에 두루 들어가는 것이다.

◉ 疏 ◉

第五 入劫者는 卽是化時니 此下三門은 皆是成上一念悉知無有餘也라

十中에 前五는 直入이오 後五는 約相卽入이라

此相卽入에 有二意하니

一은 彼劫相卽에 智入彼故오 二는 由彼劫相攝相入이라 故但入能攝이 卽入彼所攝等이라

餘는 如前發心品하다

　다섯째, 일체 겁에 들어간다는 것은 교화할 시기이다. 이 아래의 3가지 부분은 모두 위의 경문에서 말한 "한 생각의 찰나에 남김없이 모두 앎"을 성취함이다.

　겁에 들어가는 10구 가운데 앞의 5구는 직접 들어감이며, 뒤의 5구는 서로 들어감으로 말하였다.

　서로 들어간다는 데에는 2가지 뜻이 있다.

　① 저 겁이 서로 들어감에 지혜가 저기에 들어가기 때문이며,

　② 저 겁이 서로 받아들이고 서로 들어가는 데서 연유한 것이다.

　이 때문에 다만 받아들이는 주체에 들어감이 바로 받아들이는 대상 등에 들어감이다.

　나머지 구절은 앞의 제17 초발심공덕품에서 말한 바와 같다.

經

佛子여 菩薩摩訶薩이 有十種說三世하니

何等이 爲十고
所謂過去世에 說過去世하며
過去世에 說未來世하며
過去世에 說現在世하며
未來世에 說過去世하며
未來世에 說現在世하며
未來世에 說無盡하며
現在世에 說過去世하며
現在世에 說未來世하며
現在世에 說平等하며
現在世에 說三世卽一念이 是爲十이니
菩薩이 以此普說三世니라

불자여, 보살마하살이 열 가지 삼세를 말하였다.

무엇이 열 가지 삼세를 말함인가?

이른바 과거 세계에서 과거 세계를 말하며,

과거 세계에서 미래 세계를 말하며,

과거 세계에서 현재 세계를 말하며,

미래 세계에서 과거 세계를 말하며,

미래 세계에서 현재 세계를 말하며,

미래 세계에서 그지없음을 말하며,

현재 세계에서 과거 세계를 말하며,

현재 세계에서 미래 세계를 말하며,

현재 세계에서 평등함을 말하며,

현재 세계에서 삼세가 한 생각의 찰나임을 말한다.

이것이 열 가지 삼세이다.

보살이 이로써 삼세를 두루 말하는 것이다.

◉ 疏 ◉

第六 說三世者는 前劫·此世 長短有異나 通皆時分이니 竝是十世隔法異成이라

十中에 前九는 別이오 後一은 總이라

別中三世 各三이라 故成九世니

未來는 是續起法일세 故未來未來는 名爲無盡이어니와 過去已起일세 故過去過去는 不名無盡이오 現在現在는 卽事可見이니 例過未之現在일세 故云平等이니 過未之現在는 非可見故로 但對前後하야 立現在名이라

然此三世何以成九오 古人이 釋云 義說爲九나 實唯有五니 意云 如五日相望이면 前三은 爲過去三世오 從後取三하야 爲未來三世오 處中取三하야 爲現在三世라하니 若依此釋인댄 進無九世之體오 退過三世之數어니 云何一念得具九耶아

今謂若不令九緣起相由오 但以三世緣起相由면 卽九世成矣니 謂過去 因現未면 則過去之中에 有現未하고 現未 各因二世 亦然이라 是以로 三世各三이라

總云一念者는 前之九世 相望以立이어니와 今攝末歸本에 不離一

念이니 卽此一念現在 是過去未來며 是未來過去 自具三世하고 三世相由하야 九·十具矣니라 故以一融九면 雖九而常一이오 以九別一아면 雖一而常九니 九一無礙하야 沒果絶言일세 假十圓融하야 爲入門矣이온 況積念成世라 念外無世耶아 又無念等故며 又法性同故니라 此有四義하니 後三은 通於餘宗이라 【鈔_ '卽此一念'下는 成其九十이니 先成九世니 此一念上에 雖因前後나 而其三世는 全在一中이오 一中之三이 更互相因이라 故爲九世오 本之一念일세 故爲十耳오 '故以一'下는 以一對九하야 互融相成하야 結成上義라 九는 約於義오 一은 約實體니 體用相融일세 故常九常一 無有障礙하고 體用相奪하야 離九一相일세 故同果海니라

'假十圓'下는 收前正義니 亦是釋疑라 疑云 '旣以絶言而爲果海인댄 何要十耶아 故今釋云 '假之爲門'은 則是說大오 同果絶言은 卽義大也라

上은 卽圓敎之義오 二'況積念'下는 卽始敎義오 三'又無念等故'는 卽頓敎義오 四'又法性同故'는 卽終敎義라 故結云有四라 '後三通餘宗'은 謂法相·無相·大乘等 宗也니라】

여섯째, 삼세를 말한다는 것은 앞의 겁과 이 세간에 길고 짧은 시간의 차이가 있지만 그 모두가 시간[時分]이다. 아울러 이는 '십세의 각기 다른 법이 다르게 성취됨[十世隔法異成]'이다.

10구 가운데 앞의 9구는 개별로, 뒤의 1구는 총체로 말하였다.

앞 9구의 개별 부분은 삼세가 각기 3가지이기에 9세를 이루는 것이다.

미래는 끊임없이 이어서 일어나는 법이기에 미래의 미래는 그 이름을 '그지없다[無盡].' 말하고,

과거는 이미 일어난 까닭에 과거의 과거는 그지없다고 말하지 않으며,

현재의 현재는 현실에서 바로 볼 수 있다. 과거와 미래의 현재에 따라 말한 까닭에 이를 '평등'이라 말하였다. 과거와 미래의 현재는 볼 수 있는 게 아닌 까닭에 다만 전후를 상대로 '현재'라는 명칭을 세운 것이다.

그러나 이러한 삼세가 어떻게 해서 9가지를 이루는 것일까? 옛사람이 이에 대해 다음과 같이 해석하였다.

"그 의의로 말하면 9가지이지만 실제는 5가지일 뿐이다."

위에서 말한 뜻은 다음과 같다.

예컨대 5일로 비춰보면, 앞의 3일은 과거의 삼세이고, 뒤로부터 3일은 미래의 삼세이고, 중간의 3일은 현재의 삼세이다."

만약 이런 해석을 따른다면, 앞으로 나아가면 9세의 자체가 없고, 뒤로 물러서면 삼세의 수를 벗어난 것이다. 어떻게 한 생각의 찰나에 9세를 갖출 수 있겠는가.

여기에서 만약 9세의 연기가 서로 연유하지 않고 다만 3세의 연기가 서로 연유할 뿐이라고 말한다면, 이는 9세가 형성된 것이다. 과거가 현재와 미래로 인연하면 과거의 가운데 현재와 미래가 있고, 현재와 미래는 각기 2세를 인연함 또한 그와 같다. 이 때문에 삼세가 각각 삼세이다.

총괄하여 '한 생각의 찰나'라 말한 것은 앞의 9세는 서로 대조하여 성립된 것이지만, 여기에서는 지말을 거둬들여 근본으로 귀결 지은 까닭에 '한 생각의 찰나'에서 벗어나지 않는다. 이는 '한 생각 찰나의 현재'가 과거의 미래이며, 미래의 과거이다. 그 자체가 삼세를 갖추고 있으며, 삼세가 서로 연유하면서 9세와 10세가 갖춰지는 것이다.

따라서 '한 생각의 찰나'로 9세를 융합하여 말하면 비록 9세이지만 언제나 '한 생각의 찰나'이고, 9세로써 '한 생각의 찰나'를 개별로 말하면 비록 '한 생각의 찰나'이지만 언제나 9세이다. 9세와 '한 생각의 찰나'가 서로 걸림이 없어 결과가 사라지고 말을 붙일 수 없기에 십세의 원융을 빌려서 入門을 삼았다. 하물며 '한 생각의 찰나'가 쌓여서 하나의 世를 형성하는 터라, '한 생각의 찰나' 밖에 世가 없는 것이야…. 이는 또한 無念과도 같기 때문이며, 또한 법성과도 같기 때문이다.

여기에는 4가지 의의가 있다. 뒤의 3가지는 나머지 종파에도 모두 통한다.【초_ '卽此一念' 이하는 그 9세와 10세의 형성을 말한다. 먼저 9세의 형성이다. '한 생각의 찰나'는 비록 전후의 세간을 인연하지만 그 3세는 모두 '한 생각의 찰나' 속에 있고, '한 생각의 찰나' 속에 3세가 서로 연결되어 있다. 이 때문에 9세가 되지만, '한 생각의 찰나'에 근본하기에 10세가 된다.

'故以一融九' 이하는 '한 생각의 찰나'로써 9세를 상대하여 서로 융합하고 서로 성취하면서 위에서 언급한 의의를 끝맺은 것이다. 9세는 그 의의로 말하고, '한 생각의 찰나'는 그 실체이다. 본체와 작용이 서로 원융한 까닭에 언제나 9세와 언제나 '한 생각의 찰나'는 장애가 없고, 본체와 작용이 서로 빼앗아 9세와 '한 생각 찰나'의 양상을 벗어난 까닭에 果海가 똑같은 것이다.

'假十圓融' 이하는 앞서 말한 正義를 끝맺은 말이자, 또한 의문을 해석한 부분이다.

의문은 다음과 같다.

"이미 말을 붙일 수 없는 자리로서 果海라 한다면 어찌 굳이 십세를 말할 필요가 있겠는가?"

따라서 이에 대해 해석하였다.

"이를 빌려 門을 삼은 것은 說大이고, 果海가 똑같고 말을 붙일 수 없는 자리는 곧 義大이다."

위는 圓敎의 의의로 말함이며,

② '況積念' 이하는 始敎의 의의로 말함이며,

③ '又無念等故'는 頓敎의 의의로 말함이며,

④ '又法性同故'는 終敎의 의의로 말한 것이다.

이 때문에 이를 끝맺어 "여기에는 4가지 의의가 있다. 뒤의 3가지는 나머지 종파에도 모두 통한다."고 말하였다. 法相宗·無相宗·大乘宗 등이다.】

經
佛子여 菩薩摩訶薩이 有十種知三世하니

何等이 爲十고
所謂知諸安立하며
知諸語言하며
知諸談議하며
知諸軌則하며
知諸稱謂하며
知諸制令하며
知其假名하며
知其無盡하며
知其寂滅하며
知一切空이 是爲十이니
菩薩이 以此普知一切三世諸法이니라

　불자여, 보살마하살이 열 가지 삼세의 모든 법을 앎이 있다.

　무엇이 열 가지 삼세의 모든 법을 앎인가?

　이른바 모든 안립을 알며,

　모든 언어를 알며,

　모든 의논을 알며,

　모든 법칙을 알며,

　모든 칭호를 알며,

　모든 법령을 알며,

　그 임시 붙인 이름을 알며,

　그 그지없음을 알며,

그 적멸을 알며,

일체가 공함을 앎이다.

이것이 열 가지 삼세의 모든 법을 앎이다.

보살이 이로써 일체 삼세의 모든 법을 두루 앎이다.

◉ 疏 ◉

第七知三世者는 前之二段은 明法上之時요 此는 辨時中之法이니 卽化生之法이라 隨彼安立而化故니 是上所知之法이라 故晉經에 名三世間이오 度世經에 名入於三處니 皆意取其中事也라
十中에 初七은 知安立諦요 次一은 通二하야 成上安立이니 事無有盡이오 生下非安立이니 性無可盡이라 後二句는 知非安立이라

일곱째, 삼세를 안다는 것은 앞의 2단락에서는 법의 측면에서 시간을 밝혔고, 여기에서는 시간 속의 법을 논변하였다. 이는 중생을 교화하는 법이다. 그들의 안립한 바를 따라서 교화하기 때문이다. 이는 위에서 말한 알아야 할 대상의 법이다.

이 때문에 60화엄경에서는 '3세간'이라 말했고, 도세경에서는 '3곳으로 들어간다.'고 이름 지었다. 이는 모두 그 가운데 일에 대한 의의를 들어 말한 것이다.

10구 가운데,

앞의 7구는 안립할 이치를 앎이며,

다음 1구는 2가지를 통하여 위에서 안립한 바를 성취함이다. 일이란 그지없고, 아래의 안립의 대상이 아닌 것을 낳는다. 그 자

성이 그지없다.

　뒤의 2구는 안립의 대상이 아닌 것을 앎이다.

經

佛子여 菩薩摩訶薩이 發十種無疲厭心하나니
何等이 爲十고
所謂供養一切諸佛호대 無疲厭心하며
親近一切善知識호대 無疲厭心하며
求一切法호대 無疲厭心하며
聽聞正法호대 無疲厭心하며
宣說正法호대 無疲厭心하며
敎化調伏一切衆生호대 無疲厭心하며
置一切衆生於佛菩提호대 無疲厭心하며
於一一世界에 經不可說不可說劫토록 行菩薩行호대 無疲厭心하며
遊行一切世界호대 無疲厭心하며
觀察思惟一切佛法호대 無疲厭心이 是爲十이니
若諸菩薩이 安住此法하면 則得如來無疲厭無上大智니라

　불자여, 보살마하살이 열 가지 고달파하거나 싫어하지 않은 마음을 냄이 있다.

　무엇이 열 가지 고달파하거나 싫어하지 않은 마음인가?

　이른바 일체 부처님을 공양하되 고달파하거나 싫어하지 않은

마음,

　일체 선지식을 가까이하되 고달파하거나 싫어하지 않은 마음,

　일체 법을 구하되 고달파하거나 싫어하지 않은 마음,

　바른 법을 듣되 고달파하거나 싫어하지 않은 마음,

　바른 법을 말하되 고달파하거나 싫어하지 않은 마음,

　일체중생을 교화하고 조복하되 고달파하거나 싫어하지 않은 마음,

　일체중생을 부처의 보리에 두되 고달파하거나 싫어하지 않은 마음,

　하나하나 세계마다 말할 수 없이 말할 수 없는 겁을 지내면서 보살행을 행하되 고달파하거나 싫어하지 않은 마음,

　일체 세계에 다니되 고달파하거나 싫어하지 않은 마음,

　일체 부처의 법을 관찰하고 생각하되 고달파하거나 싫어하지 않은 마음이다.

　이것이 열 가지 고달파하거나 싫어하지 않은 마음이다.

　만약 보살들이 이 법에 편안히 머물면 여래의 고달파하거나 싫어하지 않은 위없는 큰 지혜를 얻는다.

● 疏 ●

第八, 無疲厭心이니 旣所化無邊일새 求法化之而無厭怠니 由上卽知煩惱無所起故니라

十中에 初四는 上求요 次四는 下化요 後二는 通二니 謂游刹·近佛·

化生故며 思惟二利行法故니라

여덟째, 고달파하거나 싫어하지 않은 마음이다. 이미 교화의 대상이 그지없기에 위로 법을 구하여 아래로 중생을 교화함에 싫어하거나 게으름이 없다. 위의 경문에서 말한 "번뇌가 일어난 바 없음을 아는데"에서 연유한 것이다.

10구 가운데,

앞의 4구는 위로 보리를 구함이며,

다음 4구는 아래로 중생을 교화함이며,

뒤의 2구는 위의 상구보리와 하화중생에 모두 통한다. 세계를 두루 다니고 부처를 가까이하고 중생을 교화하기 때문이며, 자리행과 이타행의 법을 사유하기 때문이다.

上來 第二 八門勝進行 竟하다

위의 (2) 8문의 잘 닦아나가는 행을 끝마치다.

第三 有三門明前二行究竟

(3) 3문은 자리이타의 마지막 경계를 밝히다

經

佛子여 菩薩摩訶薩이 有十種差別智하니
何等이 爲十고
所謂知衆生差別智와

知諸根差別智와

知業報差別智와

知受生差別智와

知世界差別智와

知法界差別智와

知諸佛差別智와

知諸法差別智와

知三世差別智와

知一切語言道差別智 是爲十이니

若諸菩薩이 **安住此法**하면 **則得如來無上廣大差別智**니라

불자여, 보살마하살이 열 가지 각기 다른 양상을 아는 지혜가 있다.

무엇이 열 가지 각기 다른 양상을 아는 지혜인가?

이른바 중생의 각기 다른 양상을 아는 지혜,

근기의 각기 다른 양상을 아는 지혜,

업과 과보의 각기 다른 양상을 아는 지혜,

생을 받아 태어나는 각기 다른 양상을 아는 지혜,

세계의 각기 다른 양상을 아는 지혜,

법계의 각기 다른 양상을 아는 지혜,

부처님의 각기 다른 양상을 아는 지혜,

모든 법의 각기 다른 양상을 아는 지혜,

삼세의 각기 다른 양상을 아는 지혜,

일체 말하는 도의 각기 다른 양상을 아는 지혜이다.

이것이 열 가지 각기 다른 양상을 아는 지혜이다.

만약 보살들이 이 법에 편안히 머물면 여래의 위없이 광대하게 각기 다른 양상을 아는 지혜를 얻는다.

⦿ 疏 ⦿

今初 一門은 明所持差別智究竟이니 上云 則以智慧辯才力으로 隨衆生心而化誘也라

이의 첫 문은 지닌 바의 각기 다른 양상을 아는 지혜의 지극히 다한 자리를 밝힌 것이다. 위의 경문에서 이르기를, "곧 지혜와 변재의 힘으로 일체중생의 마음을 따라서 교화하여 이끈다."고 하였다.

經

佛子여 菩薩摩訶薩이 有十種陀羅尼하니
何等이 爲十고
所謂聞持陀羅尼니 持一切法하야 不忘失故며
修行陀羅尼니 如實巧觀一切法故며
思惟陀羅尼니 了知一切諸法性故며
法光明陀羅尼니 照不思議諸佛法故며
三昧陀羅尼니 普於現在一切佛所에 聽聞正法하야 心不亂故며
圓音陀羅尼니 解了不思議音聲語言故며
三世陀羅尼니 演說三世不可思議諸佛法故며

種種辯才陀羅尼니 演說無邊諸佛法故며
出生無礙耳陀羅尼니 不可說佛所說之法을 悉能聞故며
一切佛法陀羅尼니 安住如來力無畏故니라
是爲十이니 若諸菩薩이 欲得此法인댄 當勤修學이니라

불자여, 보살마하살이 열 가지 다라니가 있다.

무엇이 열 가지 다라니인가?

이른바 듣고서 지니는 다라니, 일체 법을 지니어 잊지 않기 때문이다.

닦아 행하는 다라니, 일체 법을 실상대로 잘 관찰하기 때문이다.

생각하는 다라니, 일체 법의 성품을 분명히 알기 때문이다.

법의 광명 다라니, 불가사의한 모든 부처의 법을 관조하기 때문이다.

삼매 다라니, 현재의 일체 부처가 계신 데서 바른 법을 들으면서 마음이 산란하지 않기 때문이다.

원만한 음성 다라니, 불가사의한 음성과 언어를 이해하기 때문이다.

삼세 다라니, 삼세의 불가사의한 부처님 법을 연설하기 때문이다.

가지가지 변재 다라니, 그지없는 부처님 법을 연설하기 때문이다.

걸림 없는 귀를 낳아주는 다라니, 말할 수 없는 부처님이 말씀한 법을 모두 듣기 때문이다.

일체 불법 다라니, 여래의 열 가지 힘과 네 가지 두려움 없는 데 안주하기 때문이다.

이것이 열 가지 다라니이다.

만약 보살들이 이 법을 얻고자 한다면 부지런히 닦고 배워야 한다.

◉ 疏 ◉

第二 陀羅尼니 卽能持究竟이니 上云 修行諸度勝解脫等이라

十中에 初一은 聞持오 次四는 義持오 次四는 廣聞持之用이오 後一은 收上義持라

又 初四는 如次 持敎行理果오 次二는 重顯持行이니 卽定慧故며 次一은 持理니 不思議故오 次二는 重顯敎오 後一은 重顯果니라

둘째, 다라니는 이를 잘 지니는 최고의 경지이다. 위의 경문에서 이르기를, "모든 바라밀의 뛰어난 해탈을 수행한다."는 등이다.

10구 가운데,

제1구는 들음의 다라니이며,

다음 4구는 이치의 다라니이며,

다음 4구는 들음의 다라니 작용이 광대함이며,

뒤의 1구는 위 이치의 다라니를 끝맺음이다.

또한 앞의 4구는 차례와 같이 가르침의 행과 진리의 결과를 지님이며,

다음 2구는 가르침의 행을 지님에 대해 거듭 밝힘이니, 이는 定慧이기 때문이며,

다음 1구는 진리의 결과를 지님이니, 이는 불가사의이기 때문

이며,

　　다음 2구는 가르침의 행을 거듭 밝혔고,

　　뒤의 1구는 진리의 결과를 거듭 밝혔다.

經

佛子여 **菩薩摩訶薩**이 **說十種佛**하나니
何等이 **爲十**고
所謂成正覺佛과 **願佛**과 **業報佛**과 **住持佛**과 **涅槃佛**과
法界佛과 **心佛**과 **三昧佛**과 **本性佛**과 **隨樂佛**이니 **是爲十**
이니라

　　불자여, 보살마하살이 열 가지 부처를 말하였다.

　　무엇이 열 가지 부처인가?

　　이른바 바른 깨달음을 성취한 부처,

　　서원의 부처,

　　업보의 부처,

　　주지의 부처,

　　열반의 부처,

　　법계의 부처,

　　마음의 부처,

　　삼매의 부처,

　　본성의 부처,

　　따라 즐기는 부처이다.

이것이 열 가지 부처이다.

● 疏 ●

第三은 說十種佛이니 上能持所持는 皆是佛法主究竟이라 上云則得灌頂而升位等이라하니 十信滿心에 便得佛故니라 然此十佛이 與下十種見佛로 名義全同하고 與前十身으로 名有同異나 而義亦不殊니라

一은 示成正覺故니 即前菩提身이오

二는 願生兜率故니 與前全同이오

三은 萬行因感故니 即前相好莊嚴身이오

四는 自身舍利住持故니 即力持身이오

五는 涅槃佛은 化必示滅故니 即前化身이오

六은 法界佛은 眞無漏界故니 即前法身이오

七은 依唯心故니 即威勢身이니 雖光明으로 亦能攝伏이나 心伏最勝이니 如慈心降魔等이오

八은 常在定故니 即福德身이니 定爲福之最故오

九는 了本性故니 即前智身이니 大圓鏡智와 平等性智 皆本有故니라 故下云明了見이오

十은 隨所欲樂하야 無不現故니 即意生身이니 故晉經云 '如意佛'이라

然佛就內覺이오 身多就相이라 故立名不同이라 餘는 廣如別章이오 畧如八地니라

셋째, 열 가지 부처를 말하였다. 위에서 말한 지닌 주체와 지닐 대상은 모두 佛法主의 최고 경지이다. 위의 경문에서 말한 "곧 관정을 얻어 지위에 오른다." 등이다. 十信이 원만한 마음에 문득 부처를 얻었기 때문이다. 그러나 이 열 가지 부처가 아래의 열 가지 見佛과 그 名義가 모두 똑같고, 앞서 말한 十身과의 명의가 같기도 하고 다르기도 하지만, 그 의의는 또한 다르지 않다.

① '바른 깨달음을 성취한 부처'는 바른 깨달음의 성취를 보였기 때문이다. 이는 앞서 말한 보리의 몸이다.

② '서원의 부처'는 도솔천에 태어나기를 원하기 때문이다. 이는 앞서 말한 바와 모두 똑같다.

③ '업보의 부처'는 만행의 因으로 얻기 때문이다. 이는 앞서 말한 상호가 장엄한 몸이다.

④ '주지의 부처'는 자신의 사리를 지니기 때문이다. 이는 앞서 말한 力持身이다.

⑤ '열반의 부처'는 변화로 반드시 열반을 보이기 때문이다. 이는 앞서 말한 화신이다.

⑥ '법계의 부처'는 진공의 無漏界이기 때문이다. 이는 앞서 말한 법신이다.

⑦ '마음의 부처'는 唯心에 의하기 때문이다. 이는 앞서 말한 위세신이다. 비록 광명으로 또한 받아들이고 조복하지만, 마음의 조복이 가장 훌륭하다. 자비의 마음으로 마군을 항복 받는 것과 같은 등이다.

⑧ '삼매의 부처'는 언제나 선정에 있기 때문이다. 이는 앞서 말한 복덕신이다. 선정삼매는 복덕 가운데 최상이기 때문이다.

⑨ '본성의 부처'는 본성을 잘 알기 때문이다. 이는 앞서 말한 智身이다. 대원경지와 평등성지가 모두 본래 소유한 것이기 때문이다. 이 때문에 아래의 경문에서 "분명하게 본다."고 하였다.

⑩ '따라 즐기는 부처'는 원하고 좋아하는 바를 따라서 몸을 나타내지 않음이 없기 때문이다. 이는 앞서 말한 意生身이다. 이 때문에 60화엄경에서는 '如意佛'이라 말하였다.

그러나 부처는 내면의 깨달음의 입장에서 말하고, 몸은 대부분 외적 모양의 입장에서 말한 까닭에, 그 명제를 내세움이 똑같지 않다. 나머지는 별도의 장에서 자세히 말한 바와 같고, 간략하게는 제8 부동지에서 말한 바와 같다.

第三 三門 明二行究竟 竟하다

(3) 3문의 자리이타의 마지막 경계를 밝힌 부분을 끝마치다.

上來 初二百句 答前信行二十句問 竟하다

위의 1. 2백 구, 즉 十信行의 20가지 물음에 대한 대답 부분을 끝마치다.

大文第二 '發普賢心'下는 有二十門은 答前二十句問이니 明十住行法이라

取順十住經文하야 二十門을 如次明十住行이니 但與前行으로 互

有廣畧影顯이니 解中之行이 廣無盡故니라

若依圓融인댄 行行徧通이어니와 若不壞相이면 不妨次第니

初四門은 明初住行이오 二三은 各有二門이오 四五는 各一이오 後五는 皆二門이라

今初四門은 明發心住니 初一은 總明이오 後三은 別顯이라【鈔_ 若依圓融下는 通妨이니 妨云 旣沒位名은 意存大行이어늘 何須別配오 故今釋云 行旣有二로되 意取圓融이니 卽沒於位라 約於行布면 不妨次第니 若無次第면 何所圓融이리오 初之四門은 正依位科니 下文解釋이라 若有疑者는 但觀前經이면 自當曉了니라】

2. '發普賢心' 이하 20문은 십주의 행에 관한 20가지 물음에 답한 것이다.

십주 경문의 순서에 따라서 20문을 차례와 같이 십주의 행에 관한 법을 밝혔다. 다만 앞의 글줄과는 자세함과 간략함, 은미함과 뚜렷함의 차이가 있다. 이해 부분의 행이 자세하여 그지없기 때문이다. 만약 원융으로 말하면 모든 글줄이 두루 모두 통하지만, 만약 현실의 양상을 무너뜨리지 않는다면 그 차례가 나쁘지 않다.

앞의 4문은 첫 發心住의 행을 밝혔고,

제2 治地住, 제3 修行住의 문은 각각 2문이며,

제4 生貴住, 제5 具足方便住는 각각 하나의 문이고,

뒤의 5住는 모두 2문이다.

(1) 4문은 發心住의 행을 밝혔다.

첫 문은 총체로 밝혔고,

뒤의 3문은 개별로 밝혔다.【초_ '若依圓融' 이하는 논란에 답한 것이다.

다음과 같이 논란하였다.

"이미 지위의 명칭이 없는 것은 그 의도가 大行에 있는데, 어찌하여 개별로 짝지어 말하였는가?"

이 때문에 다음과 같이 해석하였다.

"행에는 앞서 말한 바와 같이 2가지가 있지만 그 뜻은 원융함을 취하였다. 곧 지위가 사라진 것이다. 하지만 차례에 의한 항포법문으로 말하면 차례가 있는 것도 나쁘지 않다. 만약 차례가 없다면 그 무엇이 원융한 바 있겠는가.

앞의 4문은 바로 지위에 의한 科判이다. 아래의 문장에서 해석하고자 한다. 만약 의문이 있는 자는 다만 앞의 경문을 살펴보면 스스로 잘 알 수 있다."】

經

佛子여 菩薩摩訶薩이 發十種普賢心하나니
何等이 爲十고
所謂發大慈心이니 救護一切衆生故며
發大悲心이니 代一切衆生受苦故며
發一切施心이니 悉捨所有故며
發念一切智爲首心이니 樂求一切佛法故며
發功德莊嚴心이니 學一切菩薩行故며

發如金剛心이니 一切處受生호대 不忘失故며
發如海心이니 一切白淨法이 悉流入故며
發如大山王心이니 一切惡言을 皆忍受故며
發安穩心이니 施一切衆生無怖畏故며
發般若波羅蜜究竟心이니 巧觀一切法無所有故니라
是爲十이니 若諸菩薩이 安住此心하면 疾得成就普賢善巧智니라

불자여, 보살마하살이 열 가지 보현의 마음을 일으키는 것이다. 무엇이 열 가지 보현의 마음인가?

이른바 크게 사랑하는 마음을 일으킨다. 일체중생을 구호하기 때문이다.

크게 어여삐 여기는 마음을 일으킨다. 일체중생을 대신하여 고통을 받기 때문이다.

일체 모든 것을 보시하는 마음을 일으킨다. 가진 것을 모두 버리기 때문이다.

일체 지혜를 생각함으로 으뜸을 삼는 마음을 일으킨다. 일체 불법을 구하기를 좋아하기 때문이다.

공덕으로 장엄하는 마음을 일으킨다. 일체 보살의 행을 배우기 때문이다.

금강과 같은 마음을 일으킨다. 모든 곳에 태어나되 잊지 않기 때문이다.

바다와 같은 마음을 일으킨다. 일체 청정하고 청정한 법이 모

두 흘러 들어가기 때문이다.

　큰 산과 같은 마음을 일으킨다. 일체 나쁜 말을 모두 참고 받아들이기 때문이다.

　평온한 마음을 일으킨다. 일체중생에게 두려움이 없음을 주기 때문이다.

　반야바라밀다의 최고 경지의 마음을 일으킨다. 일체 법이 아무것도 없음을 잘 관찰하기 때문이다.

　이것이 열 가지 보현의 마음이다.

　만약 보살들이 이 법에 편안히 머물면 보현의 뛰어난 지혜를 빠르게 성취할 수 있다.

◉ 疏 ◉

今初總發은 名普賢心이니 前十住中 自分之內에 即緣佛十力 發心은 但廣發心之境이오 今發普賢心은 則廣發心之相이니 影畧明故니라

普賢心者는 即菩提心이니 就果以明이오 普賢心을 約相用說인댄 橫周法界오 豎窮未來故니라

十中에 初三은 悲護衆生心이오 次六은 起願心이니

於中에 一은 求果智니 即前緣佛十力이오 二는 求因行이오 三은 豎오 四는 廣이니 四는 皆上求願이오 忍·施는 下化願이라

後一 智心은 即三心菩提也라

又前七은 護小乘이니 於中에 初三은 護陋心이오 後四는 護小心이오

餘三은 護煩惱心이라 故異凡小是菩提心이라
又初三은 衆生無邊誓願度니 度生無吝일세 故一切施也오 次一은 佛道無上誓願成이오 次三은 法門無盡誓願學이오 後三은 煩惱無邊誓願斷이니 卽四弘誓願에 觀理發心이라

첫 부분에서 총체로 일으킴은 그 이름을 '보현의 마음'이라 한다. 앞의 십주 가운데 자신의 본분 내에서 부처의 十力을 반연하여 마음을 일으키는 것은 다만 발심의 경계를 자세히 말하였을 뿐이며, 여기에서 보현의 마음을 일으키는 것은 곧 발심의 양상을 자세히 말한 것이다. 이는 한 부분을 생략한 채 밝힌 까닭이다.

보현의 마음이란 곧 보리의 마음이다. 이는 결과의 입장에서 밝힌 것이며, 보현의 마음을 현상의 작용으로 말하면 횡의 공간으로는 법계에 두루 가득하고, 종의 시간으로는 끝없는 미래를 다하기 때문이다.

10구 가운데 앞의 3구는 중생을 가엾이 여기고 구호하는 마음이고,

다음 6구는 서원을 일으키는 마음이다.

그 가운데,

제1구는 佛果를 구하는 지혜이다. 이는 앞서 말한 '부처의 十力을 따른 것'이다.

제2구는 因地의 行을 구함이다.

제3구는 수직의 시간으로 장구함을 말하였고,

제4구는 횡의 공간으로 광대함을 말하였다.

위의 4구는 모두 위로 보리를 구하려는 서원이며,

인욕과 보시는 아래로 중생을 교화하려는 서원이다.

뒤의 하나는 지혜의 마음이다. 이는 곧 '3가지 마음의 보리[三心 菩提: 直心·深心·大悲心]'이다.

또한 앞의 7구는 소승을 막으려는 것이다. 그 가운데 앞의 3구는 좁은 마음을 막으려는 것이며, 뒤의 4구는 작은 마음을 막으려는 것이다.

나머지 3구는 번뇌의 마음을 막으려는 것이다. 이 때문에 범부 소승과 다른 것이 보리의 마음이다.

또한 앞의 3구는 그지없는 중생을 모두 제도하기를 원함이다. 중생 제도에 인색함이 없기 때문에 일체 모든 것을 보시하는 것이다.

다음 1구는 위없는 부처의 도를 성취하기를 원함이다.

다음 3구는 한량없는 법문을 모두 배우기를 원함이다.

뒤의 3구는 끝없는 번뇌를 모두 끊기를 원함이다.

이는 사홍서원으로 이치를 관조하면서 마음을 일으킴이다.

經

佛子여 菩薩摩訶薩이 有十種普賢行法하니

何等이 爲十고

所謂願住未來一切劫普賢行法과

願供養恭敬未來一切佛普賢行法과

願安置一切衆生於普賢菩薩行普賢行法과

願積集一切善根普賢行法과
願入一切波羅蜜普賢行法과
願滿足一切菩薩行普賢行法과
願莊嚴一切世界普賢行法과
願生一切佛刹普賢行法과
願善觀察一切法普賢行法과
願於一切佛國土에 成無上菩提普賢行法이
是爲十이니
若諸菩薩이 勤修此法하면 疾得滿足普賢行願이니라

불자여, 보살마하살이 열 가지 보현이 행하였던 법이 있다.

무엇이 열 가지 보현이 행하였던 법인가?

이른바 미래의 모든 겁에 머물기를 원하는 보현이 행하였던 법,

미래의 일체 부처님께 공양하고 공경하기를 원하는 보현이 행하였던 법,

일체중생을 보현보살의 행에 두기를 원하는 보현이 행하였던 법,

일체 선근을 쌓아 모으기를 원하는 보현이 행하였던 법,

일체 바라밀다에 들어가기를 원하는 보현이 행하였던 법,

일체 보살의 행을 만족하기를 원하는 보현이 행하였던 법,

일체 세계를 장엄하기를 원하는 보현이 행하였던 법,

일체 부처님 세계에 나기를 원하는 보현이 행하였던 법,

일체 법을 잘 관찰하기를 원하는 보현이 행하였던 법,

일체 부처의 국토에서 위없는 보리 이루기를 원하는 보현이 행

하였던 법이다.

이것이 열 가지 보현이 행하였던 법이다.

만약 보살들이 이 법을 부지런히 닦으면 보현의 행과 원을 빠르게 만족할 수 있다.

◉ 疏 ◉

二는 別明菩提心이니 此門은 卽大願心이며 亦卽是前勝進行이니 所謂勤供養佛하며 樂住生死等이니 文相多同일세 恐繁不會니라

【鈔_ 亦卽是下는 反擧其二하야 等於餘八이라

十者는 謂一은 勤供養佛이오 二는 樂住生死오 三은 主導世間하야 令除惡業이오 四는 以勝妙法으로 常行敎誨오 五는 歎無上法이오 六은 學佛功德이오 七은 生諸佛前하야 恒蒙攝受오 八은 方便演說寂靜三昧오 九는 讚歎遠離生死輪廻오 十은 爲苦衆生作歸依處니라 文旨相同하야 恐繁不會니 今當爲會인댄 一은 卽第二오 二는 卽第一이오 其三·四·五·六은 如其次第오 七은 卽第九오 八은 卽第七이오 九는 卽第八이오 十은 成大菩提라야 方堪爲苦衆生依故니라 其間에 小有異處나 會意면 皆同이라】

둘째, 보리의 마음을 개별로 밝혔다. 이 법문은 곧 큰 서원의 마음이며, 또한 앞서 말한 훌륭하게 나아가는 행이다. 이른바 부지런히 부처에게 공양하고 생사에 기꺼이 머무는 등이다. 경문의 양상이 대체로 같기에 번거로울까 두려워서 회통하지 않는다.【초_ '亦卽是' 이하는 도리어 그중 2가지를 들어서 나머지 8가지와 똑

161

같음을 밝혔다.

10가지는 아래와 같다.

① 부지런히 부처에게 공양을 올림이며,

② 생사에 기꺼이 머묾이며,

③ 세간을 주도하여 악업을 없애도록 함이며,

④ 뛰어나고 미묘한 법으로 언제나 가르침을 행함이며,

⑤ 위없는 부처의 법을 찬탄함이며,

⑥ 부처의 공덕을 배움이며,

⑦ 모든 부처의 이전에 태어나 언제나 받아들임을 입음이며,

⑧ 방편의 寂靜三昧를 연설함이며,

⑨ 생사윤회를 멀리 여읨을 찬탄함이며,

⑩ 괴로움을 받는 중생을 위하여 귀의처가 되어주는 것이다.

문장의 뜻이 서로 같아서 번거로울까 두려워 회통하지 않은 것이다.

여기에서 이를 회통하면 다음과 같다.

제1구는 '② 생사에 기꺼이 머묾'에 해당하고,

제2구는 '① 부지런히 부처에게 공양을 올림'에 해당하고,

그 제3~6구는 그 차례와 같고,

제7구는 '⑨ 생사윤회를 멀리 여읨을 찬탄함'에 해당하고,

제8구는 '⑦ 모든 부처의 이전에 태어나 언제나 받아들임'에 해당하고,

제9구는 '⑧ 방편의 寂靜三昧를 연설함'에 해당하고,

제10구는 큰 보리를 성취해야 비로소 괴로움을 겪는 중생의 의지처가 되기 때문이다.

그 사이에 약간의 차이점은 있으나 그 뜻을 회통하면 모두 똑같다.】

經
佛子여 **菩薩摩訶薩**이 **以十種觀衆生**하야 **而起大悲**하나니 **何等**이 **爲十**고
所謂觀察衆生이 **無依無怙**하야 **而起大悲**하며
觀察衆生이 **性不調順**하야 **而起大悲**하며
觀察衆生이 **貧無善根**하야 **而起大悲**하며
觀察衆生이 **長夜睡眠**하야 **而起大悲**하며
觀察衆生이 **行不善法**하야 **而起大悲**하며
觀察衆生이 **欲縛所縛**하야 **而起大悲**하며
觀察衆生이 **沒生死海**하야 **而起大悲**하며
觀察衆生이 **長嬰疾苦**하야 **而起大悲**하며
觀察衆生이 **無善法欲**하야 **而起大悲**하며
觀察衆生이 **失諸佛法**하야 **而起大悲** **是爲十**이니
菩薩이 **恒以此心**으로 **觀察衆生**이니라

불자여, 보살마하살이 열 가지의 중생을 살펴보고 큰 자비의 마음을 일으킴이 있다.

무엇이 열 가지의 중생을 살펴보고 큰 자비를 일으킴인가?

이른바 중생이 의지할 데 없고 믿을 데 없음을 살펴보고 큰 자비를 일으키며

중생의 성품이 고르지 못함을 살펴보고 큰 자비를 일으키며,

중생이 가난하여 선근이 없음을 살펴보고 큰 자비를 일으키며,

중생이 긴긴밤의 무명 속에서 잠자는 것을 살펴보고 큰 자비를 일으키며,

중생이 착하지 못한 법을 행함을 살펴보고 큰 자비를 일으키며,

중생이 욕심의 속박에 얽매임을 살펴보고 큰 자비를 일으키며,

중생이 생사의 바다에 빠짐을 살펴보고 큰 자비를 일으키며,

중생이 병고에 길이 얽혔음을 살펴보고 큰 자비를 일으키며,

중생이 착한 법에 욕망이 없음을 살펴보고 큰 자비를 일으키며,

중생이 불법을 잃음을 살펴보고 큰 자비를 일으키는 것이다.

이것이 열 가지의 중생을 살펴보고 큰 자비를 일으킴이다.

보살이 항상 이런 마음으로 중생을 살펴보는 것이다.

● 疏 ●

三 有十種大悲는 卽別明悲心이니

初一은 總이니 謂外無善友可依오 內無自德可怙故니라

餘九는 別이니 初五는 欲求衆生이니 但縱目前之情故오 次一은 有求衆生이니 故沒生死海오 後三은 邪梵行求衆生이니 無明邪見之所病故며 但欲邪法故니라

셋째, 열 가지의 큰 자비 마음은 곧 가엾이 여기는 마음을 개별

로 밝혔다.

10구 가운데 제1구는 총체이다. 밖으로는 선지식을 의지함이 없고, 안으로는 자신의 덕성을 믿음이 없기 때문이다.

나머지 9구는 개별로 말하였다.

앞의 5구는 욕구의 중생이다. 다만 목전의 정욕을 방종한 까닭이다.

다음 1구는 추구함이 있는 중생이다. 이 때문에 생사의 바다에 빠진 것이다.

뒤의 3구는 삿된 梵行을 추구하는 중생이다. 무명의 삿된 견해에 병든 바 있기 때문이며, 다만 욕심의 삿된 법이기 때문이다.

經

佛子여 菩薩摩訶薩이 有十種發菩提心因緣하니
何等이 爲十고
所謂爲敎化調伏一切衆生故로 發菩提心하며
爲除滅一切衆生苦聚故로 發菩提心하며
爲與一切衆生具足安樂故로 發菩提心하며
爲斷一切衆生愚癡故로 發菩提心하며
爲與一切衆生佛智故로 發菩提心하며
爲恭敬供養一切諸佛故로 發菩提心하며
爲隨如來敎하야 令佛歡喜故로 發菩提心하며
爲見一切佛色身相好故로 發菩提心하며

爲入一切佛廣大智慧故로 發菩提心하며
爲顯現諸佛力無所畏故로 發菩提心이 是爲十이니라

　　불자여, 보살마하살이 열 가지 보리심을 내는 인연이 있다.

　　무엇이 열 가지 보리심을 내는 인연인가?

　　이른바 일체중생을 교화하고 조복하기 위하여 보리심을 내며,

　　일체중생의 고통 더미를 없애주기 위하여 보리심을 내며,

　　일체중생에게 구족한 안락을 주기 위하여 보리심을 내며,

　　일체중생의 어리석음을 끊어주기 위하여 보리심을 내며,

　　일체중생에게 부처의 지혜를 주기 위하여 보리심을 내며,

　　일체 부처님을 공경하고 공양하기 위하여 보리심을 내며,

　　여래의 가르침을 따라서 부처님을 기쁘게 해드리기 위하여 보리심을 내며,

　　일체 부처님의 잘생긴 몸매를 보기 위하여 보리심을 내며,

　　일체 부처님의 광대한 지혜에 들어가기 위하여 보리심을 내며,

　　여러 부처님의 힘과 두려움 없음을 나타내기 위하여 보리심을 내는 것이다.

　　이것이 열 가지 보리심을 내는 인연이다.

● 疏 ●

四 有十種菩提心因緣은 別顯智心이니 觀境推理에 發心別故니라
此與前自分行中發心因緣으로 亦互影畧이라
十中에 前五는 以薩埵(此云有情)爲緣이니 初句는 總이오 餘四는 別이

니 別中에 一은 令滅妄苦요 二는 得眞滅이요 三은 斷癡集이요 四는 證眞道니 卽推無作四諦理하야 發菩提心이라

後五는 以菩提心爲緣이니 初二는 福智因이요 後三은 希福智果라

然上二段은 文含二意니

一은 成上發心住中行이요 二는 成下治地住中行이니

謂十種大悲는 卽廣彼自分中十心之一이요

菩提因緣은 前五는 卽彼自分中初之五心이니 一은 利益이요 二는 大悲요 三은 安樂이요 四는 憐愍이요 五는 安住며 後五는 卽彼此互闕이라【鈔_ 此與前下는 彼經有十하니 一은 見佛世尊形貌端嚴이요 二는 色相圓滿이요 三은 人所樂見이요 四는 難可値遇요 五는 有大威力이요 六은 或見神足이요 七은 或聞記別이요 八은 或聽敎誡요 九는 或見衆生受諸劇苦요 十은 或聞如來廣大佛法이니 發菩提心하야 求一切智니라

今言影畧者는 前五는 下化衆生이니 卽前第九或見衆生受諸劇苦는 卽正當第二니 則彼畧此廣이니 彼一義에 含此五니 此影取也요 後五는 上求佛道니 第六·第八은 卽攝彼前六이니 則此畧彼廣이요 第七은 卽前七八記別敎誡요 九·十은 卽彼第十廣大佛法일세 故云影畧이라

後之五句下는 彼五는 卽攝受·守護·同己·師心·導師心이니 彼闕此五니 可知니라】

넷째, 열 가지 보리심을 내는 인연은 지혜의 마음을 개별로 밝혔다. 경계를 살펴보면서 이치를 미뤄봄에 마음을 일으킴이 각기

167

다르기 때문이다. 여기에서는 앞의 자신의 본분 행 가운데 발심의 인연과 또한 한 부분을 생략한 채 밝히고 있다.

10구 가운데 앞의 5구는 살타(sattva: 중국에서는 有情 중생을 말함)로써 반연을 삼는다.

제1구[教化調伏一切衆生]는 총체로, 나머지 4구는 개별로 밝혔다.

4구의 개별 부분에 제2구[除滅一切衆生苦聚]는 일체중생으로 하여금 부질없는 고통을 없애도록 함이며,

제3구[與一切衆生具足安樂]는 진실한 滅諦를 얻음이며,

제4구[斷一切衆生愚癡]는 어리석음[癡集]을 끊도록 함이며,

제5구[與一切衆生佛智]는 진실한 道諦를 얻음이다.

이는 작위 없는 四聖諦의 진리를 추구하여 보리의 마음을 일으킴이다.

뒤의 5구는 보리의 마음으로 반연을 삼는다.

앞의 2구[恭敬供養一切諸佛, 隨如來教令佛歡喜]는 복덕과 지혜의 因行이고,

뒤의 3구[見一切佛色身相好, 入一切佛廣大智慧, 顯現諸佛力無所畏]는 복덕과 지혜의 결과를 바라는 것이다.

그러나 위의 2단락 문장에는 2가지 뜻을 포함하고 있다.

① 위 發心住 부분의 行을 성취함이며,

② 아래 治地住 부분의 행을 성취함이다.

10가지의 大悲는 바로 자신의 본분 가운데 10가지 마음의 하나를 자세히 말한 것이다.

보리심의 인연은 앞의 5구는 바로 자신의 본분 가운데 앞의 5가지 마음이다.

① 이익의 마음,

② 대비의 마음,

③ 안락의 마음,

④ 연민의 마음,

⑤ 안주의 마음이다.

뒤의 5구는 저기에서 이 5가지를 누락하였다.【초_ '此與前自分' 이하는 그 경문에 10가지가 있다.

① 부처 세존의 형체와 용모가 단정하고 장엄함을 친견함이며,

② 색상의 원만을 친견함이며,

③ 사람들이 친견하기를 좋아하는 바이며,

④ 부처님을 만나기 어려움이며,

⑤ 큰 위력이 있으며,

⑥ 혹은 神足을 볼 수 있으며,

⑦ 혹은 기별을 들을 수 있으며,

⑧ 혹은 가르침을 들을 수 있으며.

⑨ 혹은 아주 혹독한 고통을 받는 중생을 보며,

⑩ 혹은 여래의 광대한 불법을 듣는 것이다. 보리의 마음을 일으켜 일체 지혜를 구하기 때문이다.

여기에서 "한 부분을 생략했다[影畧]."고 말한 것은 앞의 5구는 아래로 중생을 교화함이다. 이는 앞서 말한 "⑨ 혹은 아주 혹독한

고통을 받는 중생을 본다."는 것은 바로 제2구[除滅一切衆生苦聚]에 상당한다. 저기에서는 생략하고 여기에서 자세히 말하고 있다. 그 하나의 의의에는 이 5가지의 의의를 포함하고 있다. 이것이 한 부분만을 반영하여 말한 것이다.

뒤의 5구는 위로 부처의 도를 추구함이다. 제6, 제8구는 그 경문에서 말한 앞의 6가지를 포괄하고 있다. 여기에서는 생략하였고 저기에서는 자세히 말하였다.

제7구는 앞서 말한 '⑦ 혹은 기별'과 '⑧ 혹은 가르침'이며,

제9, 제10구는 앞서 말한 그 '⑩ 혹은 여래의 광대한 불법'이기에 한 부분을 생략했다[影畧]고 말한 것이다.

'뒤의 5구' 이하는 그 5가지는 곧 攝受의 마음, 수호의 마음, 나와 같다는 마음, 스승의 마음, 導師의 마음이다. 저기에서는 이 5가지를 누락하였다. 이는 설명하지 않아도 알 수 있다.】

經
佛子여 若菩薩이 發無上菩提心인댄 爲悟入一切智智故로 親近供養善知識時에 應起十種心하나니
何等이 爲十고
所謂起給侍心과 歡喜心과 無違心과 隨順心과 無異求心과 一向心과 同善根心과 同願心과 如來心과 同圓滿行心이 是爲十이니라

불자여, 보살이 위없는 보리심을 일으키는 것은 일체 지혜의

지혜에 깨달아 들어가기 위하여, 선지식을 가까이하고 공양할 때에는 마땅히 열 가지 마음을 일으켜야 한다.

무엇이 열 가지 마음인가?

이른바 시중들려는 마음,

환희의 마음,

어기지 않는 마음,

순종하는 마음,

따로 구함이 없는 마음,

한결같은 마음,

선근이 같은 마음,

서원이 같은 마음,

여래의 마음,

원만한 행이 같은 마음을 일으키는 것이다.

이것이 열 가지 마음이다.

● 疏 ●

第二 '近善知識'下 二門은 正明治地住中行이니 此門은 明勝進中 近善知識이라

文中에 標內며 兼是顯意니 列中에 前六은 事友오 後四는 同修라 無異求者는 不求名聞利養과 及過失故일세니라【鈔_ '此門即勝進'者는 彼具十句云 '所謂誦習多聞과 虛閑寂靜과 近善知識과 發言和悅과 語必知時와 心無怯怖와 了達於義와 如法修行과 遠離愚

171

迷와 安住不動이라

釋曰 '後之四句는 在後淸淨之中이어늘 今言近善知識은 卽彼第三이라 第三은 是總이오 下四·五·六句는 皆是發心之德이니 卽此中別意에 其彼初二句는 文中畧無니라'】

(2) '近善知識' 이하 2문은 治地住 부분의 행을 밝혔다.

이 법문은 곧 훌륭히 닦아나가는 가운데 선지식을 가까이함을 밝히고 있다.

경문에서는 내면의 마음을 내세웠고, 겸하여 뜻을 밝히고 있다.

10구의 나열 부분에 앞의 6구는 선지식을 섬김이며, 뒤의 4구는 함께 닦아감이다.

"따로 구함이 없는 마음"이란 일신의 명예와 안락한 생활 및 잘못을 구하지 않기 때문이다.【초_ "이 법문은 곧 훌륭히 닦아나가는" 부분이라는 것은 그 10구의 경문에 구체적으로 말해주고 있다.

① 외우고 익히며 많이 들음,

② 한가로움과 고요함,

③ 선지식을 가까이함,

④ 기쁨을 주는 말씨,

⑤ 말할 적에 반드시 때를 앎,

⑥ 마음에 두려움이 없음,

⑦ 이치를 잘 앎,

⑧ 여법하게 수행함,

⑨ 어리석음을 멀리 여읨,

⑩ 동요하지 않고 안주함이다.

이에 대한 해석은 다음과 같다.

"뒤의 4구는 뒤의 청정 부분에 있는데, 여기에서 '선지식을 가까이함'이라 말한 것은 곧 그 '③ 선지식을 가까이함'이다. ③은 총체이며, 아래의 '④ 기쁨을 주는 말씨' '⑤ 말할 적에 반드시 때를 앎' '⑥ 마음에 두려움이 없음'은 모두 發心의 공덕이다. 이 부분의 개별로 밝힌 뜻에 그 '① 외우고 익히며 많이 들음'과 '② 한가로움과 고요함'은 이의 경문에는 생략하여 언급한 바 없다."】

經

佛子여 若菩薩摩訶薩이 起如是心하면 則得十種淸淨하나니

何等이 爲十고

所謂深心淸淨이니 到於究竟하야 無失壞故며

色身淸淨이니 隨其所宜하야 爲示現故며

音聲淸淨이니 了達一切諸語言故며

辯才淸淨이니 善說無邊諸佛法故며

智慧淸淨이니 捨離一切愚癡暗故며

受生淸淨이니 具足菩薩自在力故며

眷屬淸淨이니 成就過去同行衆生諸善根故며

果報淸淨이니 除滅一切諸業障故며

大願淸淨이니 與諸菩薩로 性無二故며

諸行淸淨이니 以普賢乘으로 而出離故니라 是爲十이니라

불자여, 보살마하살이 이런 마음을 일으키면 열 가지 청정함을 얻게 된다.

무엇이 열 가지 청정인가?

이른바 깊은 마음의 청정이니 끝까지 이르도록 잃지 않기 때문이며,

육신의 청정이니 마땅한 바를 따라서 몸을 나타내기 때문이며,

음성의 청정이니 일체 언어를 모두 통달하기 때문이며,

변재의 청정이니 그지없는 불법을 잘 연설하기 때문이며,

지혜의 청정이니 일체 어리석음을 여의기 때문이며,

태어남의 청정이니 보살의 자재한 힘이 구족하기 때문이며,

권속의 청정이니 과거에 함께 행하던 중생의 선근을 성취하였기 때문이며,

과보의 청정이니 일체 업장을 없앴기 때문이며,

큰 서원의 청정이니 여러 보살과 성품이 둘이 없기 때문이며,

모든 행의 청정이니 보현의 법으로 세간을 벗어났기 때문이다.

이것이 열 가지 청정이다.

◉ 疏 ◉

二는 勝進近友之果니 故云 '起如是心'이면 '卽得此十'이라 하니 卽是 前文에 了達於義하야 如法修行하야 遠離愚迷하고 安住不動이라 梵云 '波利戌提'는 此有二義니 一은 徧淸淨이니 卽此十種이오 二는

極淸淨이니 卽下第六十四段이라

列中에 初六은 三業淨이니 前三은 體淨이오 後三은 用淨이오 次二는 主伴果報淨이오 後二는 願行淨이라【鈔_ '梵云波利戌提'者는 戌字는 率音이니 戌提者는 此云淸淨이오 波利는 是徧이오 是極이라】

둘째, 훌륭하게 닦아나가면서 선지식을 가까이한 결과이다. 이 때문에 이런 마음을 일으키면 이와 같이 10가지의 청정함을 얻을 수 있다. 이는 앞의 경문에서 그 이치를 잘 알고서 여법하게 수행하여 어리석음을 멀리 여의고 안주하여 흔들리지 않음이다.

범어의 '波利戌提'에는 2가지 뜻이 있다.

① 두루 청정함이다. 이는 10가지의 청정이다.

② 지극히 청정함이다. 이는 아래의 제64 단락이다.

10구의 나열 부분에 앞의 6구는 삼업의 청정이다. 앞의 3구는 본체의 청정이고, 뒤의 3구는 작용의 청정이다.

다음 2구는 주객의 과보 청정이고,

뒤의 2구는 願行의 청정이다.【초_ 범어 '波利戌提'의 '戌' 자 독음은 '솔'이다. 戌提란 중국에서는 청정하다는 뜻이며, 波利는 두루 함, 또는 지극함이다.】

經
佛子여 菩薩摩訶薩이 有十種波羅蜜하니
何等이 爲十고
所謂施波羅蜜이니 悉捨一切諸所有故며

戒波羅蜜이니 淨佛戒故며

忍波羅蜜이니 住佛忍故며

精進波羅蜜이니 一切所作이 不退轉故며

禪波羅蜜이니 念一境故며

般若波羅蜜이니 如實觀察一切法故며

智波羅蜜이니 入佛力故며

願波羅蜜이니 滿足普賢諸大願故며

神通波羅蜜이니 示現一切自在用故며

法波羅蜜이니 普入一切諸佛法故니라

是爲十이니 若諸菩薩이 安住此法하면 則得具足如來無上大智波羅蜜이니라

불자여, 보살마하살이 열 가지 바라밀이 있다.

무엇이 열 가지 바라밀인가?

이른바 보시바라밀, 모든 가진 것을 다 버리기 때문이며,

지계바라밀, 부처의 계율을 청정하게 지키기 때문이며,

인욕바라밀, 부처님의 인욕에 안주하기 때문이며,

정진바라밀, 일체 하는 일에 물러나지 않기 때문이며,

선정바라밀, 한 경계를 생각하기 때문이며,

반야바라밀, 모든 법을 사실대로 관찰하기 때문이며,

지혜바라밀, 부처의 힘에 들어가기 때문이며,

서원바라밀, 보현의 여러 가지 큰 서원을 만족하기 때문이며,

신통바라밀, 일체 자재한 작용을 나타내기 때문이며,

법바라밀, 일체 불법에 두루 들어가기 때문이다.

이것이 열 가지 바라밀이다.

만약 보살들이 이 법에 편안히 머물면 여래의 위없는 큰 지혜바라밀을 두루 갖출 수 있다.

◉ 疏 ◉

第三 '波羅蜜'下 有二門은 明修行住中行이니 此門은 卽自分行이라 彼開一慧하야 爲十觀察이어니와 今總顯修니 具修十度라 十度는 皆總相而釋이니 一一多含일세 故施云 '一切皆捨'等이라 智는 卽方便이니 進趣佛力權智일세 立以智名이라 神通은 卽力度니 晉名神力이라 法은 卽是智니 從所知 名法이라【鈔_ '彼開一慧'者는 經云 '此菩薩이 以十種行으로 觀一切法이라하니 所謂觀一切法無常, 二苦, 三空, 四無我, 五無作, 六無味, 七不如名, 八無處所, 九離分別, 十無堅實이니 皆如初句하야 有一切法이라】

(3) '바라밀' 이하 2문은 修行住 부분의 行을 밝혔다.

이 법문은 곧 자신의 본분에 관한 행이다.

저기에서는 하나의 지혜를 10가지의 관찰로 나누었지만, 여기에서는 총괄하여 수행을 밝히고 있다. 십바라밀을 모두 닦음이다. 십바라밀을 모두 總相으로 해석한 것인데, 하나하나에 많은 것을 포함하고 있기에, 보시바라밀에서 "모든 가진 것을 다 버린다." 등으로 말하였다.

'지혜바라밀'은 방편바라밀이다. 부처의 힘과 방편의 지혜에 나아가기에 '지혜바라밀'이라는 명제를 내세웠다.

'신통바라밀'은 곧 力波羅密이다. 60화엄경에서는 이를 '神力'이라 이름 붙였다.

'법바라밀'은 智波羅蜜이다. 아는 바를 따라서 '법바라밀'이라 명명하였다.【초_ "저기에서는 하나의 지혜를 10가지의 관찰로 나누었다."는 것은 경문에서 말하였다.

"이 보살이 10가지의 行으로써 일체의 법을 관찰하였다."

10가지의 관찰은 다음과 같다.

① 일체 법의 덧없음을 살펴본다[觀一切法無常].

② 일체 법의 고통을 살펴본다[觀一切法苦].

③ 일체 법의 공함을 살펴본다[觀一切法空].

④ 일체 법의 '나'라는 것이 없음을 살펴본다[觀一切法無我].

⑤ 일체 법의 작위가 없음을 살펴본다[觀一切法無作].

⑥ 일체 법의 맛이 없음을 살펴본다[觀一切法無味].

⑦ 일체 법의 명제와 같지 않음을 살펴본다[觀一切法不如名].

⑧ 일체 법의 처소가 없음을 살펴본다[觀一切法無處所].

⑨ 일체 법의 분별을 여읨을 살펴본다[觀一切法離分別].

⑩ 일체 법의 굳건하고 단단함이 없음을 살펴본다[觀一切法無堅實].

모두 첫 구절처럼 '일체 법'을 넣어서 보아야 한다.】

經

佛子여 菩薩摩訶薩이 有十種智隨覺이니

何等이 爲十고

所謂一切世界無量差別을 智隨覺과

一切衆生界不可思議를 智隨覺과

一切諸法의 一入種種하고 種種入一을 智隨覺과

一切法界廣大를 智隨覺과

一切虛空界究竟을 智隨覺과

一切世界 入過去世를 智隨覺과

一切世界 入未來世를 智隨覺과

一切世界 入現在世를 智隨覺과

一切如來의 無量行願을 皆於一智에 而得圓滿을 智隨覺과

三世諸佛이 皆同一行으로 而得出離를 智隨覺이 是爲十이니

若諸菩薩이 安住此法하면 則得一切法自在光明하야 所願皆滿하야 於一念頃에 悉能解了一切佛法하야 成等正覺이니라

　불자여, 보살마하살이 열 가지의 지혜로 따라서 깨달음이 있다.

　무엇이 열 가지의 지혜로 따라서 깨달음인가?

　이른바 일체 세계의 한량없이 각기 다른 것을 지혜로 따라서 깨달음,

일체 중생계의 불가사의를 지혜로 따라서 깨달음,

일체 모든 법이 하나가 가지가지에 들어가고 가지가지가 하나에 들어가는 것을 지혜로 따라서 깨달음,

일체 법계의 광대함을 지혜로 따라서 깨달음,

일체 허공계의 끝을 지혜로 따라서 깨달음,

일체 세계가 과거 세계에 들어감을 지혜로 따라서 깨달음,

일체 세계가 미래 세계에 들어감을 지혜로 따라서 깨달음,

일체 세계가 현재 세계에 들어감을 지혜로 따라서 깨달음,

일체 여래의 한량없는 행과 원을 모두 하나의 지혜에 얻은 원만함을 지혜로 따라서 깨달음,

삼세 부처님들이 모두 같은 행으로 세간을 벗어남을 지혜로 따라서 깨달음이다.

이것이 열 가지의 지혜로 따라서 깨달음이다.

만약 보살들이 이 법에 편안히 머물면 일체 법의 자재한 광명을 얻고 원하는 바가 모두 원만하여 한 생각의 찰나에 일체 불법을 모두 알아 정등각을 이룰 수 있다.

◉ 疏 ◉

二十種智隨覺은 由前行成하야 無倒了達하야 隨事隨理에 善覺知故니 卽前勝進十法에 觀察衆生界等이라 亦有影畧호되 恐繁不會니라【鈔_ 言卽前勝進者는 彼經云 所謂觀察衆生世界하고 觀察地界·水界하며 觀察欲界·色界·無色界라하니 影畧을 可知니라】

둘째, 열 가지의 '지혜로 대상을 따라 깨달음'은 앞서 말한 修行住의 행의 성취에 의하여 전도 없이 통달하여 현상의 일을 따라, 내면의 이치를 따라 잘 깨달아 알기 때문이다. 이는 앞의 훌륭히 닦아나가는 10가지 법으로 중생세계 등을 관찰하는 것이다. 이 또한 생략된 부분이 있지만 문장이 번거로울까 두려워 더 이상 회통하지 않는다.【초_ "앞의 훌륭히 닦아나가는"것이란 그 경문에서 다음과 같이 말하였다.

"이른바 중생세계를 관찰하고, 地界와 水界를 관찰하고, 욕계·색계·무색계를 관찰한다."

이로 보아 생략된 부분을 말하지 않아도 알 수 있다.】

經
佛子여 菩薩摩訶薩이 有十種證知하니
何等이 爲十고
所謂知一切法一相하며
知一切法無量相하며
知一切法在一念하며
知一切衆生의 心行無礙하며
知一切衆生의 諸根平等하며
知一切衆生의 煩惱習氣行하며
知一切衆生의 心使行하며
知一切衆生의 善不善行하며

知一切菩薩의 **願行自在**하야 **住持變化**하며
知一切如來의 **具足十力**하야 **成等正覺**이 **是爲十**이니
若諸菩薩이 **安住此法**하면 **則得一切法善巧方便**이니라

불자여, 보살마하살이 열 가지 증득하여 앎이 있다.

무엇이 열 가지 증득하여 앎인가?

이른바 일체 법이 한 모양임을 증득하여 알며,

일체 법이 한량없는 모양임을 증득하여 알며,

일체 법이 한 생각에 있음을 증득하여 알며,

일체중생의 마음의 생각이 걸림이 없음을 증득하여 알며,

일체중생의 여러 근기가 평등함을 증득하여 알며,

일체중생의 번뇌와 습기의 행을 증득하여 알며,

일체중생의 마음 번뇌의 행을 증득하여 알며,

일체중생의 선과 불선의 행을 증득하여 알며,

일체 보살의 원과 행이 자재하여 머물러 지니며 변화함을 증득하여 알며,

일체 여래가 열 가지 힘을 두루 갖추고서 정등각의 성취를 증득하여 앎이다.

이것이 열 가지 증득하여 앎이다.

만약 보살들이 이 법에 편안히 머물면 일체 법의 뛰어난 방편을 얻는다.

◉ 疏 ◉

第四證知一門은 明生貴住中行이라 五는 卽彼自分行이니 由前了達일새 故能證知니 證故로 於聖敎中生이라

十中에 初三은 總知一切法이오 次五는 廣前知衆生이오 九는 菩薩行願이니 卽前業行中攝이오 後一은 卽知涅槃이니 對生死故니라 其勝進은 但了佛法이오 無別行相일새 故畧不明이라【鈔_'第四證知'者는 彼自分行에 云 '此菩薩이 於聖敎中生하야 成就十法이라하니 所謂永不退轉이오 於諸佛所에 深生淨信이오 善觀察法이오 了知衆生·國土·世界·業行·果報·生死·涅槃이니 是爲十이라 疏會異同하니 可知니라】

⑷ 증득하여 아는 1문은 生貴住 부분의 행을 밝혔다.

제5는 바로 자신의 본분으로 행해야 할 부분이다. 앞의 잘 아는 것으로 연유하여, 이를 증득하여 아는 것이다. 증득한 까닭에 성인의 가르침 속에 태어남이다.

10구 가운데 앞의 3구는 모든 법을 총괄하여 앎이며,

다음 제4~8 5구는 앞서 말한 중생세계를 앎에 대해 자세히 말함이며,

제9구는 보살의 행과 願이다. 이는 앞서 말한 중생의 業行 부분에 포괄되어 있다.

끝의 제10구는 열반을 앎이다. 생사를 상대로 말한 까닭이다. 그 훌륭하게 닦아나감은 불법을 알 뿐, 또 다른 行相이 없기에 이를 생략하여 밝히지 않았다.【초_"⑷ 증득하여 안다."는 것은 바로

183

자신의 본분으로 행해야 할 부분에서 다음과 같이 말하였다.

"이 보살이 성인의 가르침 속에서 태어나 10가지 법을 성취하는 것이다."

10가지 법은 이른바 다음과 같다.

① 영원히 물러서지 않음이며, ② 모든 부처님의 도량에서 청정한 신심을 깊이 냄이며, ③ 불법을 잘 관찰함이며, ④ 중생을 앎이며, ⑤ 국토를 앎이며, ⑥ 세계를 앎이며, ⑦ 업행을 앎이며, ⑧ 과보를 앎이며, ⑨ 생사를 앎이며, ⑩ 열반을 앎이다.

이것이 10가지 법이다. 청량소의 회통과는 다른 점도 같은 부분도 있는바, 이는 말하지 않아도 알 수 있다.】

經

佛子여 **菩薩摩訶薩**이 **有十種力**하니
何等이 **爲十**고
所謂入一切法自性力과
入一切法如化力과
入一切法如幻力과
入一切法皆是佛法力과
於一切法에 **無染着力**과
於一切法에 **甚明解力**과
於一切善知識에 **恒不捨離尊重心力**과
令一切善根으로 **順至無上智王力**과

於一切佛法에 **深信不謗力**과
令一切智心으로 **不退善巧力**이 **是爲十**이니
若諸菩薩이 **安住此法**하면 **則具如來無上諸力**이니라

불자여, 보살마하살이 열 가지 힘이 있다.

무엇이 열 가지 힘인가?

이른바 일체 법의 제 성품에 들어가는 힘,

일체 법이 변화와 같은 데 들어가는 힘,

일체 법이 요술과 같은 데 들어가는 힘,

일체 법이 모두 불법에 들어가는 힘,

일체 법에 물들지 않는 힘,

일체 법을 밝게 아는 힘,

일체 선지식을 항상 떠나지 않고 존중하는 마음의 힘,

일체 선근으로 위없는 지혜 왕에 이르게 하는 힘,

일체 불법을 깊이 믿고 비방하지 않는 힘,

일체 지혜의 마음을 물러서지 않게 하는 뛰어난 힘이다.

이것이 열 가지 힘이다.

만약 보살들이 이 법에 편안히 머물면 여래의 위없는 여러 가지 힘을 갖추게 된다.

◉ 疏 ◉

第五十種力이니 **卽具足方便住中行**이라

(5) 열 가지 힘이다. 이의 1문은 구족방편주 부분의 행을 밝혔다.

經

佛子여 菩薩摩訶薩이 有十種平等하니

何等이 爲十고

所謂於一切衆生에 平等하며

一切法에 平等하며

一切刹에 平等하며

一切深心에 平等하며

一切善根에 平等하며

一切菩薩에 平等하며

一切願에 平等하며

一切波羅蜜에 平等하며

一切行에 平等하며

一切佛에 平等이 是爲十이니

若諸菩薩이 安住此法하면 則得一切諸佛無上平等法이니라

    불자여, 보살마하살이 열 가지 평등이 있다.

    무엇이 열 가지 평등인가?

    이른바 일체중생에 평등함,

    일체 법에 평등함,

    일체 세계에 평등함,

    일체 깊은 마음에 평등함,

    일체 선근에 평등함,

    일체 보살에 평등함,

일체 서원에 평등함,

일체 바라밀다에 평등함,

일체 행에 평등함,

일체 부처에 평등함이다.

이것이 열 가지 평등이다.

만약 보살들이 이 법에 편안히 머물면 모든 부처의 위없이 평등한 법을 얻는다.

● 疏 ●

第六十種平等下 二門은 明正心住니 此門은 即自分行이니 由了平等일새 故聞讚毁호되 心定不動이라

然平等之言은 通有三義니

一은 事等이니 謂十類 各各相望에 如說衆生 等有佛性하고 乃至 諸佛 同一法身이며 一心一智等으로

二者는 理等이니 謂此十類 等一眞故며

三은 心等이니 由了前二 卽之於心일새 故於十境에 不生高下니라

十中에 一 於衆生 等은 謂無冤親故요

二는 於善惡에 不生分別故요

三은 見染見淨에 無高下故요

四는 同一眞道而出離故요

五는 無一善根 不爲佛故요

六은 於諸同行에 如自己故요

七은 一一大願이 徹來際故오
八은 不謂般若勝檀等故오
九는 隨一一行하야 徹事理故오
十은 不謂此佛此最勝故니라

(6) '열 가지 평등' 이하 2문은 正心住 부분의 행을 밝혔다.

이 법문은 바로 자신의 본분으로 행해야 할 부분이다. 평등함을 앎으로 인하여 찬탄이나 훼방을 들을지라도 마음이 안정되어 동요하지 않는다.

그러나 평등이란 말에는 모두 3가지 의의가 있다.

① 현상의 일이 평등함이다. 10가지의 유를 각각 서로 대조하여 보면 일체중생이 모두 평등하게 불성이 있으며, 내지 모든 부처가 똑같은 법신이며, 하나의 마음과 하나의 지혜가 평등함을 말한다.

② 내면의 진리가 평등함이다. 이 10가지의 유가 하나의 진여와 같기 때문이다.

③ 모든 이의 마음이 평등함이다. 앞의 2가지가 마음과 하나임을 앎으로 연유하여 10가지의 경계에 높낮이를 따지지 않는다.

평등의 10가지 가운데,

① 일체중생에 평등은 원수거나 친함의 차이가 없음을 말하기 때문이다.

② 일체 법에 평등은 선악을 분별하는 마음을 내지 않기 때문이다.

③ 일체 세계에 평등은 오염과 청정을 보면서 높낮이를 차별

하는 마음이 없기 때문이다.

④ 일체 깊은 마음에 평등은 똑같은 진리의 도로 세간을 벗어나기 때문이다.

⑤ 일체 선근에 평등은 하나의 선근도 부처가 되지 않음이 없기 때문이다.

⑥ 일체 보살에 평등은 모든 똑같이 행하는 일에 나와 같기 때문이다.

⑦ 일체 서원에 평등은 하나하나의 큰 서원이 미래의 세계에 통하기 때문이다.

⑧ 일체 바라밀다에 평등은 반야가 보시바라밀 등보다 훌륭하다 말하지 않기 때문이다.

⑨ 일체 행에 평등은 하나하나의 행을 따라서 현상의 사법계와 진리의 이법계에 통하기 때문이다.

⑩ 일체 부처에 평등은 이 부처님이 가장 훌륭하다고 말하지 않기 때문이다.

經

佛子여 菩薩摩訶薩이 有十種佛法實義句하니
何等이 爲十고
所謂 一切法이 但有名이며
一切法이 猶如幻이며
一切法이 猶如影이며

一切法이 但緣起며

一切法이 業淸淨이며

一切法이 但文字所作이며

一切法이 實際며

一切法이 無相이며

一切法이 第一義며

一切法이 法界라

是爲十이니 若諸菩薩이 安住此法하면 則善入一切智智無上眞實義니라

　불자여, 보살마하살이 열 가지 불법의 진실한 이치와 문구가 있다.

　무엇이 열 가지 불법의 진실한 이치와 문구인가?

　이른바 일체 법이 실체가 없이 이름만 있을 뿐이며,

　일체 법이 요술과 같으며,

　일체 법이 그림자와 같으며,

　일체 법이 인연으로 생겨나며,

　일체 법의 업이 청정하며,

　일체 법이 문자에 의해 쓰여 있을 뿐이며,

　일체 법이 진실한 경계이며,

　일체 법이 모양이 없으며,

　일체 법이 제일가는 이치이며,

　일체 법이 법계이다.

이것이 열 가지 진실한 이치와 문구이다.

만약 보살들이 이 법에 편안히 머물면 일체 지혜의 지혜인 위없이 진실한 이치에 들어갈 수 있다.

◉ 疏 ◉

二 '十種佛法實義句'者는 卽彼勝進中行이니 與前으로 雖少前却이나 而義多同이라

於中에 初一은 約徧計니 都無實故며

次四는 約依他오

後五는 約圓成이니 一은 無名相中에 假名說故오 餘四는 各一義니 可知니라【鈔_ '卽彼勝進'者는 彼云 '菩薩 應勸學十法이라하니 所謂一切法無相이오 二는 無體오 三은 不可修오 四는 無所有오 五는 無眞實이오 六은 空이오 七은 無性이오 八은 如幻이오 九는 如夢이오 十은 無分別이니 皆如初句하야 有一切法言이니 前却可思니라】

둘째, '열 가지 진실한 이치와 문구'는 그 훌륭하게 닦아나가는 부분의 행이다. 앞의 경문과는 조금 전후의 차이가 있으나 그 뜻은 대체로 같다.

그 가운데 첫 구절은 徧計所執性을 들어 말하니 모두 실상이 없기 때문이며,

다음 제2~5 4구는 依他起性을 들어 말하였고,

나머지 뒤의 5구는 원성실성을 들어 말하였다. 이의 첫 구절인 제6구는 이름과 모양이 없는 데서 임시 이름으로 말한 까닭이며,

191

나머지 제7~10구는 각각 하나의 의의를 들어 말하였다. 이는 설명하지 않아도 알 수 있다. 【초_ "그 훌륭하게 닦아나간다."는 것은 그 경문에서 "보살은 당연히 10가지 법을 배우는 데 힘써야 한다."고 하였다. 이른바 10가지 법은 다음과 같다.

① 일체 법은 모양이 없다[一切法無相].
② 일체 법은 체성이 없다[一切法無體].
③ 일체 법은 닦을 수 없다[一切法不可修].
④ 일체 법은 있는 바 없다[一切法無所有].
⑤ 일체 법은 진실이 없다[一切法無眞實].
⑥ 일체 법은 공하다[一切法空].
⑦ 일체 법은 자성이 없다[一切法無性].
⑧ 일체 법은 요술과 같다[一切法如幻].
⑨ 일체 법은 꿈과 같다[一切法如夢].
⑩ 일체 법은 분별이 없다[一切法無分別].

모두 첫 구절처럼 '一切法'이라는 말이 있다. 전후의 차이는 생각하면 알 수 있다.】

經

佛子여 **菩薩摩訶薩**이 **說十種法**하나니
何等이 **爲十**고
所謂說甚深法하며
說廣大法하며

說種種法하며

說一切智法하며

說隨順波羅蜜法하며

說出生如來力法하며

說三世相應法하며

說令菩薩不退法하며

說讚歎佛功德法하며

說一切菩薩이 學一切佛平等하야 一切如來境界相應法이 是爲十이니

若諸菩薩이 安住此法하면 則得如來無上巧說法이니라

 불자여, 보살마하살이 열 가지의 법을 말함이 있다.

 무엇이 열 가지의 법을 말함인가?

 이른바 매우 깊은 법을 말하고,

 넓고 큰 법을 말하고,

 가지가지 법을 말하고,

 일체 지혜의 법을 말하고,

 바라밀을 따르는 법을 말하고,

 여래의 힘을 내는 법을 말하고,

 삼세와 상응하는 법을 말하고,

 보살로 하여금 물러서지 않도록 하는 법을 말하고,

 부처의 공덕을 찬탄하는 법을 말하고,

 일체 보살이 일체 부처님의 평등함을 배워서 일체 여래의 경

계와 상응하는 법을 말함이다.

　이것이 열 가지의 법을 말함이다.

　만약 보살들이 이 법에 편안히 머물면 여래의 위없이 뛰어나게 말하는 법을 얻는다.

◉ 疏 ◉

第七說十種法下 有二門은 明不退住中行이라

於中에 初一은 自分이오 後一은 勝進이니 前中에 由能說深廣法故로 聞說에 心不退轉이라 所以로 說業性等이 成如來力이라 隨義演說하야 令菩薩不退니 涅槃二十八中에 廣明退不退相이라 餘文은 可知니라

　(7) '열 가지의 법을 말함' 이하 2문은 不退住 부분의 행을 밝혔다.

　10구 가운데 첫 구절은 자신의 본분으로 말하였고, 맨 끝 구절은 훌륭하게 닦아나감을 말하였다.

　앞의 구절에서 심오하고 광대한 법을 말한 까닭에 그 말을 듣고서 마음이 물러서지 않은 것이다. 이 때문에 業性 등이 여래의 힘을 성취한다고 말하였다. 이치에 따라 연설하여 보살로 하여금 물러서지 않도록 하니 열반경 28에서 물러서는 것과 물러서지 않음의 양상을 자세히 밝히고 있다.

　나머지 문장은 설명하지 않아도 알 수 있다.

經

佛子여 菩薩摩訶薩이 有十種持하니

何等이 爲十고

所謂持所集一切福德善根하며

持一切如來所說法하며

持一切譬喩하며

持一切法理趣門하며

持一切出生陀羅尼門하며

持一切除疑惑法하며

持成就一切菩薩法하며

持一切如來所說平等三昧門하며

持一切法照明門하며

持一切諸佛神通遊戲力이 是爲十이니

若諸菩薩이 安住此法하면 則得如來無上大智住持力이니라

불자여, 보살마하살이 열 가지의 지님이 있다.

무엇이 열 가지의 지님인가?

이른바 모아 놓은 일체 복덕과 선근을 지니고,

일체 여래가 말한 법을 지니고,

일체 비유를 지니고,

일체 법의 진리문을 지니고,

일체를 내는 다라니문을 지니고,

일체 의혹을 없애는 법을 지니고,

일체 보살을 성취하는 법을 지니고,

일체 여래가 말한 평등한 삼매문을 지니고,

일체 법을 밝게 비추는 문을 지니고,

일체 부처의 신통으로 유희하는 힘을 지님이다.

이것이 열 가지의 지님이다.

만약 보살들이 이 법에 편안히 머물면 여래의 위없는 큰 지혜로 머물러 지니는 힘을 얻는다.

◉ 疏 ◉

二는 十種持니 持는 謂受持奉行이오 非但宣之於口라
十句는 可知니라

둘째, 10가지의 지님이다. 持는 받아 지니고 받들어 행하는 것이지, 단순히 입으로 말하는 데에 그치지 않음을 말한다.

10구는 설명하지 않아도 알 수 있다.

經

佛子여 菩薩摩訶薩이 有十種辯才하니
何等이 爲十고
所謂於一切法에 無分別辯才와
於一切法에 無所作辯才와
於一切法에 無所着辯才와

於一切法에 **了達空辯才**와
於一切法에 **無疑暗辯才**와
於一切法에 **佛加被辯才**와
於一切法에 **自覺悟辯才**와
於一切法에 **文句差別善巧辯才**와
於一切法에 **眞實說辯才**와
隨一切衆生心하야 **令歡喜辯才 是爲十**이니
若諸菩薩이 **安住此法**하면 **則得如來無上巧妙辯才**니라

불자여, 보살마하살이 열 가지의 변재가 있다.

무엇이 열 가지의 변재인가?

이른바 일체 법에 분별이 없는 변재,

일체 법에 조작한 바 없는 변재,

일체 법에 집착한 바 없는 변재,

일체 법이 공한 줄을 아는 변재,

일체 법에 의심과 어둠이 없는 변재,

일체 법에 부처님이 가피하는 변재,

일체 법에 스스로 깨닫는 변재,

일체 법에 문구를 각기 달리 잘 말하는 변재,

일체 법에 진실하게 말하는 변재,

일체중생의 마음을 따라 그들에게 기쁨을 주는 변재이다.

이것이 열 가지의 변재이다.

만약 보살들이 이 법에 편안히 머물면 여래의 위없이 교묘한

변재를 얻는다.

● 疏 ●

第八十種辯才下 二門은 明童眞住中行이니 此門은 卽自分行이라 由三業無失故로 有無著辯이오 由知衆生欲解故로 辯令他喜니라【鈔_ '此門卽自分行'者는 彼具云 '所謂身行無失과 語行無失과 隨意受生과 知衆生種種欲과 知衆生種種解와 知衆生種種界와 知衆生種種業과 知世界成壞와 神足自在와 所行無礙니 是爲十'이라】

(8) '열 가지의 변재' 이하 2문은 童眞住 부분의 행을 밝혔다.

이 법문은 곧 자신의 본분으로 행해야 할 부분이다.

삼업을 잃지 않음에 따라서 집착이 없는 변재가 있고, 중생이 원하는 것, 이해하는 것을 알기 때문에 그들에게 기쁨을 주는 것이다.【초_ "이 법문은 곧 자신의 본분으로 행해야 할 부분이다."는 것은 그 경문에 다음과 같이 구체적으로 말하고 있다.

① 몸의 행에 잘못이 없는 것,

② 언어의 행에 잘못이 없는 것,

③ 생각에 따라 몸을 받아 태어나는 것,

④ 중생의 가지가지 원하는 바를 아는 것,

⑤ 중생의 가지가지 이해하는 바를 아는 것,

⑥ 중생의 가지가지 경계를 아는 것,

⑦ 중생의 가지가지 업을 아는 것,

⑧ 세계가 이뤄지고 무너짐을 아는 것,
⑨ 神足의 자재함,
⑩ 행하는 바에 걸림이 없는 것이다.
이를 열 가지의 법이라 한다.】

經
佛子여 菩薩摩訶薩이 有十種自在하니
何等이 爲十고
所謂敎化調伏一切衆生自在와
普照一切法自在와
修一切善根行自在와
廣大智自在와
無所依戒自在와
一切善根廻向菩提自在와
精進不退轉自在와
智慧摧破一切衆魔自在와
隨所樂欲하야 令發菩提心自在와
隨所應化하야 現成正覺自在 是爲十이니
若諸菩薩이 安住此法하면 則得如來無上大智自在니라

불자여, 보살마하살이 열 가지의 자재가 있다.
무엇이 열 가지의 자재인가?
이른바 일체중생을 교화하고 조복하는 자재,

일체 법을 두루 비추는 자재,

일체 선근의 행을 닦는 자재,

넓고 큰 지혜의 자재,

의지한 바 없는 계율의 자재,

일체 선근을 보리에 회향하는 자재,

정진하여 물러서지 않는 자재,

지혜로 모든 마를 깨뜨리는 자재,

좋아하는 욕망을 따라 보리심을 내게 하는 자재,

교화할 바를 따라 바른 깨달음을 이루는 자재이다.

이것이 열 가지의 자재이다.

만약 보살들이 이 법에 편안히 머물면 여래의 위없는 큰 지혜의 자재를 얻는다.

● 疏 ●

後門은 卽彼勝進이니 現變化自在身等이 皆自在義라【鈔_ 後門卽彼下는 彼云 ˙彼菩薩應勸學十法이라하니 所謂知一切佛刹이오 二는 動一切佛刹이오 三은 持오 四는 觀이오 五는 詣오 六은 遊니 上皆有一切佛刹言이며 七은 遊行無數世界오 八은 領受無數佛法이오 九는 現變化身하야 出廣大徧滿音이오 十은 一刹那中에 奉事供養無數諸佛이니 今疏擧一하야 以等於餘故니라】

뒤의 문은 그 훌륭하게 닦아나감이다. 변화자재신 등을 나타냄이 모두 자재의 뜻이다.【초_ '뒤의 문은 그…' 이하는 그 경문에서

"보살은 당연히 열 가지 법을 배우는 데 힘써야 한다."고 하였다. 이른바 10가지 법은 다음과 같다.

① 일체 국토를 알며[知一切佛刹],

② 일체 국토를 움직이며[動一切佛刹],

③ 일체 국토를 지니며[持一切佛刹],

④ 일체 국토를 관찰하며[觀一切佛刹],

⑤ 일체 국토에 나아가며[詣一切佛刹],

⑥ 일체 국토에 노닒이다[遊一切佛刹].

위는 모두 '일체 국토'를 말하였다.

⑦ 수없는 세계를 두루 행하며,

⑧ 수없는 불법을 받아들이며,

⑨ 변화의 몸을 나타내어 광대하게 두루 충만한 음성을 내며,

⑩ 하나의 찰나 가운데 수없는 여러 부처님을 받들어 모심이다.

이의 청량소에서는 그중 하나만을 들어서 나머지와 똑같이 말한 까닭이다.】

經

佛子여 菩薩摩訶薩이 有十種無著하니

何等이 爲十고

所謂於一切世界에 無著하며

於一切衆生에 無著하며

於一切法에 無著하며

於一切所作에 無著하며
於一切善根에 無著하며
於一切受生處에 無著하며
於一切願에 無著하며
於一切行에 無著하며
於一切菩薩에 無著하며
於一切佛에 無著이 是爲十이니
若諸菩薩이 安住此法하면 則能速轉一切衆想하야 得無上淸淨智慧니라

불자여, 보살마하살이 열 가지의 집착이 없다.

무엇이 열 가지의 집착이 없음인가?

이른바 일체 세계에 집착이 없고,

일체중생에게 집착이 없고,

일체 법에 집착이 없고,

일체 하는 일에 집착이 없고,

일체 선근에 집착이 없고,

일체 태어나는 곳에 집착이 없고,

일체 서원에 집착이 없고,

일체 행에 집착이 없고,

일체 보살에 집착이 없고,

일체 부처님께 집착이 없다.

이것이 열 가지의 집착이 없음이다.

만약 보살들이 이 법에 편안히 머물면 모든 생각을 빠르게 돌려서 위없는 청정한 지혜를 얻는다.

◉ 疏 ◉

第九 十種無著下 二門은 明王子住中行이니 此門은 由無著故로 能善知十法이라【鈔_ 能善知者는 彼經云 此菩薩이 善知十種法이라하니 所謂善知諸衆生受生이오 二는 諸煩惱現起오 三은 習氣相續이오 四는 所行方便이오 五는 無量法이오 六은 諸威儀오 七은 世界差別이오 八은 前際後際事오 九는 演說世諦오 十은 演說第一義諦니 句句皆有善知之言이라】

(9) '열 가지의 집착이 없음' 이하 2문은 王子住 부분의 행을 밝혔다.

이 문은 집착이 없음에 의하여 10가지 법을 잘 아는 것이다. 【초_ '잘 안다.'는 것은 그 경문에서 "보살은 열 가지 법을 잘 알아야 한다."고 하였다. 이른바 10가지 법은 다음과 같다.

① 모든 중생이 몸을 받아 태어남을 잘 알며[善知諸衆生受生],

② 모든 번뇌가 일어남을 잘 알며[善知諸煩惱現起],

③ 습기가 서로 이어짐을 잘 알며[善知習氣相續],

④ 행해야 할 방편을 잘 알며[善知所行方便],

⑤ 한량없는 법을 잘 알며[善知無量法],

⑥ 모든 위의를 잘 알며[善知諸威儀],

⑦ 각기 다른 세계를 잘 알며[善知世界差別],

⑧ 과거의 일과 미래의 일을 잘 알며[善知前際後際事],

⑨ 세간 이치를 연설할 줄 잘 알며[善知演說世諦],

⑩ 제일가는 진리를 연설할 줄 잘 아는 것이다[善知演說第一義諦]. 구절마다 모두 '잘 안다.'는 말이 있다.】

經

佛子여 **菩薩摩訶薩**이 **有十種平等心**하니

何等이 **爲十**고

所謂積集一切功德平等心과

發一切差別願平等心과

於一切衆生身에 **平等心**과

於一切衆生業報에 **平等心**과

於一切法에 **平等心**과

於一切淨穢國土에 **平等心**과

於一切衆生解에 **平等心**과

於一切行에 **無所分別平等心**과

於一切佛力無畏에 **平等心**과

於一切如來智慧에 **平等心**이 **是爲十**이니

若諸菩薩이 **安住其中**하면 **則得如來無上大平等心**이니라

불자여, 보살마하살이 열 가지의 평등한 마음이 있다.

무엇이 열 가지의 평등한 마음인가?

이른바 일체 공덕을 쌓아 모으는 평등한 마음,

일체 각기 다른 서원을 내는 평등한 마음,

일체중생의 몸에 평등한 마음,

일체중생의 업보에 평등한 마음,

일체 법에 평등한 마음,

일체 깨끗하고 더러운 국토에 평등한 마음,

일체중생의 알음알이에 평등한 마음,

일체 행에 분별한 바 없는 평등한 마음,

일체 부처님의 힘과 두려움이 없는 데에 평등한 마음,

일체 여래의 지혜에 평등한 마음이다.

이것이 열 가지의 평등한 마음이다.

만약 보살들이 그 가운데 편안히 머물면 여래의 위없이 크게 평등한 마음을 얻는다.

● 疏 ●

後門은 由平等故로 勝進學法王處法이라【鈔_ '後門勝進'者는 彼云 '佛子여 菩薩應勸學十法이라하니 所謂法王處善巧오 二는 軌度오 三은 宮殿이오 四는 趣入이오 五는 觀察이오 六은 灌頂이오 七은 力持오 八은 無畏오 九는 宴寢이오 十은 讚歎이니 皆如初句로되 後五는 畧無處字니라】

뒤의 문은 평등에 연유한 까닭에 잘 닦아나가면서 법왕이 있는 곳의 법을 배우는 것이다.【초_ '뒤의 문은 잘 닦아나간다.'는 것은 그 경문에서 "불자여, 보살은 당연히 열 가지 법을 배우는 데 힘써야 한다.”고 하였다. 이른바 10가지 법은 다음과 같다.

① 법왕이 있는 곳에서 뛰어나게 잘하며[法王處善巧],

② 법이 있는 곳에서 뛰어나게 잘하며[軌度處善巧],

③ 궁전이 있는 곳에서 뛰어나게 잘하며[宮殿處善巧],

④ 달려 들어가는 곳에서 뛰어나게 잘하며[趣入處善巧],

⑤ 관찰하는 곳에서 뛰어나게 잘하며[觀察處善巧],

⑥ 관정을 뛰어나게 잘하며[灌頂善巧],

⑦ 힘써 지님을 뛰어나게 잘하며[力持善巧],

⑧ 두려움이 없음을 뛰어나게 잘하며[無畏善巧],

⑨ 편안한 생활을 뛰어나게 잘하며[宴寢善巧],

⑩ 찬탄을 뛰어나게 잘함이다[讚歎善巧].

모두 첫 구절처럼 '…곳에서 뛰어나게 잘한다[處善巧].'고 말해야 하지만, 뒤의 5구에서는 '處' 자가 없다.】

經

佛子여 菩薩摩訶薩이 有十種出生智慧하니

何等이 爲十고

所謂知一切衆生解出生智慧와

知一切佛刹種種差別出生智慧와

知十方網分齊出生智慧와

知覆仰等一切世界出生智慧와

知一切法一性種種性廣大住出生智慧와

知一切種種身出生智慧와
知一切世間顚倒妄想에 悉無所著出生智慧와
知一切法이 究竟皆以一道出離出生智慧와
知如來神力이 能入一切法界出生智慧와
知三世一切衆生의 佛種不斷出生智慧 是爲十이니
若諸菩薩이 安住此法하면 則於諸法에 無不了達이니라

불자여, 보살마하살이 열 가지의 나오는 지혜[出生智慧]가 있다.

무엇이 열 가지의 나오는 지혜인가?

이른바 일체중생의 이해를 아는 데에서 나오는 지혜,

일체 부처 세계의 가지가지 다른 모양을 아는 데에서 나오는 지혜,

시방 그물의 한계를 아는 데에서 나오는 지혜,

엎어지고 잦혀진 따위의 일체 세계를 아는 데에서 나오는 지혜,

일체 법의 한 성품, 가지가지 성품, 광대한 성품을 아는 데에서 나오는 지혜,

일체 가지가지 몸을 아는 데에서 나오는 지혜,

일체 세간의 전도망상에 모두 집착한 바 없음을 아는 데에서 나오는 지혜,

일체 법이 끝내는 모두 하나의 도로써 세간을 벗어남을 아는 데에서 나오는 지혜,

여래의 신통력이 일체 법계에 들어감을 아는 데에서 나오는 지혜,

삼세 일체중생의 부처 종자가 끊이지 않음을 아는 데에서 나오는 지혜이다.

이것이 열 가지의 나오는 지혜이다.

만약 보살들이 이 법에 편안히 머물면 모든 법에 통달하지 못한 바가 없다.

● 疏 ●

第十 '十種出生智'下 二門은 明灌頂位中行이니 此門은 明成就十智하야 學佛十智니라【鈔_ 此門明下는 彼勝進云 '此菩薩이 應勸學諸佛十種智라하니 所謂三世智와 佛法智와 法界無礙智와 法界無邊智와 充滿一切世界智와 普照一切世界智와 住持一切世界智와 知一切衆生智와 知一切法智와 知無邊諸佛智니라】

⑽ '열 가지의 나오는 지혜' 이하의 2문은 灌頂住 부분의 행을 밝혔다.

이 법문은 10가지 지혜를 성취하여 부처의 10가지 지혜를 배움을 밝혔다.【초_ '此門明' 이하는 그 잘 닦아나가는 부분의 경문에서 "보살은 당연히 여러 부처의 열 가지 지혜를 배우는 데 힘써야 한다."고 하였다. 이른바 10가지 지혜는 다음과 같다.

① 제불의 삼세 지혜를 배우는 데 힘써야 한다[應勸學諸佛三世智].

② 제불의 불법의 지혜를 배우는 데 힘써야 한다[應勸學諸佛法智].

③ 제불의 법계에 걸림 없는 지혜를 배우는 데 힘써야 한다[應勸

學諸佛法界無礙智].

④ 제불의 법계에 그지없는 지혜를 배우는 데 힘써야 한다[應勸學諸佛法界無邊智].

⑤ 제불의 일체 세계에 충만한 지혜를 배우는 데 힘써야 한다[應勸學諸佛充滿一切世界智].

⑥ 제불의 일체 세계에 널리 비추는 지혜를 배우는 데 힘써야 한다[應勸學諸佛普照一切世界智].

⑦ 제불의 일체 세계를 주지하는 지혜를 배우는 데 힘써야 한다[應勸學諸佛住持一切世界智].

⑧ 제불의 일체중생을 아는 지혜를 배우는 데 힘써야 한다[應勸學諸佛知一切衆生智].

⑨ 제불의 일체 법의 지혜를 배우는 데 힘써야 한다[應勸學諸佛知一切法智].

⑩ 제불이 그지없는 제불을 아는 지혜를 배우는 데 힘써야 한다[應勸學諸佛知無邊諸佛智].】

經

佛子여 菩薩摩訶薩이 有十種變化하니
何等이 爲十고
所謂一切衆生變化와
一切身變化와
一切刹變化와

一切供養變化와

一切音聲變化와

一切行願變化와

一切教化調伏衆生變化와

一切成正覺變化와

一切說法變化와

一切加持變化 是爲十이니

若諸菩薩이 安住此法하면 則得具足一切無上變化法이니라

불자여, 보살마하살이 열 가지의 변화가 있다.

무엇이 열 가지의 변화인가?

이른바 일체중생의 변화,

일체 몸의 변화,

일체 세계의 변화,

일체 공양의 변화,

일체 음성의 변화,

일체 행원의 변화,

일체중생을 교화하고 조복하는 변화,

일체 바른 깨달음을 성취하는 변화,

일체 설법의 변화,

일체 가지의 변화,

이것이 열 가지의 변화이다.

만약 보살들이 이 법에 편안히 머물면 일체 위없이 변화하는 법을 두루 갖출 수 있다."

◉ 疏 ◉

後는 十種變化라 故能動刹等이라 然此變化는 卽實如化니 非要化作이라

上來數段은 文相竝顯하니 雖有深旨이나 類前可知니라

第二 二十門은 答前二十句問이라

　　뒤의 문은 10가지의 변화이다. 이 때문에 국토 등을 흔드는 것이다. 그러나 이런 변화는 실상과 하나가 되어 변화와 같은 것이지, 고의로 이런 변화를 만들어 내지 않는다.

　　위의 여러 단락은 경문의 양상이 모두 뚜렷하다. 비록 깊은 뜻이 있으나 앞의 경문처럼 이를 유추하면 설명하지 않아도 알 수 있다.

　　2. 20문은 앞의 20가지 물음에 대한 대답이다.

明十住行法 竟

　　십주행의 법을 밝힌 부분을 끝마치다.

이세간품 제38-1 離世間品 第三十八之一

화엄경소론찬요 제90권 華嚴經疏論纂要 卷第九十

화엄경소론찬요 제91권
華嚴經疏論纂要 卷第九十一

◉

이세간품 제38-2
離世間品 第三十八之二

大文第三 '十種力持' 下에 有三十門은 答前十行 三十句問이라 古德이 分三하니

初六門은 明大志曠遠行이오

二 從十種不思議下 九門은 明定慧業用行이오

三 從十種園林下 十五門은 明德備成滿行이라

然約圓融인댄 此意非無로되 今不壞次하고 亦次第 顯十行中行이니 第一行은 有三門이오 二三行은 各一이오 第四行은 二門이오 第五行은 六門이오 次四行은 各二門이오 第十行은 有九門이니 至文當知니라 所以用門多少者는 檀在初라 故具三이오 戒·忍은 通世間이라 故唯一이오 定慧尊勝이라 故有多門이어니와 智中旣多일새 故般若中畧이오 餘次勝故로 但用二門이라

又此十行은 雖約十度나 而義多含일새 故文中에 或就十度明義하고 或就行名以釋이라

　　3. '力持' 이하 30문은 십행의 행에 관한 30가지 물음에 답한 것이다.

　　옛 스님은 이를 3단락으로 나누었다.

　　제1 단락의 6문은 '큰 뜻으로 원대한 행[大志曠遠行]'을 밝혔고,

　　제2 단락의 '從十種不思議' 이하 9문은 '정혜의 작용에 관한 행[定慧業用行]'을 밝혔으며,

　　제3 단락의 '從十種園林' 이하 15문은 '공덕이 갖춰진 원만 성취의 행[德備成滿行]'을 밝혔다.

그러나 원융으로 말하면 이런 뜻이 없는 것은 아니지만, 여기에서는 차례를 무너뜨리지 않으며, 또한 차례에 따라 十行 부분의 행을 밝히고 있다.

제1 歡喜行은 3문,

제2 饒益行, 제3 無違逆行은 각각 하나의 법문,

제4 無掘搖行은 2문,

제5 無癡亂行은 6문,

다음 제6 善現行~제9 善法行은 각각 2문,

제10 眞實行은 9문이다.

해당 경문에서 이를 알 수 있다.

여기에 인용한 법문이 많고 적은 바는 보시바라밀은 첫자리에 있기 때문에 3문을 갖추고,

지계바라밀과 인욕바라밀은 세간에 통한 까닭에 오직 하나의 법문이며,

선정바라밀과 지혜바라밀은 존귀하고 훌륭한 까닭에 여러 법문이 있지만, 지혜 부분에 이미 많은 까닭에 반야 부분은 생략하고, 나머지 바라밀은 다음으로 훌륭한 까닭에 2문만을 인용한 것이다.

또한 이 十行은 비록 십바라밀을 들어 말하지만, 많은 의의를 포괄하고 있기에, 경문에서 때로는 십바라밀의 입장에서 그 뜻을 밝히고, 때로는 십행의 명제에 따라 해석하기도 하였다.

經

佛子여 菩薩摩訶薩이 有十種力持하니
何等이 爲十고
所謂佛力持와 法力持와 衆生力持와 業力持와 行力持와 願力持와 境界力持와 時力持와 善力持와 智力持 是爲十이니
若諸菩薩이 安住此法하면 則於一切法에 得無上自在力持니라

"불자여, 보살마하살이 열 가지 힘으로 받아 지님이 있다.

무엇이 열 가지 힘으로 받아 지님인가?

이른바 부처님의 힘으로 받아 지님이며,

법의 힘으로 받아 지님이며,

중생의 힘으로 받아 지님이며,

업의 힘으로 받아 지님이며,

행의 힘으로 받아 지님이며,

서원의 힘으로 받아 지님이며,

경계의 힘으로 받아 지님이며,

때의 힘으로 받아 지님이며,

착한 힘으로 받아 지님이며,

지혜의 힘으로 받아 지님이다.

이것이 열 가지 받아 지님이다.

만약 보살들이 이 법에 편안히 머물면 일체 법에 위없는 자재

한 힘으로 받아 지님을 얻는다.

◉ 疏 ◉

今初三門은 明歡喜行中之行이라
三中에 初는 明力持니 此含總別이니
總者는 以是十行之首에 依此十事加持建立하야 能起諸行일새 故
度世經에 名十建立이라
別은 卽歡喜行中에 凡所布施 皆爲修習諸佛本所修行等故니
是建立行意라
十中에 初三은 三寶니 卽境界持라 衆生은 卽僧寶니 菩薩之僧이 卽
衆生世間故오 餘七은 行持니 悲所作業故며 正起行故며 願持行故
며 有悲智境行하야사 方成故니라 時는 卽起行之時오 後二는 福智라
上辨陀羅尼는 卽總持文義오 次云受持는 卽領納受行이오 今云
力持는 卽加持任持니 故不相濫이라

(1) 3문은 歡喜行 부분의 행을 밝혔다.

3문 가운데 첫째는 '…힘으로 받아지님'을 밝혔다.

이는 총체와 개별을 포함하고 있다.

총체란 十行의 첫자리에서 이 10가지 일의 加持 건립에 의하여 모든 십행이 일어나기에 도세경에서는 이를 '10가지 건립[十建立]'이라 명명하였다.

개별로 말하면 歡喜行 부분에 보시하는 바는 모두 제불의 본지에서의 수행 등을 닦고 익혀온 것이기 때문이다. 이는 행을 건립

하는 의의이다.

 10구 가운데 앞의 3구는 三寶이다. 이는 곧 境界力持이다. 중생이 곧 僧寶이다. 보살승이 바로 중생세간이기 때문이다.

 나머지 7구는 行力持이다. 大悲의 마음으로 행하는 업이기 때문이며, 바로 行을 일으키기 때문이며, 願이 行을 받아 지니기 때문이며, 大悲大智의 경계가 있어야 行이 비로소 성취되기 때문이다. 時力持는 곧 行을 일으키는 시간이며, 뒤의 善力持와 智力持 2가지는 복덕과 지혜를 받아 지님이다.

 위에서 다라니를 논변한 것은 總持文이라는 뜻이며, 다음으로 '受持'라 말한 것은 곧 받아들여 행하는 것[領納受行]이며, 여기에서 '力持'라 말한 것은 곧 加持와 任持라는 뜻이다. 이 때문에 서로 뒤섞여 있지 않다.

經

佛子여 **菩薩摩訶薩**이 **有十種大欣慰**하니
何等이 **爲十**고
所謂諸菩薩이 **發如是心**호대 **盡未來世**토록 **所有諸佛**이 **出興于世**어든 **我當皆得隨逐承事**하야 **令生歡喜**라하야 **如是思惟**하고 **心大欣慰**하며
復作是念호대 **彼諸如來 出興於世**어든 **我當悉以無上供具**로 **恭敬供養**이라하야 **如是思惟**하고 **心大欣慰**하며

 불자여, 보살마하살이 열 가지의 큰 기쁨과 위안이 있다.

무엇이 열 가지의 큰 기쁨과 위안인가?

이른바 보살이 이런 생각을 한다.

'미래 세월이 다하도록 모든 부처님이 세상에 나오시면, 나는 마땅히 따라다니면서 받들어 섬기며 기쁘게 해드릴 것이다.'

이렇게 생각하고 마음에 큰 기쁨과 위안을 얻는다.

또 이런 생각을 한다.

'저 부처님께서 세상에 나오시면, 나는 마땅히 위없는 공양거리로 공경하며 공양하리라.'

이렇게 생각하고 마음에 큰 기쁨과 위안을 얻는다.

● 疏 ●

第二 大欣慰는 正辨歡喜行義니 彼但見乞者來하고 倍復歡喜어니와 今則知由施故로 見佛供佛等하야 心大歡喜니 初行은 多同歡喜地故니라

十中에 畧爲五對니 一은 事佛·供佛對니라

둘째, 큰 기쁨과 위안은 바로 歡喜行의 의의를 말해주고 있다. 저기에서는 구걸하는 자가 오는 것을 보면서 곱절이나 기뻐하는 것이지만, 여기에서는 보시를 연유한 까닭에 부처님을 친견하거나 부처님에게 공양 올리는 등을 알고서 마음에 큰 기쁨을 얻은 것이다.

제1 환희행은 십지의 歡喜地와 대부분 똑같기 때문이다.

10구는 간단하게 5대구이다.

제1 대구, 부처님을 섬김과 부처님께 공양을 올리는 것으로 대

구이다.

經

復作是念호대 **我於諸佛所**에 **興供養時**에 **彼諸如來 必示誨我法**하리니 **我悉以深心**으로 **恭敬聽受**하고 **如說修行**하야 **於菩薩地**에 **必得已生現生當生**이라하야 **如是思惟**하고 **心大欣慰**하며

復作是念호대 **我當於不可說不可說劫**에 **行菩薩行**하야 **常與一切諸佛菩薩**로 **而得共俱**라하야 **如是思惟**하고 **心大欣慰**하며

또 이런 생각을 한다.

'내가 부처님이 계신 데서 공양할 때에, 저 여래께서 나에게 법을 가르치실 것이다. 나는 모두 깊은 마음으로 공경하여 듣고 받아들이며, 말씀하신 대로 수행하여 보살의 지위에 반드시 과거에 이미 태어나고 현재 태어나고 장차 미래에 태어나리라.'

이렇게 생각하고 마음에 큰 기쁨과 위안을 얻는다.

또 이런 생각을 한다.

'내가 마땅히 말할 수 없이 말할 수 없는 겁에 보살의 행을 행하여, 항상 일체 부처님, 그리고 보살과 함께하리라.'

이렇게 생각하고 마음에 큰 기쁨과 위안을 얻는다.

◉ 疏 ◉

二는 聞法·親善對라

제2 대구, 법문을 들음과 선지식을 가까이하는 것으로 대구이다.

經

復作是念호대 **我於往昔**에 **未發無上大菩提心**일세 **有諸怖畏**하니 **所謂不活畏**와 **惡名畏**와 **死畏**와 **墮惡道畏**와 **大衆威德畏**라 **自一發心**으로 **悉皆遠離**하야 **不驚不恐**하며 **不畏不懼**하며 **不怯不怖**하야 **一切衆魔**와 **及諸外道**의 **所不能壞**라하야 **如是思惟**호대 **心大欣慰**하며

復作是念호대 **我當令一切衆生**으로 **成無上菩提**하고 **成菩提已**하야는 **我當於彼佛所**에 **修菩薩行**호대 **盡其形壽**토록 **以大信心**으로 **興所應供佛諸供養具**하야 **而爲供養**하며 **及涅槃後**에 **各起無量塔**하야 **供養舍利**하며 **及受持守護所有遺法**이라하야 **如是思惟**하고 **心大欣慰**하며

또 이런 생각을 한다.

'내가 옛날 위없는 보리심을 일으키지 않았을 적에 여러 가지 두려움이 있었다.

이른바 살아가지 못할까에 대한 두려움, 악명에 대한 두려움, 죽음에 대한 두려움, 삼악도에 떨어질까에 대한 두려움, 대중의 위세에 대한 두려움들이다.

한 번 보리심을 일으킨 뒤로부터 이를 모두 멀리 여의어 놀라지

않고 무서워하지 않고 두려워하지 않고 저어하지 않고 겁내지 않고 떨지 아니하여, 모든 마군과 외도들이 나를 무너뜨릴 수 없었다.'

이렇게 생각하고 마음에 큰 기쁨과 위안을 얻는다.

또 이런 생각을 한다.

'나는 마땅히 일체중생으로 하여금 위없는 보리를 이루게 하고, 보리를 성취한 뒤에는 저 부처님이 계신 데서 보살의 행을 닦되, 몸이 마치도록 깊은 신심으로 부처님께 이바지할 공양거리를 마련하여 공양하며, 열반하신 후에는 각각 한량없는 탑을 쌓아 사리를 공양하고, 남기신 법을 받들어 지니고 수호하리라.'

이렇게 생각하고 마음에 큰 기쁨과 위안을 얻는다.

⊙ 疏 ⊙

三은 二利·行成對라

제3 대구, 자리이타행과 행의 성취로 대구이다.

經

又作是念호대 十方所有一切世界를 我當悉以無上莊嚴으로 而莊嚴之호대 皆令具足種種奇妙하야 平等淸淨하고 復以種種大神通力으로 住持震動하며 光明照耀하야 普使周徧이라하야 如是思惟하고 心大欣慰하며
復作是念호대 我當斷一切衆生疑惑하며 淨一切衆生欲樂하며 啓一切衆生心意하며 滅一切衆生煩惱하며 閉一

切眾生惡道門하며 開一切眾生善趣門하며 破一切眾生黑暗하며 與一切眾生光明하며 令一切眾生으로 離衆魔業하며 使一切眾生으로 至安穩處라하야 如是思惟하고 心大欣慰하며

또 이런 생각을 한다.

'시방에 있는 일체 세계를 나는 마땅히 위없는 장엄거리로 장엄하되 모두 가지가지 기묘함을 갖추어 평등하고 청정케 하며, 다시 가지가지 큰 신통력으로 지니어 진동케 하고, 광명을 밝게 비추어 모두 가득하게 하리라.'

이렇게 생각하고 마음에 큰 기쁨과 위안을 얻는다.

또 이런 생각을 한다.

'나는 마땅히 일체중생의 의혹을 끊고, 일체중생의 욕망을 청정케 하며,

일체중생의 마음을 열어주고, 일체중생의 번뇌를 없애주며,

일체중생의 삼악도의 문을 닫아주고, 일체중생의 좋은 길의 문을 열어주며,

일체중생의 어두움을 깨뜨리고, 일체중생에게 광명을 주며,

일체중생으로 하여금 마업을 여의게 하고, 일체중생을 편안한 곳에 이르게 하리라.'

이렇게 생각하고 마음에 큰 기쁨과 위안을 얻는다.

● 疏 ●
四는 嚴土·化生對라

제4 대구, 국토의 장엄과 중생의 교화로 대구이다.

經

菩薩摩訶薩이 復作是念호대 諸佛如來 如優曇華를 難可値遇하야 於無量劫에 莫能一見이니 我當於未來世에 欲見如來인댄 則便得見하며 諸佛如來 常不捨我하고 恒住我所하야 令我得見하며 爲我說法하야 無有斷絶이어든 旣聞法已에 心意淸淨하야 遠離諂曲하고 質直無僞하야 於念念中에 常見諸佛이라하야 如是思惟하고 心大欣慰하며 復作是念호대 我於未來에 當得成佛하고 以佛神力으로 於一切世界에 爲一切衆生하야 各別示現成等正覺하야 淸淨無畏大師子吼하며 以本大願으로 周徧法界하야 擊大法鼓하고 雨大法雨하고 作大法施하야 於無量劫에 常演正法호대 大悲所持로 身語意業이 無有疲厭이라하야 如是思惟하고 心大欣慰하나니

佛子여 是爲菩薩摩訶薩의 十種大欣慰니

若諸菩薩이 安住此法하면 則得無上成正覺智慧大欣慰니라

보살마하살이 또 이런 생각을 한다.

'제불 여래는 우담바라꽃과 같아서 만나기 어렵다. 한량없는

겁에 한 번 친견할 수도 없다. 내가 미래 세상에 여래를 뵈려 하면 곧 만나 뵙고, 제불 여래께서 항상 나를 버리지 않고, 항상 나의 처소에 머물면서 나로 하여금 친견할 수 있도록 하며, 나를 위해 설법하여 끊임이 없으면, 나는 법문을 듣고서 마음이 청정하여 아첨을 멀리 여의고, 정직하여 거짓이 없으며, 모든 생각마다 항상 부처님을 뵈리라.'

이렇게 생각하고 마음에 큰 기쁨과 위안을 얻는다.

또 이런 생각을 한다.

'나는 미래 세상에 마땅히 부처를 이루고 부처의 신통력으로써 일체 세계에서 일체중생을 위하여 각기 따로 정등각의 성취를 보여주고, 청정하고 두려운 마음 없이 크게 사자후를 할 것이며, 본래의 큰 서원으로 법계에 모두 두루 찾아가 큰 법북을 치고 큰 법비를 내리며 큰 법보시를 하여, 한량없는 겁에 언제나 바른 법을 연설하되, 대자비의 마음을 지니고서 몸의 업, 말의 업, 뜻의 업이 고달파하거나 싫어함이 없게 하리라.'

이렇게 생각하고 마음에 큰 기쁨과 위안을 얻는다.

불자여, 이것이 보살마하살의 열 가지의 큰 기쁨과 위안이다.

만약 보살들이 이 법에 편안히 머물면 곧 위없는 바른 깨달음의 지혜를 이루어 큰 기쁨과 위안을 얻는다.

◉ 疏 ◉

五는 難見能見과 難成能成對니 文相甚顯이라

제5 대구, 친견하기 어려운 부처님의 친견과 성취하기 어려운 수행을 성취하는 것으로 대구이다.

경문의 양상은 매우 분명하다.

經
佛子여 菩薩摩訶薩이 有十種深入佛法하니
何等이 爲十고
所謂入過去世一切世界하며
入未來世一切世界하며
入現在世世界數와 世界行과 世界說과 世界淸淨하며
入一切世界種種性하며
入一切衆生種種業報하며
入一切菩薩種種行하며
知過去一切佛次第하며
知未來一切佛次第하며
知現在十方虛空法界等一切諸佛의 國土衆會說法調伏하며
知世間法과 聲聞法과 獨覺法과 菩薩法과 如來法하야 雖知諸法이 皆無分別이나 而說種種法하야 悉入法界호대 無所入故로 如其法說하야 無所取著이 是爲十이니
若諸菩薩이 安住此法하면 則得入於阿耨多羅三藐三菩提大智慧甚深性이니라

불자여, 보살마하살이 열 가지 깊이 불법에 들어감이 있다.

무엇이 열 가지 깊이 불법에 들어감인가?

이른바 과거 세상의 일체 세계에 들어가며,

미래 세상의 일체 세계에 들어가며,

현재 세상의 세계 수효, 세계의 행, 세계의 말, 세계의 청정한 데 들어가며,

일체 세계의 가지가지 성품에 들어가며,

일체중생의 가지가지 업보에 들어가며,

일체 보살의 가지가지 행에 들어가며,

과거 일체 부처의 차례를 알며,

미래 일체 부처의 차례를 알며

현재 시방의 허공과 법계에 있는 일체 부처님의 국토에 모인 대중에게 설법하여 조복함을 알며,

세간법, 성문법, 독각법, 보살법, 여래법을 알고서 비록 모든 법이 모두 분별이 없는 줄 알지만, 가지가지 법을 말하여, 다 법계에 들어가되, 들어간 바 없으므로 그 법과 같이 말하여 집착한 바 없다.

이것이 열 가지 깊이 불법에 들어감이다.

만약 보살들이 이 법에 편안히 머물면 아뇩다라삼먁삼보리인 큰 지혜의 매우 깊은 성품에 들어갈 수 있다.

● 疏 ●

三十種深入者는 上은 明預欣當成이오 此는 辨現能證了이니 卽前

法施之行이라 故彼云 '我當盡學諸佛所學하야 證一切智며 知一切法하야 爲衆生說이라'

十中에 前六은 有入字오 後四는 以知爲初니 證入·了知는 二文影顯이라

於中에 初四入은 器世間이니 前三은 別入三世오 後一은 總明이라

別中現在內에 數는 謂多少오 行은 謂刹因이오 說은 謂彼彼果中說法이오 淸淨은 謂刹體니 此是通體오 後總句에 云 '種種性'은 卽染淨等殊니 斯는 卽別體라

次二는 入衆生世間이오 後四는 入智正覺世間이라

於中에 前三은 入三世佛이오 後一은 入法이니

法中에 初는 知差別五乘이오 後 雖知 下는 明權實雙行이니 以性不壞相일세 故雖無分別이나 而說種種이니 此中分別은 卽是差別이라 故晉經云 '雖諸法無一無異나 而說一異'라하니라

次言 '悉入法界無所入故' 者는 釋成上義니 謂悉入法界라 故無差別이오 無所入故로 而說種種이라 何者오 若別有一入處인댄 則入時에 失本相하야 不得說種種이어니와 以當法自虛 名入法界니 無別可入일세 則不壞種種矣라

言 '如其' 下는 此上은 辨知오 此下는 明說이라 夫說法者는 當如法說이니 法旣權實雙融일세 說亦卽說無著이라

셋째, '열 가지 깊이 들어감'이란 위에서는 당연한 성취를 미리 기뻐함을 밝혔고, 여기에서는 현재 증득하여 잘 앎을 말하였다. 이는 앞서 말한 법보시의 행이다.

229

이 때문에 저기에서는 "내가 마땅히 여러 부처가 배웠던 바를 모조리 배워서 일체 지혜를 증득하고 일체 법을 알고서 중생을 위해 설법한다."고 말하였다.

10구 가운데 앞의 6구에는 '…에 들어간다.'는 '入' 자가 있고 뒤의 4구는 '…을 안다.'는 '知'로써 첫 글자를 삼았다. '증득하여 들어간다[證入].'는 것과 '…을 안다[了知].'는 2문장이 한 부분을 생략한 채, 그 뜻을 서로 밝혀주고 있다.

10구 가운데 앞의 4구에서 말한 '증득하여 들어간다[證入].'는 것은 器世間이다. 앞의 3구는 과거·현재·미래 삼세를 개별로 들어감이며, 뒤의 1구는 삼세를 총괄하여 밝힌 것이다.

개별 부분의 '현재 세계[現在世]'에 쓰인 世界數는 그 얼마인가를 말하고,

世界行은 국토의 원인을 말하며,

世界說은 그 과보 부분의 설법을 말하고,

世界淸淨은 국토의 체성을 말한다.

이는 공통 양상의 체성이다.

뒤의 삼세를 총괄하여 밝힌 구절에서 '種種性'이라 말한 것은 더러운 세계, 청정한 세계 등의 차이를 말한다. 이는 곧 개별의 체성이다.

다음 2구는 중생세간에 들어감이며,

뒤의 4구는 智正覺世間에 들어감이다.

그 가운데 앞의 3구는 삼세의 부처에 들어감이며, 뒤의 1구는

법에 들어감이다.

　법에 들어감을 말한 부분의 첫머리는 각기 다른 5乘[世間, 聲聞, 獨覺, 菩薩, 如來法]을 앎이며, 뒤의 '雖知諸法' 이하는 방편의 권교와 진리의 실교를 모두 행함을 밝히고 있다. 내면의 성품이 외적 모양을 무너뜨리지 않기 때문에 비록 분별이 없으나 가지가지를 말하였다. 여기에서 말한 분별이 곧 차별이다. 이 때문에 60화엄경에 이르기를, "비록 모든 법이 하나라는 것도 없고 다른 것도 없지만 하나라는 것과 다른 것을 말하였다."고 하였다.

　다음으로 "모두 법계에 들어가되, 들어간 바 없기 때문"이라고 말한 것은 위에서 말한 뜻을 해석하였다. 이는 '모두 법계에 들어간' 까닭에 차별이 없고, '들어간 바 없기' 때문에 가지가지를 말하였다.

　무엇 때문인가? 만약 개별로 하나의 들어간 곳이 있으면 들어갈 때에 본래 모양을 잃고서 가지가지를 말하지 못하지만, 해당 법이 스스로 공허한 것을 법계를 들어간다고 말하였다. 별도로 들어감이 없기 때문에 가지가지를 무너뜨리지 않는다.

　"그 법과 같이 말한다[如其法說]." 이하는 그 위에서는 앎을 말하였고, 그 아래에서는 설법을 밝혔다. 설법이란 마땅히 여법하게 말해야 한다. 법이 이미 권교와 실교를 모두 융합하였기에 설법 또한 설법과 하나가 되어 집착한 바 없다.

經

佛子여 菩薩摩訶薩이 有十種依止하야 菩薩이 依此行菩薩行하나니

何等이 爲十고

所謂依止供養一切諸佛하야 行菩薩行하며

依止調伏一切衆生하야 行菩薩行하며

依止親近一切善友하야 行菩薩行하며

依止積集一切善根하야 行菩薩行하며

依止嚴淨一切佛土하야 行菩薩行하며

依止不捨一切衆生하야 行菩薩行하며

依止深入一切波羅蜜하야 行菩薩行하며

依止滿足一切菩薩願하야 行菩薩行하며

依止無量菩提心하야 行菩薩行하며

依止一切佛菩提하야 行菩薩行이 是爲十이니

菩薩이 依此行菩薩行이니라

불자여, 보살마하살이 열 가지의 의지가 있어 보살들이 이를 의지하여 보살의 행을 행하였다.

무엇이 열 가지 의지인가?

이른바 일체 부처님께 공양함을 의지하여 보살의 행을 행하며,

일체중생의 조복을 의지하여 보살의 행을 행하며,

일체 선지식을 친근함을 의지하여 보살의 행을 행하며,

일체 선근을 쌓아 모음을 의지하여 보살의 행을 행하며,

일체 부처의 국토를 장엄 청정함을 의지하여 보살의 행을 행하며,

일체중생을 버리지 않음을 의지하여 보살의 행을 행하며,

일체 바라밀다에 깊이 들어감을 의지하여 보살의 행을 행하며,

일체 보살의 서원을 만족함을 의지하여 보살의 행을 행하며,

한량없는 보리심을 의지하여 보살의 행을 행하며,

일체 부처의 보리를 의지하여 보살의 행을 행함이다.

이것이 열 가지 의지이다.

보살이 이를 의지하여 보살의 행을 행하는 것이다.

◉ 疏 ◉

第二十種依止는 明饒益位中行이라

上明證入하고 今託良緣이니 偏依此十이라야 方能饒益이니 非但依戒니 況戒有攝善하니 何所不具리오【鈔_ 非但依戒者는 阿難四問에 佛 令依戒爲師니 彼 以戒爲饒益이니 卽是依止之義라】

(2) '열 가지 의지'는 饒益行 부분의 행을 밝혔다.

위에서는 증득하여 들어감을 밝혔고, 여기에서는 좋은 인연에 의탁하였다. 이 10가지를 두루 의지해야 비로소 도움이 되는 것이다. 다만 계율을 의지할 뿐이 아니다. 하물며 계율은 선을 받아들임이 있다. 어찌 갖추지 않은 바가 있겠는가.【초_ "다만 계율을 의지할 뿐이 아니다."는 것은 아난의 4가지 물음에 대해 부처님이 아난으로 하여금 계율을 의지하여 스승을 삼으라 하였다. 저기에서

는 계율로써 도움을 삼으니 이는 의지의 의의이다.】

經

佛子여 菩薩摩訶薩이 有十種發無畏心하니
何等이 爲十고
所謂滅一切障礙業하야 發無畏心하며
於佛滅後에 護持正法하야 發無畏心하며
降伏一切魔하야 發無畏心하며
不惜身命하야 發無畏心하며
摧破一切外道邪論하야 發無畏心하며
令一切衆生歡喜하야 發無畏心하며
令一切衆會로 皆悉歡喜하야 發無畏心하며
調伏一切天龍夜叉乾闥婆阿修羅迦樓羅緊那羅摩睺羅伽하야 發無畏心하며
離二乘地하고 入甚深法하야 發無畏心하며
於不可說不可說劫에 行菩薩行호대 心無疲厭하야 發無畏心이 是爲十이니
若諸菩薩이 安住此法하면 則得如來無上大智無所畏心이니라

　　불자여, 보살마하살이 열 가지의 두려움 없는 마음을 지니고 있다.
　　무엇이 열 가지의 두려움 없는 마음인가?

이른바 일체 장애의 업을 없애는 데 두려움 없는 마음을 내며,

부처님 열반 후에 바른 법을 보호하고 지니는 데 두려움 없는 마음을 내며,

일체 마군을 항복 받는 데 두려움 없는 마음을 내며,

몸과 목숨을 아끼지 않는 데 두려움 없는 마음을 내며,

일체 외도의 삿된 논리를 깨뜨리는 데 두려움 없는 마음을 내며,

일체중생을 기쁘게 하는 데 두려움 없는 마음을 내며,

일체 대중법회를 모두 기쁘게 하는 데 두려움 없는 마음을 내며,

일체 하늘, 용, 야차, 건달바, 아수라, 가루라, 긴나라, 마후라가를 조복하는 데 두려움 없는 마음을 내며,

이승의 지위를 떠나서 깊은 법에 들어가는 데 두려움 없는 마음을 내며,

말할 수 없이 말할 수 없는 겁에 보살의 행을 행하되 고달픈 마음이 없는 데 두려움 없는 마음을 냄이다.

이것이 열 가지의 두려움 없는 마음이다.

만약 보살들이 이 법에 편안히 머물면 여래의 위없는 큰 지혜의 두려움 없는 마음을 얻는다.

● 疏 ●

第三 十種無畏는 卽無違逆位中行이니 由依菩薩止善하야 則於十難作能作과 難忍能忍에 爲發無畏心이라

一은 障礙難滅이오 二는 遺法難護오 三은 惡魔難降이오 四는 身命難

捨오 五는 外道難摧오 六은 物心難稱이오 七은 大衆難喜오 八은 八部難調오 九는 下乘難離오 十은 上行難修니 於此十難에 皆無所畏어니 豈畏衆生相惱害耶아【鈔_ '豈畏衆'者는 以無違逆行은 多約耐怨害故니라】

(3) '열 가지의 두려움 없는 것'은 無違逆行 부분의 행을 밝혔다.

보살의 止善에 의지함을 따라 10가지 행하기 어려운 일을 잘 하는 것과 참기 어려운 일을 잘 참는 데에 두려움 없는 마음을 일으키는 것이다.

① 장애는 없애기 어렵고,

② 남기신 법은 수호하기 어려우며,

③ 사악한 마군은 항복 받기 어렵고,

④ 목숨은 버리기 어려우며,

⑤ 외도는 꺾기 어렵고,

⑥ 중생의 마음은 맞추기 어려우며,

⑦ 대중은 기쁘게 하기 어렵고,

⑧ 八部神衆은 조복하기 어려우며,

⑨ 아래의 이승은 여의기 어렵고,

⑩ 위의 보살행은 닦기 어렵다.

이 10가지 행하기 어려운 일에 모두 두려워하는 마음이 없는데, 어찌 중생이 서로 괴롭힘을 두려워하겠는가.【초_ "어찌 중생이 서로 괴롭힘을 두려워하겠는가."라는 것은 無違逆行은 대부분 원수의 해를 감내하는 것으로 말하기 때문이다.】

佛子여 菩薩摩訶薩이 發十種無疑心하야 於一切佛法에 心無疑惑하나니

何等이 爲十고

所謂菩薩摩訶薩이 發如是心호대 我當以布施로 攝一切衆生하며 以戒忍精進禪定智慧慈悲喜捨로 攝一切衆生이라하야 發此心時에 決定無疑니 若生疑心하면 無有是處 是爲第一發無疑心이오

菩薩摩訶薩이 又作是念호대 未來諸佛이 出興于世어든 我當一切로 承事供養이라하야 發此心時에 決定無疑니 若生疑心하면 無有是處 是爲第二發無疑心이오

菩薩摩訶薩이 又作是念호대 我當以種種奇妙光明網으로 周徧莊嚴一切世界라하야 發此心時에 決定無疑니 若生疑心하면 無有是處 是爲第三發無疑心이오

菩薩摩訶薩이 又作是念호대 我當盡未來劫토록 修菩薩行호대 無數無量無邊無等과 不可數不可稱不可思不可量不可說과 不可說不可說로 過諸算數하는 究竟法界虛空界一切衆生을 我當悉以無上敎化調伏法으로 而成熟之라하야 發此心時에 決定無疑니 若生疑心하면 無有是處 是爲第四發無疑心이오

菩薩摩訶薩이 又作是念호대 我當修菩薩行하야 滿大誓願하고 具一切智하야 安住其中이라하야 發此心時에 決定

無疑니 若生疑心하면 無有是處 是爲第五發無疑心이오
菩薩摩訶薩이 又作是念호대 我當普爲一切世間하야 行菩薩行호대 爲一切法淸淨光明하야 照明一切所有佛法이라하야 發此心時에 決定無疑니 若生疑心하면 無有是處 是爲第六發無疑心이오
菩薩摩訶薩이 又作是念호대 我當知一切法이 皆是佛法하고 隨衆生心하야 爲其演說하야 悉令開悟라하야 發此心時에 決定無疑니 若生疑心하면 無有是處 是爲第七發無疑心이오
菩薩摩訶薩이 又作是念호대 我當於一切法에 得無障礙門하야 知一切障礙 不可得故로 其心이 如是無有疑惑하야 住眞實性하며 乃至成於阿耨多羅三藐三菩提라하야 發此心時에 決定無疑니 若生疑心하면 無有是處 是爲第八發無疑心이오
菩薩摩訶薩이 又作是念호대 我當知一切法이 莫不皆是出世間法하야 遠離一切妄想顚倒하고 以一莊嚴으로 而自莊嚴호대 而無所莊嚴하야 於此自了오 不由他悟라하야 發此心時에 決定無疑니 若生疑心하면 無有是處 是爲第九發無疑心이오
菩薩摩訶薩이 又作是念호대 我當於一切法에 成最正覺이니 離一切妄想顚倒故며 得一念相應智故며 若一若異를 不可得故며 離一切數故며 究竟無爲故며 離一切言說

故며 住不可說境界際故라하야 發此心時에 決定無疑니
若生疑心하면 無有是處 是爲第十發無疑心이니
若諸菩薩이 安住此法하면 則於一切佛法에 心無所疑니라

불자여, 보살마하살이 열 가지 의심 없는 마음을 내어, 모든 불법에 의혹이 없다.

무엇이 열 가지 의심 없는 마음인가?

이른바 보살마하살이 이런 생각을 한다.

'나는 마땅히 보시로 일체중생을 거두어 주고, 계율과 인욕과 정진과 선정과 지혜와 사랑함과 어여삐 여김과 기뻐함과 버림으로써 일체중생을 거두어 주리라.'

이런 마음을 낼 적에 결코 의심이 없다. 만약 의심을 내면 이는 옳지 않은 일이다.

이것이 첫째 의심 없는 마음을 일으킴이다.

보살마하살이 또 이런 생각을 한다.

'미래의 부처님이 세상에 나오시면, 나는 모두 받들어 섬기며 공양하리라.'

이런 마음을 낼 적에 결코 의심이 없다. 만약 의심을 내면 이는 옳지 않은 일이다.

이것이 둘째 의심 없는 마음을 일으킴이다.

보살마하살이 또 이런 생각을 한다.

'나는 마땅히 가지가지 기묘한 광명 그물로 일체 세계를 두루 장엄하리라.'

이런 마음을 낼 적에 결코 의심이 없다. 만약 의심을 내면 이는 옳지 않은 일이다.

이것이 셋째 의심 없는 마음을 일으킴이다.

보살마하살이 또 이런 생각을 한다.

'나는 마땅히 미래 겁이 다하도록 보살의 행을 닦되, 수없고 한량없고 그지없고 같을 이 없고 수가 없고 일컬을 수 없고 생각할 수 없고 헤아릴 수 없고 말할 수 없고 말할 수 없이 말할 수 없어, 모든 셈법을 초월한 마지막 법계와 허공계의 일체중생을 나는 마땅히 위없이 교화하고 조복하는 법으로써 그들을 성숙시키리라.'

이런 마음을 낼 적에 결코 의심이 없다. 만약 의심을 내면 이는 옳지 않은 일이다.

이것이 넷째 의심 없는 마음을 일으킴이다.

보살마하살이 또 이런 생각을 한다.

'나는 마땅히 보살의 행을 닦아 큰 서원을 원만하게 성취하고 일체 지혜를 갖추어 그 가운데 편안히 머무르리라.'

이런 마음을 낼 적에 결코 의심이 없다. 만약 의심을 내면 이는 옳지 않은 일이다.

이것이 다섯째 의심 없는 마음을 일으킴이다.

보살마하살이 또 이런 생각을 한다.

'나는 마땅히 널리 일체 세간을 위하여 보살의 행을 행하되, 일체 법의 청정한 광명이 되어 일체 부처님 법을 비추어 밝히리라.'

이런 마음을 낼 적에 결코 의심이 없다. 만약 의심을 내면 이는 옳지 않은 일이다.

이것이 여섯째 의심 없는 마음을 일으킴이다.

보살마하살이 또 이런 생각을 한다.

'나는 마땅히 일체 법이 모두 부처님 법임을 알고, 중생의 마음을 따라 그들을 위해 연설하여 모두 깨닫게 하리라.'

이런 마음을 낼 적에 결코 의심이 없다. 만약 의심을 내면 이는 옳지 않은 일이다.

이것이 일곱째 의심 없는 마음을 일으킴이다.

보살마하살이 또 이런 생각을 한다.

'나는 마땅히 일체 법에 장애 없는 문을 얻어, 일체 장애를 찾을 수 없음을 알기 때문에 그 마음이 이와 같이 의혹이 없어 진실한 성품에 머물며, 내지 아뇩다라삼먁삼보리를 이루리라.'

이런 마음을 낼 적에 결코 의심이 없다. 만약 의심을 내면 이는 옳지 않은 일이다.

이것이 여덟째 의심 없는 마음을 일으킴이다.

보살마하살이 또 이런 생각을 한다.

'나는 마땅히 일체 법이 모두 출세간의 법 아닌 게 없음을 알고서 일체 전도망상을 멀리 여의고, 하나의 장엄으로 스스로 장엄하되 장엄한 바 없으며, 이를 나의 힘으로 깨달을 뿐, 다른 이의 도움으로 깨달음을 얻지 않으리라.'

이런 마음을 낼 적에 결코 의심이 없다. 만약 의심을 내면 이는 옳지 않은 일이다.

이것이 아홉째 의심 없는 마음을 일으킴이다.

보살마하살이 또 이런 생각을 한다.

'나는 마땅히 일체 법에 가장 바른 깨달음을 이루리라. 일체 전도망상을 여의기 때문이며, 한 생각에 상응하는 지혜를 얻기 때문이며, 하나라는 것과 다르다는 것을 얻을 수 없기 때문이며, 모든 수효를 여의기 때문이며, 끝까지 작위가 없기 때문이며, 모든 말을 여의기 때문이며, 말할 수 없는 경계의 자리에 머무르기 때문이다.'

이런 마음을 낼 적에 결코 의심이 없다. 만약 의심을 내면 이는 옳지 않은 일이다.

이것이 열째 의심 없는 마음을 일으킴이다.

만약 보살들이 이 법에 편안히 머물면 일체 불법에 의심하는 마음이 없을 것이다.

● 疏 ●

第四'發無疑心'下 二門은 明無屈撓位中行이라

於中 此門은 由前於難無懼일새 故於十所作에 決志無疑니 卽被甲精進中行이오 後門攝善之行이니 利樂은 徧在二門이라

今初十中에 一은 十度攝生이오 二는 事佛供佛이오 三은 光明嚴刹이오 四는 長時調熟이오 五는 具一切智오 六은 作世明燈이오 七은 說法開悟오 八은 滅障成佛이오 九는 離妄自覺이오 十은 決成菩提니 於此十事에 發誓要期라 故名被甲이니라

(4) '의심 없는 마음을 일으킴' 이하의 2문은 無屈撓行 부분의

행을 밝혔다.

그 가운데 이의 법문은 앞의 어려움에 대한 두려운 마음이 없음을 연유하여, 10가지 하는 일에 결정된 의지로 의심이 없다. 이는 被甲精進 부분의 수행이다.

뒤의 문은 착한 법을 행하는[攝善法] 것이다.

이익과 즐거움은 2문에 모두 두루 있다.

이의 첫 문의 10가지 일은 다음과 같다.

① 십바라밀로 중생을 거둬준다.

② 부처님을 섬기고 부처님에게 공양을 올린다.

③ 광명으로 국토를 장엄한다.

④ 오랜 시간 조복하여 성숙시킨다.

⑤ 일체 지혜를 갖춘다.

⑥ 세간의 밝은 등불이 된다.

⑦ 설법으로 깨달음을 열어준다.

⑧ 장애를 없애어 부처를 이뤄준다.

⑨ 전도망상을 여의고서 스스로의 힘으로 깨닫는다.

⑩ 반드시 보리를 성취한다.

이 10가지 일에 맹세하여 반드시 성취를 다짐한 까닭에 그 이름을 힘차게 정진하는 被甲精進이라 말하였다.

經

佛子여 菩薩摩訶薩이 有十種不可思議하니

何等이 爲十고

所謂一切善根이 不可思議며

一切誓願이 不可思議며

知一切法如幻이 不可思議며

發菩提心하야 修菩薩行호대 善根不失하야 無所分別이 不可思議며

雖深入一切法이나 亦不取滅度니 以一切願을 未成滿故 不可思議며

修菩薩道호대 而示現降神과 入胎誕生과 出家苦行과 往詣道場과 降伏衆魔와 成最正覺과 轉正法輪과 入般涅槃하야 神變自在하야 無有休息하야 不捨悲願하고 救護衆生이 不可思議며

雖能示現如來十力의 神變自在나 而亦不捨等法界心하고 教化衆生이 不可思議며

　불자여, 보살마하살이 열 가지 불가사의가 있다.

　무엇이 열 가지 불가사의인가?

　이른바 일체 선근이 불가사의이며,

　일체 서원이 불가사의이며,

　일체 법이 요술과 같음을 앎이 불가사의이며,

　보리심을 내어 보살의 행을 닦되 선근을 잃지 않고 분별하는 마음이 없음이 불가사의이며,

　비록 일체 법에 들어가지만 열반을 취하지 않는다. 일체 서원

을 원만하게 성취하지 못한 까닭이 불가사의이며,

　　보살의 도를 닦으면서도 도솔천에서 내려옴과 모태에 들어가고 탄생함과 출가하고 고행함과 도량에 나아감과 마군을 항복 받음과 가장 바른 깨달음을 성취함과 바른 법륜을 굴림과 반열반에 듦과 신통변화가 자유자재하여 쉬지 않고서 자비와 서원을 버리지 않고 중생을 구제하고 보호함이 불가사의이며,

　　비록 여래의 열 가지 힘의 신통변화가 자재함을 나타내면서도 또한 법계와 같은 마음을 버리지 않고 중생을 교화함이 불가사의이며,

◉ 疏 ◉

二ᆞ 十種不思議는 卽所攝之善이니 由決志無疑일새 故所爲難測이라

十中에 初三은 單約善根ᆞ願ᆞ智 稱性일새 名不思議오 餘七은 權實 雙運일새 故不思議니라

於中에 前四는 約行이오 後三은 約智니 智는 約內明이오 行은 就外相이라

前中에 四는 涉有而一道淸淨이오 五는 悟空而萬行沸騰이오 六은 修因而八相果成이오 七은 現果而大用不捨니 皆難思也니라

　　둘째, '열 가지 불가사의'는 바로 행해야 할 착한 법이다. 결정된 굳건한 의지로 의심이 없음에 따라서 그 하는 일들을 헤아리기 어렵다.

10가지 불가사의 가운데 앞의 3가지는 선근, 서원, 지혜가 본성에 걸맞은 부분만을 들어 말한 까닭에 그 이름을 불가사의라 하였고, 나머지 7가지는 방편의 權敎와 진리의 實敎를 모두 운용한 까닭에 불가사의하다.

나머지 7가지 가운데 앞의 4가지는 行으로 말하였고, 뒤의 3가지는 지혜로 말하였다. 지혜는 내면의 밝음으로 말한 것이고, 行은 바깥의 모양으로 말한 것이다.

앞의 4가지 가운데 제4 불가사의는 有에 관련되면서도 하나의 도가 청정하고, 제5 불가사의는 空을 깨달으면서도 萬行이 비등하고, 제6 불가사의는 因行을 닦되 八相成道의 결과를 성취하고, 제7 불가사의는 팔상성도의 결과를 나타내면서도 큰 작용을 버리지 않은 것이다. 이는 모두 불가사의하다.

經

知一切法이 無相是相이오 相是無相이며 無分別이 是分別이오 分別이 是無分別이며 非有是有오 有是非有며 無作是作이오 作是無作이며 非說是說이오 說是非說이 不可思議며

일체 법의 모양 없는 것이 모양이고 모양이 모양 없는 것이며,
분별없는 것이 분별이고 분별이 분별없는 것이며,
있지 않은 것이 있는 것이고 있는 것이 있지 않은 것이며,
하는 일이 없는 것이 하는 일이고 하는 일이 하는 일이 없는 것

이며,

　말이 아닌 것이 말하는 것이고 말하는 것이 말 아닌 것이 불가사의이며,

◉ 疏 ◉

後三中에 八은 二諦 相卽이오 九는 三事 融而不融이오 十은 權實 卽而不卽이라

八中에 十句五對니 一은 境이오 二는 心이오 三은 通一切오 四는 約修起오 五는 卽名言이라

亦卽五法이니 一은 相이오 二는 妄想이오 三은 如如오 四는 正智오 五는 名이라

然各有二意하니

一은 直就法體니 無相은 是眞이오 相은 卽是俗이라 常互相卽하나니 下四도 例然이라

二는 約迷悟五對니 大同小異니

謂一은 迷如無相하야 以成於相이니 悟相無相이 卽是如如오

二는 迷於正智無分別하야 卽成妄想分別이니 悟妄分別이 卽正智無分別이오

三은 了如非有면 眞有如如어니와 若執有如면 則非如有오

四는 智若無作이면 是作正智어니와 若有所作이면 非作正智오

五는 知名非說이면 是眞說名이어니와 謂名有說이면 非是說名이라

　뒤의 3가지 가운데 제8 불가사의는 眞諦와 俗諦가 서로 하나

가 됨이며,

　제9 불가사의는 心·佛·衆生 3가지 일이 원융하면서도 원융하지 않음이며,

　제10 불가사의는 방편의 권교와 진리의 실교가 하나이면서도 하나가 아니다.

　제8 불가사의 가운데 10구는 5대구이다.

　① '無相·相'은 경계이며,

　② '無分別·分別'은 마음이며,

　③ '非有·有'는 일체에 통하며,

　④ '無作·作'은 전체 닦아 일으키는 것으로 말하며,

　⑤ '非說·說'은 명칭과 언설이다.

　이 또한 5가지 법이다.

　① 모양이며,

　② 망상이며,

　③ 여여이며,

　④ 바른 지혜이며,

　⑤ 명칭이다.

　그러나 여기에는 각각 2가지 뜻이 있다.

　① 바로 法體의 입장에서 말한다. 모양이 없는 것은 眞諦이고, 모양은 곧 俗諦이다. 이는 언제나 서로 하나이다. 아래 4대구의 예도 그와 같다.

　② 혼미와 깨달음 5대구로 말한다. 大同小異하는 바 다음과

같다.

　㉠ 모양이 없는 진여를 알지 못하여 모양을 형성함이다. 현실의 모양이 모양이 없는 진여임을 깨달음이 바로 如如이다.

　㉡ 분별하는 마음이 없는 바른 지혜를 알지 못하여 망상분별을 형성함이다. 망상분별을 깨달음이 바로 분별하는 마음이 없는 바른 지혜이다.

　㉢ 있지 않은 진여를 알면 참답게 있는 것으로 여여하지만, 만약 진여가 있다고 집착하면 곧 진여의 有가 아니다.

　㉣ 억지의 작위가 없는 지혜라면 바른 지혜이지만, 만약 작위가 있다면 그것은 바른 지혜로 하는 일이 아니다.

　㉤ 이름의 말이 아닌 존재를 알면 진실하게 이름을 말할 수 있지만, 이름에 따른 말이 있다고 하면 그것은 이름의 본지를 말한 게 아니다.

經

知心與菩提等하며 知菩提與心等하며 心及菩提 與衆生 等호대 亦不生心顚倒와 想顚倒와 見顚倒 不可思議며

　마음이 보리와 평등함을 알고 보리가 마음과 평등함을 알며, 마음과 보리가 중생으로 더불어 평등함을 알지만, 마음의 전도, 생각의 전도, 소견의 전도를 내지 않음이 불가사의이며,

◉ 疏 ◉

九中에 初는 融三事오 後亦不下는 顯離融相을 名爲不融이라

三事는 卽心·佛·衆生이 皆無差別이니 如覺林偈라【鈔_ 九中初融三事는 心·佛·衆生이 三無差故오 後離融相일새 故科云'不融'이라 就不融中에 有二하니 一은 不壞相이오 二는 離融相이라 離融相은 約理면 無可融이오 約心이면 無想念故로 不壞相은 約本自融을 不可融故일세니라 從三事下는 指文引證이라】

제9 불가사의 가운데 첫 부분에서는 3가지 일을 융합하였고, 뒤의 '亦不生' 이하는 융합의 모양에서 벗어남을 이름하여 융합이 아님을 밝힌 것이다.

'3가지 일'이란 마음, 부처, 중생이 모두 차별이 없는 것으로, 이는 제20 야마천궁게찬품의 각림보살 게송에서 말한 바와 같다. 【초_ "제9 불가사의 가운데 첫 부분에서는 3가지 일을 융합하였다."는 것은 마음, 부처, 중생 3가지에 차이가 없기 때문이며, 뒤에서는 융합의 모양을 여읜 까닭에 科判에서 "융합이 아니다."고 말한 것이다.

융합이 아닌 부분에는 2가지 뜻이 있다.

① 모양을 무너뜨리지 않음이며,

② 융합의 모양을 여읜 것이다.

융합의 모양을 여읜 것은 근본진리로 말하면 융합할 자체가 없고, 마음으로 말하면 생각이 없기 때문에 모양을 무너뜨리지 않음은 근본 자체의 융합을 더 이상 융합할 게 없기 때문이다.

'三事' 이하는 경문의 뜻을 인용, 증명한 것이다.】

經
於念念中에 入滅盡定하야 盡一切漏호대 而不證實際하고 亦不盡有漏善根하며 雖知一切法이 無漏나 而知漏盡하고 亦知漏滅하며 雖知佛法이 卽世間法이오 世間法이 卽佛法이나 而不於佛法中에 分別世間法하고 不於世間法中에 分別佛法하나니 一切諸法이 悉入法界호대 無所入故며 知一切法이 皆無二無變易故니 是爲第十不可思議니라

佛子여 是爲菩薩摩訶薩의 十種不可思議니 若諸菩薩이 安住其中하면 則得一切諸佛의 無上不可思議法이니라

생각 생각마다 멸진정에 들어가 모든 번뇌를 다하지만, 진실한 경계를 증득하지도 않고, 또한 유루의 선근을 다하지도 않으며,

비록 일체 법이 번뇌가 없는 줄 알지만, 번뇌가 다함을 알고 번뇌가 사라짐도 알며,

비록 부처의 법이 곧 세간의 법이고 세간의 법이 곧 부처의 법인 줄을 알지만, 부처의 법 가운데서 세간의 법을 분별하지도 않고 세간의 법 가운데서 부처의 법을 분별하지도 않는다.

일체 모든 법이 모두 법계에 들어가되 들어간 바 없기 때문이며, 일체 법이 모두 둘도 없고 변함도 없음을 알기 때문이다.

이것이 열째 불가사의이다.

불자여, 이를 보살마하살의 열 가지 불가사의라 한다.

만약 보살들이 이 가운데 편안히 머물면 일체 부처의 위없는 불가사의한 법을 얻을 것이다.

◉ 疏 ◉

十中三句에 初는 明盡而不盡이니 此約斷時以明體用이오

二는 無而不無니 此將法性對斷하야 以明體用이니 二句雖殊나 俱是權實雙行이오

三雖知佛法下는 明卽而不卽이니 於中에 初는 正明이오 後一切諸法下는 釋成上義니 悉入法界일새 故說相卽하고 無所入故로 不應世中에 分別佛法等이니 謂以當法自虛일새 故名相卽이오 非世間中에 佛法可得이라 下重釋云 知一切法이 皆無二故로 不得二中互求오 無變易故로 亦非世法作彼佛法이니 思之어다

10구 가운데 앞의 3구에서 제1구는 번뇌가 다했지만 다하지 않음을 밝혔다. 이는 번뇌를 끊은 시간을 들어서 본체와 작용을 밝힌 것이다.

제2구는 번뇌가 없지만 없지 않음을 밝혔다. 이는 법성의 對斷을 들어서 본체와 작용을 밝힌 것이다. 2구는 비록 다르나 모두 방편의 권교와 근본의 실교를 모두 행함이다.

제3구 '雖知佛法' 이하는 불법과 세간법이 하나이면서도 하나가 아님을 밝혔다.

그 가운데 제1구는 正說로 밝혔고,

뒤의 '一切諸法' 이하는 위의 의의를 해석하여 끝맺었다. 모두 법계에 들어가는 까닭에 서로 하나가 됨을 말하고, 들어가는 바가 없기 때문에 당연히 세간의 법 가운데서 불법을 분별하지 않는다는 등이다. 해당 법의 그 자체가 공허한 까닭에 그 이름을 '서로 하나[相卽]'라 말한 것이지, 세간법에서 불법을 얻을 수 있다는 것은 아니다.

아래에 거듭 해석하여 말하였다.

"일체 법이 모두 둘이 없는 까닭에 둘의 속에서 서로 구하지 못하며, 변함이 없기 때문에 또한 세간법으로 불법을 지을 수 있는 게 아님을 알 수 있다. 이런 점을 생각해야 한다."

經

佛子여 菩薩摩訶薩이 有十種巧密語하니
何等이 爲十고
所謂於一切佛經中에 巧密語와
於一切受生處에 巧密語와
於一切菩薩神通變現成等正覺에 巧密語와
於一切衆生業報에 巧密語와
於一切衆生所起染淨에 巧密語와
於一切法究竟無障礙門에 巧密語와
於一切虛空界一一方處에 悉有世界호대 或成或壞하야 間無空處한 巧密語와

於一切法界一切十方과 乃至微細處에 悉有如來 示現初生으로 乃至成佛入般涅槃하야 充滿法界를 悉分別見하는 巧密語와
見一切衆生의 平等涅槃은 無變易故며 而不捨大願은 以一切智願이 未得圓滿하야 令滿足故인 巧密語와
雖知一切法이 不由他悟나 而不捨離諸善知識하야 於如來所에 轉加尊敬하며 與善知識으로 和合無二하야 於諸善根에 修習種植하고 廻向安住하야 同一所作이며 同一體性이며 同一出離며 同一成就인 巧密語 是爲十이니
若諸菩薩이 安住其中하면 則得如來無上善巧微密語니라

불자여, 보살마하살이 열 가지 교묘하고 비밀스러운 말이 있다.

무엇이 열 가지 교묘하고 비밀스러운 말인가?

이른바 일체 불경 가운데 교묘하고 비밀스러운 말,

일체 태어나는 곳에 교묘하고 비밀스러운 말,

일체 보살의 신통변화와 정등각을 이루는 데 교묘하고 비밀스러운 말,

일체중생의 업보에 교묘하고 비밀스러운 말,

일체중생이 물들고 청정함을 일으키는 데 교묘하고 비밀스러운 말,

일체 법이 끝까지 장애가 없는 문에 교묘하고 비밀스러운 말,

일체 허공계의 하나하나 모든 곳에 모두 세계가 있되 이뤄지기도 하고, 무너지기도 하여 빈 곳이 없는 데 교묘하고 비밀스러운 말,

일체 법계의 일체 시방, 내지 미세한 곳에 모두 여래가 있어 처음 탄생함으로부터 부처를 이루고 반열반에 들어감을 보이는 것까지 법계에 가득함을 다 분별하여 보는 교묘하고 비밀스러운 말,

일체중생이 평등한 열반을 보는 것은 변하여 바뀜이 없기 때문이며, 큰 서원을 버리지 않음은 일체 지혜의 서원이 원만하지 못한 이를 만족케 하려는 교묘하고 비밀스러운 말,

비록 일체 법을 다른 이의 도움에 의해 깨달은 것이 아닌 줄 알지만, 선지식을 버리지 않고서 여래를 더욱 존경하며, 선지식과 화합하여 둘이 없으며, 모든 선근을 닦아 모으고 심으며, 회향하고 편안히 머물면서 하는 일이 똑같고 체성이 똑같으며, 세간을 벗어남이 똑같고 성취함이 똑같은 교묘하고 비밀스러운 말이다.

이것이 열 가지 교묘하고 비밀스러운 말이다.

만약 보살들이 이 가운데 편안히 머물면 여래의 위없는 교묘하고 비밀스러운 말을 얻는다.

● 疏 ●

第五十種巧密語下 六門은 明無癡亂中行이라
於中三이니 初 二門은 卽無癡之行이오 次 二門은 明無亂之行이오
後 二門은 雙明二門 引生功德이니 雖癡亂有通이나 今從別說이라
又此三段이 卽是三禪이니 初는 卽饒益有情禪이오 二는 卽正法樂
住禪이오 三은 卽引生功德禪이라
今初二門中에 初門은 不愚巧密之言이오 後門은 不愚善巧之智라

255

今은 初라 前旣明內行일새 今辨外言이니 彼行文云 '以正念故로 善解世間一切言說하고 能持出世諸法言說等이라'

皆言'密語'者는 汎明有五니

一은 說深密法故니 如出現品에 '名如來密藏'等이오.

二는 一言說一切法故니 上云 '如來 於一語言中'等이며 亦如仙陀 四實과 九義瞿聲等이오.

三은 近而不聞이니 如身子在座에 遠而無隔은 如目連尋聲'等이오.

四는 言近意遠은 如說三乘爲究竟等이오 言遠意近은 如說寒時得火 名涅槃等이니 此意 亦名隱實說權이오.

五는 以異言說異法이니 如覺不堅爲堅等이라【鈔_ 亦如仙陀'者는 謂鹽·水·器·馬니 前已廣釋이오.

九義瞿聲은 卽俱舍論云 '方·獸·地·光·言·金剛·眼·天·水니 於斯九種事에 智者 立瞿聲'에 唯金剛二字一義오 餘八各一'이라

'如說寒得火'等은 卽涅槃經이라】

(5) '열 가지 교묘하고 비밀스러운 말' 이하 6문은 無痴亂行 부분의 행을 밝혔다.

6문은 3단락이다.

(ㄱ) 2문은 어리석음이 없는 행이고,

(ㄴ) 다음 2문은 산란함이 없는 행을 밝혔으며,

(ㄷ) 뒤의 2문은 위의 2문이 공덕을 이끌어냄을 모두 들어 밝히고 있다. 비록 어리석음과 산란함에 모두 통하지만, 여기에서는 개별로 말하고자 한다.

또한 이 3단락이 바로 3가지 선정이다.

㈀은 유정에게 도움이 되는 선정[饒益有情禪]이며,

㈁은 바른 법에 기꺼이 머무는 선정[正法樂住禪]이며,

㈂은 공덕을 이끌어내는 선정[引生功德禪]이다.

'㈀ 2문' 가운데 첫째 문은 어리석지 않은 교묘하고 비밀스러운 말이며, 둘째 문은 어리석지 않은 뛰어난 지혜이다.

이는 첫째 문이다. 앞에서 이미 내면의 행을 밝혔기에 여기에서는 외적인 언어를 말한 것이다. 앞의 행을 밝힌 부분에서 "바른 생각 때문에 세간의 일체 언어와 설명을 잘 이해하고 출세간의 모든 법에 관한 언어와 설명 등을 잘 지닌다."고 말하였다.

모두 '비밀스러운 말[密語]'이라 말한 데에는 뭉뚱그려 5가지 뜻이 있다.

① 심오하고 비밀스러운 법을 말하기 때문이다. 제37 여래출현품에서는 '如來密藏'이라 명명한 등이다.

② 하나의 말에 일체 법을 말하기 때문이다. 위의 경문에서 이르기를, "여래가 한 마디의 말 속" 등이며, 또한 仙陀라는 한 마디에 4가지의 실상이 있음과 9가지의 뜻을 지닌 瞿聲 등과 같다.

③ 가까이 있으면서도 그 말을 듣지 못함이다. 예컨대 사리불이 법좌에 있을 적에 멀리 떨어진 곳의 소리를 막힘없이 들었던 것은 목련존자가 음성을 찾아갔던 일 따위와 같다.

④ 말한 것은 비근하지만 뜻이 원대함은 '삼승이 究竟'이라 말한 따위이며, 말한 바는 원대하지만 뜻이 비근한 것은 "추위에 떨

적에 따뜻한 불을 얻은 것을 열반이라고 말한다." 등이다. 이런 뜻 또한 그 이름을 "진리의 실상을 보이지 않고 방편으로 말함"이라 한다.

⑤ 다른 말로써 다른 법을 말함이다. "단단하지 못한 것이 단단함을 깨닫는다." 등이다.【초_ "또한 仙陀와 같다."는 것은 '선타' 한 마디에 소금, 물, 그릇, 말 4가지의 뜻이 있음을 말한다. 이는 앞에서 이미 자세히 해석하였다.

"9가지의 뜻을 지닌 瞿聲"은 구사론에서 다음과 같이 말하였다.

"모남[方], 짐승[獸], 땅[地], 광명[光], 언어[言], 金剛, 안목[眼], 하늘[天], 물[水]이라는 뜻이다."

이런 9가지의 일에 대해 지혜로운 이는 '瞿'聲에 오직 '金剛' 2글자만 하나의 뜻으로 나타냈고, 나머지 8가지는 모두 각기 하나의 글자로 나타냈다.

"추위에 떨 적에 따뜻한 불을 얻은 것을 열반이라고 말한다." 등은 열반경에서 말한 고사이다.】

文中十句에 初一은 具五니 以是總故오 一切敎故니라
次二는 含二意니 謂示而謂實故니 卽第四意니 此二는 皆是深密之法이니 卽第一意라
餘는 通前二오 或竝兼五니 可以意得니라

경문의 10구 가운데 제1구는 5가지의 뜻을 갖추고 있다. 이는 총체이기 때문이며, 일체 가르침이기 때문이다.

다음 2구는 2가지 뜻을 포함하고 있다. 보여줌이라 말하고, 실

상이라 말하기 때문이다. 이는 곧 "④ 말한 것은 비근하지만…"의 뜻이며, 이 2가지가 모두 심오하고 비밀스러운 법이니, 곧 "① 심오하고 비밀스러운 법"이다.

나머지는 앞의 2가지와 통하거나 혹은 아울러 5가지를 모두 겸하고 있다. 이는 생각하면 알 수 있다.

經

佛子여 菩薩摩訶薩이 有十種巧分別智하니
何等이 爲十고
所謂入一切刹巧分別智와
入一切衆生處巧分別智와
入一切衆生心行巧分別智와
入一切衆生根巧分別智와
入一切衆生業報巧分別智와
入一切聲聞行巧分別智와
入一切獨覺行巧分別智와
入一切菩薩行巧分別智와
入一切世間法巧分別智와
入一切佛法巧分別智 是爲十이니
若諸菩薩이 安住其中하면 則得一切諸佛의 無上善巧分別諸法智니라

불자여, 보살마하살이 열 가지 뛰어나게 분별하는 지혜가 있다.

무엇이 열 가지 뛰어나게 분별하는 지혜인가?

이른바 일체 세계에 들어가는 뛰어나게 분별하는 지혜,

일체중생의 처소에 들어가는 뛰어나게 분별하는 지혜,

일체중생의 마음과 행에 들어가는 뛰어나게 분별하는 지혜,

일체중생의 근기에 들어가는 뛰어나게 분별하는 지혜,

일체중생의 업보에 들어가는 뛰어나게 분별하는 지혜,

일체 성문의 행에 들어가는 뛰어나게 분별하는 지혜,

일체 독각의 행에 들어가는 뛰어나게 분별하는 지혜,

일체 보살의 행에 들어가는 뛰어나게 분별하는 지혜,

일체 세간법에 들어가는 뛰어나게 분별하는 지혜,

일체 불법에 들어가는 뛰어나게 분별하는 지혜이다.

이것이 열 가지 뛰어나게 분별하는 지혜이다.

만약 보살들이 이 가운데 편안히 머물면 일체 부처님의 위없이 뛰어나게 모든 법을 분별하는 지혜를 얻는다.

◉ 疏 ◉

二는 十種巧分別智니 外言旣密하고 內智又巧일새 故於利生에 無有癡闇이라 故彼文云 菩薩이 於善知識所에 聽聞正法이니 所謂 甚深法等이라하니 文義多同이라

十句니 可知니라

둘째, '열 가지 뛰어나게 분별하는 지혜'는 밖의 언어가 이미 정밀하고 내면의 지혜 또한 교묘한 까닭에 중생의 이익에 대해 어리

석음이 없다. 이 때문에 그 경문에 이르기를, "보살이 선지식의 처소에서 바른 법을 들나니 이른바 매우 심오한 법" 등이라 하니, 문장의 뜻이 대체로 같다.

　이의 경문은 10구이다. 설명하지 않아도 알 수 있다.

經

佛子여 菩薩摩訶薩이 有十種入三昧하니
何等이 爲十고
所謂於一切世界에 入三昧하며
於一切衆生身에 入三昧하며
於一切法에 入三昧하며
見一切佛하고 入三昧하며
住一切劫하야 入三昧하며
從三昧起하야 現不思議身入三昧하며
於一切佛身에 入三昧하며
覺悟一切衆生平等하야 入三昧하며
一念中에 入一切菩薩三昧智하야 入三昧하며
一念中에 以無礙智로 成就一切諸菩薩行願호대 無有休息하야 入三昧 是爲十이니
若諸菩薩이 安住其中하면 則得一切諸佛의 無上善巧三昧法이니라

　불자여, 보살마하살이 열 가지의 삼매에 들어감이 있다.

무엇이 열 가지의 삼매에 들어감인가?

이른바 일체 세계에서 삼매에 들어가고,

일체중생의 몸에서 삼매에 들어가며,

일체 법에서 삼매에 들어가고,

일체 부처님을 친견하고 삼매에 들어가며,

일체 겁에 머물면서 삼매에 들어가고,

삼매에서 일어나 불가사의한 몸을 나타내어 삼매에 들어가며,

일체 부처님 몸에서 삼매에 들어가고,

일체중생의 평등함을 깨달아 삼매에 들어가며,

한 생각의 찰나에 일체 보살의 삼매에 들어가는 지혜로 삼매에 들어가고,

한 생각의 찰나에 걸림 없는 지혜로 일체 보살의 행과 원을 성취하되 멈춤이 없이 삼매에 들어감이다.

이것이 열 가지의 삼매에 들어감이다.

만약 보살들이 이 가운데 편안히 머물면 일체 부처의 위없이 교묘한 삼매의 법을 얻는다.

● 疏 ●

第二 二門은 明無亂行이니 皆是定體라

於中에 初門은 明入三昧니 顯處等不同이오 後는 明徧入이니 則觸類皆徧이라

今은 初라 故彼文云 善入一切諸禪定門이라하니라

此中에 明十皆通一切이니 十中에 通辨은 緣斯十境하야 入定不同이오 別은 則十門各異니 而前五는 一重之事오 餘五는 涉入圓融이니 可知니라

九十은 皆卽一而多니 故彼行云 '一念中에 得無數三昧'라하니 但從多分하야 對前後說하야 判爲定體耳니 非此無用이라

㈁ 2문은 산란한 행이 없음을 밝혔다. 이는 모두 선정삼매의 본체이다.

2문 가운데 첫 법문은 삼매에 들어감을 밝힌 것으로, 처소 등이 똑같지 않음을 나타냈다. 둘째 문은 모든 곳에 두루 들어감을 밝힌 것으로, 유마다 모두 두루 들어감이다.

이는 첫째 문이다. 따라서 그 경문에 이르기를, "일체 모든 선정의 문에 잘 들어간다."고 하였다.

여기에서는 10구가 모두 일체에 통함을 밝혔다. 10구 가운데 이 10가지 경계를 반연하여 선정에 들어감이 똑같지 않은 것을 통틀어 논변하였고,

개별로는 10문이 각기 다르다. 앞의 5가지는 1중의 일이며, 나머지 5가지는 원융에 관련하여 들어감이다. 이는 설명하지 않아도 알 수 있다.

제9, 10구는 모두 하나와 하나가 된 많음을 말한다. 이 때문에 그 행에 이르기를, "한 생각의 찰나에 수없는 삼매를 얻는다."고 하니 다만 많은 부분에서 전후를 상대로 말하여 선정의 본체라고 판단했으나, 이는 쓸모없는 것이 아니다.

經

佛子여 菩薩摩訶薩이 有十種徧入하니

何等이 爲十고

所謂衆生徧入과

國土徧入과

世間種種相徧入과

火災徧入과

水災徧入과

佛徧入과

莊嚴徧入과

如來無邊功德身徧入과

一切種種說法徧入과

一切如來種種供養徧入이 是爲十이니

若諸菩薩이 安住其中하면 則得如來無上大智徧入法이니라

불자여, 보살마하살이 열 가지 두루 들어감이 있다.

무엇이 열 가지 두루 들어감인가?

이른바 중생에 두루 들어가고,

국토에 두루 들어가며,

세간의 가지가지 모양에 두루 들어가고,

화재에 두루 들어가며,

수재에 두루 들어가고,

부처에 두루 들어가며,

장엄에 두루 들어가고,

여래의 그지없는 공덕의 몸에 두루 들어가며,

일체 가지가지 설법에 두루 들어가고,

일체 여래의 가지가지로 공양하는 데 두루 들어감이다.

이것이 열 가지 두루 들어감이다.

만약 보살들이 이 가운데 편안히 머물면 여래의 위없는 큰 지혜에 두루 들어가는 법을 얻는다.

● *疏* ●

二十徧入은 亦猶小乘說十徧處니 卽令三昧로 漸更增廣이라
前은 明一切에 如衆生身은 謂童子身等이니 雖能一切身入이나 而不必一時어니와 今此는 隨入一類하야 皆徧一切니 如海初來에 一切皆水等이라
十句니 可知니라

둘째, '열 가지 두루 들어감'은 또한 소승의 '열 가지 두루 한 곳'을 말한 것과 같다. 이는 삼매를 차츰차츰 더욱 넓혀가도록 한 것이다.

앞에서 일체를 밝힌 부분에서 말한 '중생의 몸'은 '동자의 몸' 등을 말한다. 비록 일체의 몸에 들어가지만 반드시 일시는 아니다. 그러나 이는 한 부류에 들어감을 따라서 모두 일체 두루 들어감이다. 저 바다가 처음 흘러 들어올 적에 그 모든 게 물이라는 등과 같다.

이의 경문은 10구이다. 이는 설명하지 않아도 알 수 있다.

經

佛子여 菩薩摩訶薩이 有十種解脫門하니

何等이 爲十고

所謂一身이 周徧一切世界解脫門과

於一切世界에 示現無量種種色相解脫門과

以一切世界로 入一佛刹解脫門과

普加持一切衆生界解脫門과

以一切佛莊嚴身으로 充滿一切世界解脫門과

於自身中에 見一切世界解脫門과

一念中에 往一切世界解脫門과

於一世界에 示現一切如來出世解脫門과

一身이 充滿一切法界解脫門과

一念中에 示現一切佛遊戲神通解脫門이 是爲十이니

若諸菩薩이 安住其中하면 則得如來無上解脫門이니라

불자여, 보살마하살이 열 가지 해탈문이 있다.

무엇이 열 가지 해탈문인가?

이른바 하나의 몸이 일체 세계에 두루 존재하는 해탈문,

일체 세계에 한량없는 가지가지 모양을 나타내는 해탈문,

일체 세계로 한 세계에 들어가는 해탈문,

일체 중생계에 널리 가피하는 해탈문,

일체 부처님의 장엄한 몸으로 일체 세계에 가득하는 해탈문,

자신의 몸속에서 일체 세계를 보는 해탈문,

한 생각의 찰나에 일체 세계에 나아가는 해탈문,

한 세계에서 일체 여래가 출세함을 보이는 해탈문,

한 몸이 일체 법계에 가득하는 해탈문,

한 생각의 찰나에 일체 부처님이 유희하는 신통을 나타내는 해탈문이다.

이것이 열 가지 해탈문이다.

만약 보살들이 이 가운데 편안히 머물면 여래의 위없는 해탈문을 얻는다.

● *疏* ●

三 '十解脫'下 二門은 明引生功德禪中에 此門은 明作用無礙일세 故稱解脫이오 後門은 於境無擁일세 故曰神通이라
今初解脫은 卽不思議解脫이니 梵云 毘木叉는 此云 勝解脫이니 謂殊勝作用이 亦由依禪하야 成八解脫이라 十句니 可知니라

㈐ '열 가지 해탈문' 이하 2문은 공덕을 이끌어내는 선정삼매를 밝혔다.

이 법문은 작용에 걸림이 없음을 밝힌 까닭에 이를 해탈이라 말하고, 둘째 문은 경계에 막힘이 없기에 이를 신통이라 말한다.

이의 첫 부분에서 말한 해탈은 곧 불가사의한 해탈이다. 범어로 말하면 '毘木叉(vimoksa)'이며, 중국에서는 '勝解脫'이라는 뜻

이다. 뛰어난 작용 또한 선정에 의하여 8가지 해탈을 성취함을 말한다.

이의 경문은 10구이다. 이는 설명하지 않아도 알 수 있다.

經

佛子여 菩薩摩訶薩이 有十種神通하니
何等이 爲十고
所謂憶念宿命方便智通과
天耳無礙方便智通과
知他衆生不思議心行方便智通과
天眼觀察無有障礙方便智通과
隨衆生心하야 現不思議大神通力方便智通과
一身이 普現無量世界方便智通과
一念에 徧入不可說不可說世界方便智通과
出生無量莊嚴具하야 莊嚴不思議世界方便智通과
示現不可說變化身方便智通과
隨不思議衆生心하야 於不可說世界에 現成阿耨多羅三藐三菩提方便智通이 是爲十이니
若諸菩薩이 安住其中하면 則得如來無上大善巧神通하야 爲一切衆生하야 種種示現하야 令其修學이니라

불자여, 보살마하살이 열 가지 신통이 있다.

무엇이 열 가지 신통인가?

이른바 지난 세상에 났던 일을 기억하는 방편 지혜의 신통,

하늘의 귀로 걸림 없는 방편 지혜의 신통,

다른 중생의 불가사의한 마음과 행을 아는 방편 지혜의 신통,

하늘눈으로 관찰하여 걸림이 없는 방편 지혜의 신통,

중생의 마음을 따라 불가사의한 큰 신통력을 나타내는 방편 지혜의 신통,

하나의 몸이 한량없는 세계에 두루 나타나는 방편 지혜의 신통,

한 생각의 찰나에 말할 수 없이 말할 수 없는 세계에 두루 들어가는 방편 지혜의 신통,

한량없는 장엄거리를 내어 불가사의한 세계를 장엄하는 방편 지혜의 신통,

말할 수 없는 변화의 몸을 나타내는 방편 지혜의 신통,

불가사의한 중생의 마음을 따라 말할 수 없는 세계에서 아뇩다라삼먁삼보리의 성취를 나타내는 방편 지혜의 신통이다.

이것이 열 가지 신통이다.

만약 보살들이 이 가운데 편안히 머물면 여래의 위없이 크게 교묘한 신통을 얻어, 일체중생을 위해 가지가지로 나타내어 그들로 하여금 닦아 배우도록 하였다.

◉ 疏 ◉

二十種神通은 如依四禪하야 引六通用이라

此十을 若以六攝인댄 前四는 可知오 次五는 神境이오 後一은 漏盡이

니 成菩提故니라 約位不同인댄 與十通小異니라

둘째, '열 가지 신통'은 4가지 선정에 의하여 6가지 신통력의 작용을 이끌어내는 것과 같다.

이 10구를 6가지 신통력으로 묶는다면 앞의 4구는 말하지 않아도 알 수 있고, 다음 5구는 신통력의 경계이고, 뒤의 1구는 누진통이다. 보리를 성취한 까닭이다.

지위가 똑같지 않은 것으로 말하면, '열 가지 신통'과 작은 차이가 있다.

經

佛子여 菩薩摩訶薩이 有十種明하니
何等이 爲十고
所謂知一切衆生業報善巧智明과
知一切衆生境界 寂滅淸淨하야 無諸戱論하는 善巧智明과
知一切衆生의 種種所緣이 唯是一相이라 悉不可得이며
一切諸法이 皆如金剛하는 善巧智明과
能以無量微妙音聲으로 普聞十方一切世界하는 善巧智明과
普壞一切心所染著하는 善巧智明과
能以方便으로 示現受生하고 或不受生하는 善巧智明과
捨離一切想受境界하는 善巧智明과

불자여, 보살마하살이 열 가지 밝음이 있다.

무엇이 열 가지 밝음인가?

이른바 일체중생의 업보를 아는 뛰어난 지혜의 밝음,

일체중생의 경계가 고요하고 청정하여 모든 희론이 없음을 아는 뛰어난 지혜의 밝음,

일체중생의 가지가지 반연하는 바가 오직 한 모양이어서 모두 찾을 수 없으며 일체 모든 법이 모두 금강과 같음을 아는 뛰어난 지혜의 밝음,

한량없는 미묘한 음성으로 시방의 일체 세계에 널리 들려주는 뛰어난 지혜의 밝음,

일체 마음의 물드는 바를 널리 깨뜨려주는 뛰어난 지혜의 밝음,

방편으로 몸을 받아 태어나기도 하고 혹은 태어나지 않기도 함을 나타내는 뛰어난 지혜의 밝음,

일체 생각하고 느끼는 경계를 여의는 뛰어난 지혜의 밝음,

⦿ 疏 ⦿

第六十種明下二門은 明善現位中行이니 此門은 正顯行體니 卽是般若일새 故曰智明이오 後門은 明離智障일새 故稱解脫이라

今은 初라 然皆權實無礙之智일새 故稱善巧니 非如十度 唯約根本이라 但約增微하야 分成五行이라

十中前七은 單約一智오 後三은 雙行이라

前中에 初三은 約所化오 次三은 約能化니 各初事次理오 後卽事歸理라 七은 離能所想하야 會歸般若니 念想觀除하야 不受境界 爲

入理善巧故일세니라【鈔_ '念想觀除'者는 卽智論文이니 文云 '般若波羅蜜은 實法不顚倒라 念想觀已除요 言語法亦滅이라 無量衆罪除하고 淸淨心常一이면 如是尊妙人이 則能見般若'라하니 是也라 念想觀除는 約於內智면 則'不受外境'은 見色如盲等이어늘 而言'善巧'者는 非涉事善巧라 不念不受 是入理善巧耳라】

(6) '열 가지 뛰어난 지혜의 밝음' 이하 2문은 善現行 부분의 행을 밝혔다.

이 법문은 行의 본체를 바로 밝히고 있다. 이는 곧 반야이기에 '지혜의 밝음'이며, 뒤의 문은 지혜의 장애를 여읨에 대해 밝힌 까닭에 '해탈'이라 말하였다.

이는 첫 문이다.

그러나 모두 방편의 권교와 진리의 실교에 장애가 없는 지혜이기에 '뛰어남[善巧]'이라 말하였다. 십바라밀에서 오직 근본만을 들어 말한 것과는 같지 않다. 다만 더욱 미세한 것을 들어서 5가지 行으로 구분하여 끝맺었다.

10가지 지혜의 밝음 가운데 앞의 7가지는 오직 하나의 지혜만을 들어 말하였고, 뒤의 3가지는 쌍으로 行함이다.

앞의 7가지 가운데 제1~3은 교화의 대상을 들어 말하였고,

다음 제4~6은 교화의 주체를 들어 말하였다.

각각 첫 구절은 현상의 사법계이고, 다음 구절은 근본의 이법계이며, 뒤 구절은 사법계와 하나가 되어 이법계로 귀결 지었다.

제7은 생각의 주체와 대상을 모두 여의고서 반야에 회통, 귀결

지은 것이다. 念想觀이 사라져 경계를 받아들이지 않음이 이법계에 들어가는 뛰어남이 되기 때문이다.【초_ "念想觀이 사라졌다."는 것은 지도론에서 인용한 문장으로, 다음과 같다.

"반야바라밀은 진실한 법이라 전도되지 않는다.

기억하고 생각하는 관찰은 이미 사라졌고,

언어의 법 역시 사라졌다.

한량없는 죄 사라져 청정한 마음 항상 한결같으면

이처럼 존귀하고 미묘한 사람만이 반야를 볼 수 있으리라."

바로 이를 말한다.

"염상관이 사라졌다."는 것을 내면의 지혜로 말하면, '밖의 경계를 받지 않음'은 색을 보면서도 봉사와 같다는 등이다. 그럼에도 이를 '뛰어남'이라고 말한 것은 현상의 일에 관련하여 뛰어난 처리를 말한 게 아니다. 생각지 않고 받아들이지 않음이 진리의 이법계에 뛰어나게 들어감이다.】

經

知一切法이 **非相非無相**이며
一性無性이라 **無所分別**이나 **而能了知種種諸法**하야 **於無量劫**에 **分別演說**하며
住於法界하야 **成阿耨多羅三藐三菩提**하는 **善巧智明**과

일체 법이 모양이 있는 것도 아니고 모양이 없는 것도 아니며, 하나의 성품이기도 하고 성품이 없기도 하여 분별할 바 없음을

알지만 가지가지 법을 알고서 한량없는 겁에 분별하여 연설하며,

　　법계에 머물러서 아뇩다라삼먁삼보리를 성취하는 뛰어난 지혜의 밝음이며,

◉ 疏 ◉

後三雙行中에 八은 明無說之說과 無成之成 善巧智明이니 謂雙非照寂 離言이나 而能差別照事有說이니 非相遣相이오 非無遣無며 一性遣多오 無性遣有卽性相俱寂이라
'住於'下는 無成之成이니 法界之體는 實無所成이나 照斯法界일새 卽說成佛이라

　　뒤 3구의 쌍으로 行한 부분에 제8은 말이 없는 말과 성취가 없는 성취가 뛰어난 지혜의 밝음임을 밝히고 있다. 모두 관조도 아니고 적정도 아니라는 것으로 말을 여의었지만 각기 다른 차별로 사법계를 관조하여 그에 대한 말이 있다.

　　이는 모양이 아닌 데서 모양을 떨쳐버리고, 없는 것이 아닌 데서 없는 것을 떨쳐버리며, 하나의 성품에서 많은 것을 떨쳐버리고, 성품이 없는 데서 있다는 것을 떨쳐버리는 것이 바로 근본의 성품과 현실의 모양이 모두 고요함이다.

　　'住於法界' 이하는 성취가 없는 성취이다. 법계의 본체는 실로 성취 대상이 없으나 이 법계를 비춰주기에 곧 成佛을 말하였다.

菩薩摩訶薩이 知一切衆生生이 本無有生하야 了達受生不可得故나
而知因知緣하며 知事知境界하며 知行知生하며 知滅知言說하며
知迷惑知離迷惑하며 知顚倒知離顚倒하며 知雜染知淸淨하며 知生死知涅槃하며 知可得知不可得하며 知執著知無執著하며
知住知動하며 知去知還하며 知起知不起하며 知失壞하며 知出離하며 知成熟하며 知諸根하며 知調伏하야
隨其所應하야 種種教化호대 未曾忘失菩薩所行하나니
何以故오
菩薩이 但爲利益衆生故로 發阿耨多羅三藐三菩提心이오 無餘所爲일세 是故로 菩薩이 常化衆生호대 身無疲倦하야 不違一切世間所作이니
是名緣起의 善巧智明과

　보살마하살은 일체중생의 태어남이 본래 태어남이 없음을 알고서, 몸을 받아 태어남을 찾을 수 없음을 통달하였지만,

　직접 원인도 알고 간접 반연도 알며,

　현상의 일도 알고 경계도 알며,

　행함도 알고 생겨남도 알며,

　사라짐도 알고 말함도 알며,

미혹함도 알고 미혹함을 여읠 줄도 알며,

전도됨도 알고 전도됨을 여읠 줄도 알며,

물든 것도 알고 청정한 것도 알며,

생사도 알고 열반도 알며,

얻을 것도 알고 얻지 못할 것도 알며,

집착함도 알고 집착이 없음도 알며,

머무름도 알고 움직임도 알며,

가는 것도 알고 돌아오는 것도 알며,

일어남도 알고 일어나지 않음도 알며,

무너짐도 알고 벗어남도 알며,

성숙함도 알고 여러 근기도 알며

조복할 줄도 알고서, 그 응할 바를 따라서 가지가지로 교화하되 일찍이 보살의 행할 바를 잊지 않았다.

무엇 때문일까?

보살은 다만 중생의 이익을 위한 까닭에 아뇩다라삼먁삼보리심을 낼 뿐, 나머지 다른 것을 위한 바 없다. 그러므로 보살이 항상 중생을 교화하되 몸에 고달픔이 없어 일체 세간에서 할 일을 어기지 않는다.

이에 그 이름을 '연기에 뛰어난 지혜의 밝음'이라고 말한다.

◉ 疏 ◉

九는 明無生起生智明이라

文中三이니 初는 正明이오 次何以下는 徵釋이오 三是名下는 結名이라

제9는 태어남이 없는 태어남을 일으키는 지혜의 밝음을 밝혔다. 이 부분은 3단락이다.

(ㄱ) 바로 밝혔고,

(ㄴ) '何以故' 이하는 묻고 해석함이며,

(ㄷ) '是名緣起' 이하는 그 이름을 끝맺음이다.

今初는 明無緣之緣이며 兼顯無化之化라

於中二니

先은 明無緣이니 謂衆生眞心이 稱理하야 不可得故니 若無緣이면 卽無所化니라 '而知'下는 明眞心隨緣이니 不壞緣起면 則亦有所化라

於中二니 先은 知所化오 後는 結成雙行이라

前中에 文有三節하니

初有八句는 別知緣相이니 因은 謂無明等이오 緣은 謂業行이오 事는 卽識名色等이오 境界는 卽觸受塵境이오 行은 卽現在愛取有오 生은 卽生支오 滅은 卽老死라 '知言說'者는 總是隨俗緣生하야 不離三世故니라

二'知迷'下 十二句는 六對니 通知染淨迷悟니 迷理면 則倒惑雜染이어니와 悟皆反此며 隨俗이면 則俱可得이어니와 第一義中에 二俱叵得이라 得·非得은 約理오 著·非著은 約智라

三'知住'下는 明知心行이니 住는 謂本性이오 動은 謂客塵이니 隨客塵이면 則去而莫歸오 見本性이면 則還源反本이라 有還·有去는 皆是起心이니 還住兩亡이면 寂然不起라 起면 則諸善失壞오 不起면 則出離

277

라 蓋纏觸境寂知 是爲成熟이니 上은 通物我오 後는 兼知機니 約自인댄 根은 謂六根이오 不爲境牽이 卽是調伏이라 【鈔_ '三知住'下는 明知心이니 行者는 卽能知性相觀照之心이니 此中에 可以寂照虛懷而了면 亦爲明示心觀處也라】

'㈀ 바로 밝힌' 부분은 반연이 없는 반연을 밝혔고, 교화가 없는 교화를 겸하여 밝혔다.

그 가운데 다시 2부분으로 나뉜다.

① 반연이 없음을 밝혔다. 중생의 진심이 이치와 하나가 되어 찾을 수 없기 때문이다. 만약 반연이 없으면 교화의 대상도 없다.

'而知' 이하는 중생의 진심이 반연을 따름이다. 연기를 무너뜨리지 않으면 또한 교화의 대상이 없다.

이 부분은 2단락이다.

㉠ 교화의 대상을 앎이며,

㉡ 쌍으로 행함을 끝맺음이다.

'㉠ 교화의 대상' 부분의 경문은 3절이다.

제1절, 8구는 개별로 반연의 모양을 앎이다.

제1구 '知因'의 因은 무명 등을 말하고,

제2구 '知緣'의 緣은 業行을 말하고,

제3구 '知事'의 事는 識·名·色 등을 말하고,

제4구 '知境界'의 경계는 감촉하고 느끼는 塵境이며,

제5구 '知行'의 行은 곧 현재의 愛取有이고,

제6구 '知生'의 生은 生支이고,

제7구 '知滅'의 滅은 늙음과 죽음이다.

제8구 '知言說'이란 모두 세속을 따르고 중생을 반연하여 삼세에서 벗어나지 않기 때문이다.

제2절, '知迷' 이하 12구는 6대구이다.

잡염과 청정, 혼미와 깨달음을 통하여 알 수 있다.

이치를 알지 못하면 전도된 미혹으로 잡염이 되지만, 깨달으면 모두 이에 반대가 되며, 세속을 따르면 모두 얻을 수 없지만 第一義諦에서는 2가지를 모두 얻을 수 없다. 얻고 얻지 못함은 이치를 들어 말하고, 집착과 집착하지 않음은 지혜를 들어 말하였다.

제3절, '知住' 이하는 마음의 작용을 앎에 대해 밝혔다.

住는 본성을 말하고, 動은 객진번뇌를 말한다. 객진번뇌를 따르면 떠나갔다가 되돌아오지 못하고, 본성을 보면 본원으로 되돌아오는 것이다.

돌아오고 떠나감은 모두 마음에서 일어난 것이다. 돌아옴과 떠나감을 모두 잊고서 돌아와 머물면 마음이 고요하여 일어나지 않는다. 마음이 일어나면 모든 선을 잃거나 무너뜨리고, 일으키지 않으면 번뇌[蓋纏]에서 벗어나는 것이다.

모든 경계를 고요히 아는 것이 성숙이다. 위에서는 나와 남에게 모두 통하고, 뒤에서는 겸하여 근기를 아는 것으로, 자아를 들어 말하였다.

根은 육근을 말하며, 경계에 이끌리지 않음이 바로 조복이다. 【초_ '三知住' 이하는 마음을 앎에 대해 밝혔다. 心行의 '行'이란

性相을 아는 주체로 관조하는 마음이다. 여기에서 寂照로써 허심탄회하게 알면 또한 마음을 관조하는 부분을 밝게 보여줌이 된다.】
後隨其下는 結雙行中이니 謂智隨曲化나 不失無行이라

② '隨其所應' 이하는 쌍으로 행함을 끝맺은 부분이다. 지혜로 자세히 교화함을 따르지만 모양이 없는 행을 잃지 않음이다.
二徵釋中에 所以爾者는 爲物發心故니라
結名은 可知니라

'(ㄴ) 묻고 해석한' 부분에서 그러한 바는 중생을 위해 발심한 까닭이다.

'(ㄷ) 그 이름을 끝맺은' 부분은 설명하지 않아도 알 수 있다.

經

菩薩摩訶薩이 於佛에 無著하야 不起著心하며
於法에 無著하야 不起著心하며
於刹에 無著하야 不起著心하며
於衆生에 無著하야 不起著心하며
不見有衆生하고 而行敎化調伏說法이나
然亦不捨菩薩諸行의 大悲大願하고
見佛聞法하야 隨順修行하며
依於如來하야 種諸善根하며
恭敬供養하야 無有休息하며
能以神力으로 震動十方無量世界하나니

其心廣大하야 等法界故로
知種種說法하며 知衆生數하며 知衆生差別하며
知苦生하며 知苦滅하며
知一切行이 皆如影像하야 行菩薩行하며
永斷一切受生根本하고
但爲救護一切衆生하야 行菩薩行호대 而無所行하며
隨順一切諸佛種性하야 發如大山王心하며
知一切虛妄顚倒하야 入一切種智門하며
智慧廣大하야 不可傾動하야 當成正覺하고
於生死海에 平等濟度一切衆生하는 善巧智明이 是爲十이니
若諸菩薩이 安住其中하면 則得如來無上大善巧智明이니라

　　보살마하살은 부처에게 집착이 없어 집착하는 마음을 일으키지 아니하고,
　　법에 집착함이 없어 집착하는 마음을 일으키지 아니하며,
　　세계에 집착함이 없어 집착하는 마음을 일으키지 아니하고,
　　중생에 집착함이 없어 집착하는 마음을 일으키지 아니하며,
　　중생이 있음을 보지 않고서 교화하고 조복하며 설법하지만,
　　그래도 보살의 모든 행과 큰 자비와 큰 서원을 버리지 아니하고,
　　부처님을 보고 법을 듣고서 따라 수행하며,
　　여래를 의지하여 많은 선근을 심고,

공경하고 공양하기를 멈추지 아니하며,

신통력으로 시방의 한량없는 세계를 진동하나니,

그 마음이 광대하여 법계와 같기 때문이다.

가지가지 설법을 알고, 중생의 수효를 알고, 중생의 차별을 알고,

고통이 생겨남을 알고, 고통이 사라짐을 알며,

일체 행이 그림자와 같음을 알고서 보살의 행을 행하고,

일체 몸을 받아 태어나는 근본을 영원히 끊고,

다만 일체중생을 구제하기 위하여 보살의 행을 행하되 행하는 바가 없으며,

일체 부처의 종성을 따라서 태산과 같은 마음을 내고,

일체가 허망하고 전도됨을 알고서 일체 지혜의 문에 들어가며,

지혜가 크고 넓어 움직일 수 없기에 마땅히 바른 깨달음을 이루고,

나고 죽는 바다에서 일체중생을 평등하게 제도하는 뛰어난 지혜의 밝음이다.

이것이 열 가지 뛰어난 지혜의 밝음이다.

만약 보살들이 이 가운데 편안히 머물면 여래의 위없는 크게 뛰어난 지혜의 밝음을 얻는다.

◉ 疏 ◉

十平等敎化智明中에 三이니

初는 明實不礙權이오

二'知種種'下는 權不礙實이오

三'於生死'下는 結名이니 並可知니라

    제10은 평등교화의 지혜가 밝은 부분이다. 이는 3단락이다.

    (ㄱ) 근본진리의 실상이 방편의 권교에 장애가 없음을 밝혔고,

    (ㄴ) '知種種' 이하는 방편의 권교가 근본진리의 실상에 장애가 없음을 밝혔다.

    (ㄷ) '於生死' 이하는 명제를 끝맺음이다. 이는 아울러 설명하지 않아도 알 수 있다.

經

佛子여 菩薩摩訶薩이 有十種解脫하니

何等이 爲十고

所謂煩惱解脫과

邪見解脫과

諸取解脫과

蘊處界解脫과

超二乘解脫과

無生法忍解脫과

於一切世間一切刹一切衆生一切法에 離着解脫과

無邊住解脫과

發起一切菩薩行하야 入如來無分別地解脫과

於一念中에 悉能了知一切三世解脫이 是爲十이니

若諸菩薩이 **安住此法**하면 **則能施作無上佛事**하야 **教化成熟一切衆生**이니라

    불자여, 보살마하살이 열 가지 해탈이 있다.

    무엇이 열 가지 해탈인가?

    이른바 번뇌에서의 해탈,

    삿된 소견에서의 해탈,

    모든 집착에서의 해탈,

    5온·12처·18계에서의 해탈,

    이승을 초월한 해탈,

    생사 없는 법인의 해탈,

    일체 세간, 일체 세계, 일체중생, 일체 법에서 집착을 여의는 해탈,

    그지없이 머무는 해탈,

    일체 보살의 행을 일으켜 여래의 분별 없는 지위에 들어가는 해탈,

    한 생각의 찰나에 일체 삼세를 모조리 아는 해탈이다.

    이것이 열 가지 해탈이다.

    만약 보살들이 이 법에 편안히 머물면 위없는 부처의 일을 베풀어 일체중생을 교화하여 성숙시켜 줄 수 있다.

◉ **疏** ◉

二十種解脫은 **脫二障故**니라

梵云毘木底는 **此云解脫**이니 **與前不同**이라

十中에 初四는 脫凡三障이니 取增爲業故며 後六은 脫智障이니 初一은 揀劣이오 餘皆顯勝이라

둘째, '열 가지 해탈'은 번뇌장과 소지장 2가지에서 벗어난 까닭이다.

범어에서 말한 '毘木底(vimoksa)'는 중국에서는 '해탈'을 말한다. 이는 앞서 말한 바와 똑같지 않다.

10구 가운데 앞의 4구는 범부의 3가지 장애에서 벗어남이다. 取의 증장으로 업을 삼기 때문이다.

뒤의 6구는 지혜의 장애에서 벗어남이다. 첫 구절인 제5구는 용렬함과 다름을 구별하였고, 나머지 5구는 모두 뛰어남을 밝혔다.

經

佛子여 菩薩摩訶薩이 有十種園林하니
何等이 爲十고
所謂生死 是菩薩園林이니 無厭捨故며
敎化衆生이 是菩薩園林이니 不疲倦故며
住一切劫이 是菩薩園林이니 攝諸大行故며
淸淨世界 是菩薩園林이니 自所止住故며
一切魔宮殿이 是菩薩園林이니 降伏彼衆故며
思惟所聞法이 是菩薩園林이니 如理觀察故며
六波羅蜜四攝事三十七菩提分法이 是菩薩園林이니 紹繼慈父境界故며

十力四無所畏十八不共으로 乃至一切佛法이 是菩薩園林이니 不念餘法故며
示現一切菩薩威力自在神通이 是菩薩園林이니 以大神力으로 轉正法輪하야 調伏衆生하야 無休息故며
一念於一切處에 爲一切衆生하야 示成正覺이 是菩薩園林이니 法身이 周徧盡虛空一切世界故니라
是爲十이니 若諸菩薩이 安住此法하면 則得如來無上離憂惱大安樂行이니라

불자여, 보살마하살이 열 가지 동산의 숲이 있다.

무엇이 열 가지 동산의 숲인가?

이른바 태어나고 죽음은 보살의 동산 숲이다. 싫음이 없기 때문이다.

중생을 교화함은 보살의 동산 숲이다. 고달프지 않기 때문이다.

일체 법에 머무름이 보살의 동산 숲이다. 큰 행을 거두기 때문이다.

청정한 세계가 보살의 동산 숲이다. 스스로 머무르는 곳이기 때문이다.

일체 마군의 궁전이 보살의 동산 숲이다. 저 무리를 항복 받기 때문이다.

들은 법을 생각함이 보살의 동산 숲이다. 이치와 같이 관찰하기 때문이다.

육바라밀, 사섭법, 37보리분법[四念處·四正勤·四如意足·五根·五

力·七菩提分·八正道]이 보살의 동산 숲이다. 아버지의 경계를 이어받기 때문이다.

열 가지 힘, 네 가지 두려움 없음, 열여덟 가지 함께할 수 없는 법, 내지 일체 불법이 보살의 동산 숲이다. 다른 법을 생각지 않기 때문이다.

일체 보살의 위엄과 자유자재한 신통을 나타냄이 보살의 동산 숲이다. 큰 신통력으로 바른 법륜을 굴리어 중생 조복을 멈추지 않기 때문이다.

한 생각의 찰나에 모든 곳에서 일체중생에게 바른 깨달음의 성취를 보여줌이 보살의 동산 숲이다. 법신이 온 허공의 일체 세계에 두루 존재하기 때문이다.

이것이 열 가지 동산의 숲이다.

만약 보살들이 이 법에 편안히 머물면 여래의 위없는 근심을 여의고 매우 안락한 행을 얻는다.

◉ 疏 ◉

第七 園林下 二門은 明無著位中行이라 於中에 此門은 明游處縱情이오 後門은 明棲止適悅이니 皆通二利하야 權實方便에 而無所著이라

今은 初니 可知이라

(7) '동산의 숲' 이하 2문은 無着行 부분의 행을 밝혔다.

그 가운데 첫 법문은 노니는 곳에서의 마음껏 다하는 바를 밝

287

했고,

뒤의 문은 머문 곳에서의 기쁨을 밝혔다.

이는 모두 자리이타의 행을 통하여 권교와 실교의 방편에 집착하는 바 없다.

이는 앞의 문으로, 말하지 않아도 알 수 있다.

經

佛子여 菩薩摩訶薩이 有十種宮殿하니

何等이 爲十고

所謂菩提心이 是菩薩宮殿이니 恒不忘失故며

十善業道福德智慧 是菩薩宮殿이니 敎化欲界衆生故며

四梵住禪定이 是菩薩宮殿이니 敎化色界衆生故며

生淨居天이 是菩薩宮殿이니 一切煩惱不染故며

生無色界 是菩薩宮殿이니 令諸衆生으로 離難處故며

生雜染世界 是菩薩宮殿이니 令一切衆生으로 斷煩惱故며

現處內宮妻子眷屬이 是菩薩宮殿이니 成就往昔同行衆生故며

現居輪王護世釋梵이 是菩薩宮殿이니 爲調伏自在心衆生故며

住一切菩薩行遊戱神通하야 皆得自在 是菩薩宮殿이니 善遊戱諸禪解脫三昧智慧故며

一切佛所受無上自在一切智王灌頂記 是菩薩宮殿이니

住十力莊嚴하야 **作一切法王自在事故**니라
是爲十이니 **若諸菩薩**이 **安住其中**하면 **則得法灌頂**하야 **於一切世間**에 **神力自在**니라

불자여, 보살마하살이 열 가지 궁전이 있다.

무엇이 열 가지 궁전인가?

이른바 보리심이 보살의 궁전이다. 항상 잊지 않기 때문이다.

열 가지 선업의 도, 복덕, 지혜가 보살의 궁전이다. 욕계의 중생을 교화하기 때문이다.

네 가지 범천이 머무는 선정[四梵住禪定]이 보살의 궁전이다. 색계의 중생을 교화하기 때문이다.

정거천에 태어나는 것이 보살의 궁전이다. 일체 번뇌에 물들지 않기 때문이다.

무색계에 태어나는 것이 보살의 궁전이다. 중생으로 하여금 여덟 가지 어려운 곳[1]을 여의도록 하기 때문이다.

잡염의 세계에 태어나는 것이 보살의 궁전이다. 일체중생으로 하여금 번뇌를 끊도록 하기 때문이다.

현재 내전에 살고 있는 처자 권속이 보살의 궁전이다. 옛날에 함께 수행하던 중생을 성취하기 때문이다.

현재 있는 전륜왕, 사천왕, 제석천왕, 범천왕이 보살의 궁전이

---

1 여덟 가지 어려운 곳: 地獄難·餓鬼難·畜生難·北俱盧洲難·長壽天難·盲聾瘖啞難·世智辯聰難·佛前佛後難.

다. 자재한 마음을 지닌 중생을 조복하기 때문이다.

일체 보살의 행에 머물면서 유희신통으로 자재하는 것이 보살의 궁전이다. 모든 선정과 해탈과 삼매의 지혜에 잘 유희하기 때문이다.

일체 부처님 계신 데서 위없이 자재한 일체 지혜 왕의 정수리에 물을 붓는 수기를 받는 것이 보살의 궁전이다. 열 가지 힘으로 장엄한 데 머물면서 모든 법왕의 자재한 일을 행하기 때문이다.

이것이 열 가지 궁전이다.

만약 보살들이 이 가운데 편안히 머물면 법으로 정수리에 물을 부어 일체 세간에 신통력이 자재함을 얻을 것이다.

● 疏 ●

二는 宮殿十中에 四梵住者는 卽四無量이며 亦色因故니라 故度世에 云 '修四梵行 慈悲喜捨라하니라 餘는 可知니라

둘째, 궁전의 열 가지 가운데 '네 가지 범천이 머무는 선정[四梵住禪定]'이란 곧 四無量이며, 또한 色因이기 때문이다. 이 때문에 도세경에서는 "네 가지 梵行의 慈·悲·喜·捨를 닦는다."고 말하였다. 나머지는 설명하지 않아도 알 수 있다.

經

佛子여 菩薩摩訶薩이 有十種所樂하니
何等이 爲十고

所謂樂正念이니 心不散亂故며

樂智慧니 分別諸法故며

樂往詣一切佛所니 聽法無厭故며

樂諸佛이니 充滿十方하야 無邊際故며

樂菩薩自在니 爲諸衆生하야 以無量門으로 而現身故며

樂諸三昧門이니 於一三昧門에 入一切三昧門故며

樂陀羅尼니 持法不忘하야 轉授衆生故며

樂無礙辯才니 於一文一句에 經不可說劫토록 分別演說하야 無窮盡故며

樂成正覺이니 爲一切衆生하야 以無量門으로 示現於身에 成正覺故며

樂轉法輪이니 摧滅一切異道法故니라

是爲十이니 若諸菩薩이 安住此法하면 則得一切諸佛如來無上法樂이니라

　　불자여, 보살마하살이 열 가지 좋아함이 있다.

　　무엇이 열 가지 좋아함인가?

　　이른바 바른 생각을 좋아함이니 마음이 산란하지 않기 때문이며,

　　지혜를 좋아함이니 모든 법을 분별하기 때문이며,

　　일체 부처님 계신 도량에 찾아가기를 좋아함이니 법문 듣는 데 싫어함이 없기 때문이며,

　　모든 부처님을 좋아함이니 시방에 가득하여 그지없기 때문이며,

　　보살의 자재함을 좋아함이니 중생을 위하여 한량없는 법문으로

몸을 나타내기 때문이며,

　　모든 삼매문을 좋아함이니 하나의 삼매문에서 일체 삼매문에 들어가기 때문이며,

　　다라니를 좋아함이니 법을 가지고 잊지 않고서 중생에게 돌려주기 때문이며,

　　걸림 없는 변재를 좋아함이니 한 문장, 한 구절을 말할 수 없는 겁이 다하도록 분별하고 연설하여 다함이 없기 때문이며,

　　바른 깨달음의 성취를 좋아함이니 일체중생을 위하여 한량없는 문으로 몸을 나타내어 바른 깨달음의 성취를 보여주기 때문이며,

　　법륜 굴리기를 좋아함이니 일체 이단의 법을 꺾어버리기 때문이다.

　　이것이 열 가지 좋아함이다.

　　만약 보살들이 이 법에 편안히 머물면 일체 부처님 여래의 위없는 법의 즐거움을 얻는다.

◉ 疏 ◉

第八所樂下 二門은 明難得位中行이라

於中에 此門은 內心願樂이니 願은 卽行體라 旣處宮殿이면 則情欣勝樂故니라

　　(8) '좋아하는 바' 이하 2문은 難得行 부분의 행을 밝혔다.

　　그 가운데 첫 법문은 마음속의 원하고 좋아하는 바이다. 원함은 곧 행의 본체이다. 이미 궁전에 거처하면 마음으로 훌륭한 즐거

움을 기뻐하기 때문이다.

經

佛子여 菩薩摩訶薩이 有十種莊嚴하니

何等이 爲十고

所謂力莊嚴이니 不可壞故며

無畏莊嚴이니 無能伏故며

義莊嚴이니 說不可說義하야 無窮盡故며

法莊嚴이니 八萬四千法聚를 觀察演說하야 無忘失故며

願莊嚴이니 一切菩薩所發弘誓에 無退轉故며

行莊嚴이니 修普賢行하야 而出離故며

刹莊嚴이니 以一切刹로 作一刹故며

普音莊嚴이니 周徧一切諸佛世界하야 雨法雨故며

力持莊嚴이니 於一切劫에 行無數行하야 不斷絶故며

變化莊嚴이니 於一衆生身에 示現一切衆生數等身하야

令一切衆生으로 悉得知見하고 求一切智하야 無退轉故니라

是爲十이니 若諸菩薩이 安住此法하면 則得如來一切無上法莊嚴이니라

불자여, 보살마하살이 열 가지 장엄이 있다.

무엇이 열 가지 장엄인가?

이른바 힘의 장엄, 깨뜨릴 수 없기 때문이며,

두려움이 없는 장엄, 굴복시킬 이가 없기 때문이며,

뜻의 장엄, 말할 수 없는 뜻을 말하여 그지없기 때문이며,

법의 장엄, 8만 4천 가지의 법 무더기를 관찰하고 연설하여 잊지 않기 때문이며,

서원의 장엄, 일체 보살이 일으킨 큰 서원에서 물러서지 않기 때문이며,

행의 장엄, 보현의 행을 닦아 세간을 벗어났기 때문이며,

세계의 장엄, 일체 세계로 하나의 세계를 만들기 때문이며,

널리 울리는 음성의 장엄, 일체 제불의 세계에 두루 울려 법 비를 내려주기 때문이며,

힘으로 유지하는 장엄, 일체 겁에 수없는 행을 행하여 끊이지 않기 때문이며,

변화의 장엄, 하나의 중생 몸에서 일체중생 수효와 같은 몸을 나타내어 일체중생으로 하여금 모두 아는 소견을 얻고 일체 지혜를 구하여 물러섬이 없기 때문이니,

이것이 열 가지 장엄이다.

만약 보살들이 이 법에 편안히 머물면 여래의 모든 위없는 법의 장엄을 얻는다.

● 疏 ●

二十莊嚴은 卽外德莊嚴이니 具以衆德으로 莊嚴願故니 文並 可知니라

둘째, '열 가지 장엄'은 곧 외적 공덕의 장엄이다. 두루 여러 공

덕으로 서원을 장엄한 까닭이다. 이의 경문은 모두 설명하지 않아도 알 수 있다.

經

佛子여 菩薩摩訶薩이 發十種不動心하나니
何等이 爲十고
所謂於一切所有에 悉皆能捨不動心과
思惟觀察一切佛法不動心과
憶念供養一切諸佛不動心과
於一切衆生에 誓無惱害不動心과
普攝衆生하야 不揀怨親不動心과
求一切佛法호대 無有休息不動心과
一切衆生數等不可說不可說劫에 行菩薩行호대 不生疲厭하고 亦無退轉不動心과
成就有根信 無濁信 淸淨信 極淸淨信 離垢信 明徹信 恭敬供養一切佛信 不退轉信 不可盡信 無能壞信 大歡喜踊躍信 不動心과
成就出生一切智方便道不動心과
聞一切菩薩行法하고 信受不謗不動心이 是爲十이니
若諸菩薩이 安住此法하면 則得無上一切智不動心이니라

　불자여, 보살마하살이 열 가지 부동심을 일으킨다.

　무엇이 열 가지 부동심인가?

이른바 일체 있다는 것에 대해 모조리 모두 버리는 부동심,

일체 불법을 생각하고 관찰하는 부동심,

일체 부처님을 생각하고 공양하는 부동심,

일체중생에게 맹세코 괴롭히지 않으려는 부동심,

중생을 널리 받아들여 원수와 친한 이를 가리지 않는 부동심,

일체 불법을 구하되 쉼이 없는 부동심,

일체중생 수효와 같은 말할 수 없이 말할 수 없는 겁에 보살의 행을 행하되 고달파하거나 싫어하는 마음을 내지 않고 또한 물러서지 않으려는 부동심,

뿌리 있는 믿음, 탁하지 않은 믿음, 청정한 믿음, 매우 청정한 믿음, 때를 여읜 믿음, 밝게 사무친 믿음, 일체 부처님께 공경하고 공양하는 믿음, 물러서지 않는 믿음, 다할 수 없는 믿음, 깨뜨릴 수 없는 믿음, 매우 즐거워 날뛰는 믿음을 성취하는 부동심,

일체 지혜를 내는 방편의 길을 성취하는 부동심,

일체 보살의 행하는 법을 듣고서 믿고 받아들이며 비방하지 않는 부동심이다.

이것이 열 가지 부동심이다.

만약 보살들이 이 법에 편안히 머물면 위없는 일체 지혜의 부동심을 얻는다.

● 疏 ●

第九不動心下 二門은 明善法位中行이니 此門은 明外緣不動이

오 後門은 明內心不捨라

又此는 明心堅이오 後는 明深入이니 皆是力義라

今初十中에 二及第九는 是思擇力이오 餘는 皆修習力이라

八中에 有十一信하니

一은 生佛果故오 二는 不雜不信濁故오 三은 淨無煩惱故오 四는 無細念故오 五는 離所知垢故오 六은 徹事源故오 七은 向果位故오 八은 自分堅故오 九는 德無盡故오 十은 緣不動故오 十一은 證眞如故니라 餘立相顯이라

(9) '부동심' 이하 2문은 善法行 부분의 행을 밝혔다.

이 법문은 바깥 반연에 흔들리지 않는 마음을 밝혔고,

뒤의 법문은 내면의 마음을 버리지 않음을 밝혔다.

또한 여기에서는 마음의 견고함을 밝혔고, 뒤에서는 깊이 들어감을 밝혔다. 이는 모두 역바라밀의 의의이다.

이의 첫 문의 10구 가운데 제2구 및 제9구는 생각하여 선택하는 힘이고, 나머지 8구는 모두 닦고 익히는 힘이다.

8구에는 11가지의 믿음이 있다.

① 중생과 부처의 과덕이기 때문이며,

② 혼잡하지도 않고 탁하지도 않은 믿음 때문이며,

③ 번뇌가 말끔히 다하기 때문이며,

④ 미세한 생각이 없기 때문이며,

⑤ 소지장의 번뇌를 여의기 때문이며,

⑥ 일의 본원에 사무치게 알기 때문이며,

⑦ 果位에 향하기 때문이며,

⑧ 자신의 본분이 견고하기 때문이며,

⑨ 공덕이 그지없기 때문이며,

⑩ 반연에 흔들리지 않기 때문이며,

⑪ 진여를 증득하기 때문이다.

나머지는 아울러 그 양상이 분명하다.

經

佛子여 菩薩摩訶薩이 有十種不捨深大心하니
何等이 爲十고
所謂不捨成滿一切佛菩提深大心과
不捨教化調伏一切衆生深大心과
不捨不斷一切諸佛種性深大心과
不捨親近一切善知識深大心과
不捨供養一切諸佛深大心과
不捨專求一切大乘功德法深大心과
不捨於一切佛所에 修行梵行하야 護持淨戒深大心과
不捨親近一切菩薩深大心과
不捨求一切佛法하야 方便護持深大心과
不捨滿一切菩薩行願하야 集一切諸佛法深大心이 是爲十이니
若諸菩薩이 安住其中하면 則能不捨一切佛法이니라

불자여, 보살마하살이 열 가지 버리지 않는 깊고 큰마음이 있다. 무엇이 열 가지 버리지 않는 깊고 큰마음인가?

이른바 일체 제불 보리의 원만 성취를 버리지 않는 깊고 큰마음,

일체중생을 교화하고 조복함을 버리지 않는 깊고 큰마음,

일체 부처의 종성을 끊이지 않게 함을 버리지 않는 깊고 큰마음,

일체 선지식의 친근을 버리지 않는 깊고 큰마음,

일체 부처님의 공양을 버리지 않는 깊고 큰마음,

일체 대승의 공덕법 추구를 버리지 않는 깊고 큰마음,

일체 부처님의 처소에서 범행을 닦아 청정한 계행을 보호할 것을 버리지 않는 깊고 큰마음,

일체 보살의 친근을 버리지 않는 깊고 큰마음,

일체 불법을 구하여 방편으로 보호해 지님을 버리지 않는 깊고 큰마음,

일체 보살의 행원을 만족하여 일체 불법 모을 것을 버리지 않는 깊고 큰마음이다.

이것이 열 가지 버리지 않는 깊고 큰마음이다.

만약 보살들이 이 가운데 편안히 머물면 일체 불법을 버리지 않게 된다.

◉ 疏 ◉

二 不捨深大心 者는 由不動故로 能窮理事니 理深事廣일세 故云 深大라

十句니 可知니라

둘째, '버리지 않는 깊고 큰마음'이란 부동심에서 연유한 까닭에 이법계와 사법계를 다한 것이다. 이법계가 심오하고 사법계가 드넓기에 '깊고 크나큰 마음'이라 말하였다.

이의 경문은 10구이다. 이는 설명하지 않아도 알 수 있다.

經

佛子여 菩薩摩訶薩이 有十種智慧觀察하니
何等이 爲十고
所謂善巧分別하야 說一切法智慧觀察과
了知三世一切善根智慧觀察과
了知一切諸菩薩行自在變化智慧觀察과
了知一切諸法義門智慧觀察과
了知一切諸佛威力智慧觀察과
了知一切陀羅尼門智慧觀察과
於一切世界에 普說正法智慧觀察과
入一切法界智慧觀察과
知一切十方不可思議智慧觀察과
知一切佛法智慧光明無有障礙智慧觀察이 是爲十이니
若諸菩薩이 安住其中하면 則得如來無上大智慧觀察이니라

불자여, 보살마하살이 열 가지 지혜의 관찰이 있다.

무엇이 열 가지 지혜의 관찰인가?

이른바 잘 분별하여 일체 법을 연설하는 지혜의 관찰,

삼세의 일체 선근을 분명히 아는 지혜의 관찰,

일체 보살의 행과 자재한 변화를 아는 지혜의 관찰,

일체 법과 이치의 법문을 아는 지혜의 관찰,

일체 부처의 위엄과 힘을 아는 지혜의 관찰,

일체 다라니 법문을 아는 지혜의 관찰,

일체 세계에서 바른 법을 널리 말하는 지혜의 관찰,

일체 법계에 들어가는 지혜의 관찰,

일체 시방의 불가사의를 아는 지혜의 관찰,

일체 불법의 지혜 광명이 장애가 없음을 아는 지혜의 관찰이다.

이것이 열 가지 지혜의 관찰이다.

만약 보살들이 이 가운데 편안히 머물면 여래의 위없는 큰 지혜의 관찰을 얻는다.

● 疏 ●

第十 智慧觀察下 九門은 明眞實位中行이니

卽分爲九니 一은 觀察智오 二는 說法智오 三은 離障智오 四는 審決智오 五는 照徹智오 六은 無等智오 七은 無劣智오 八은 高出智오 九는 深廣智라

今初는 亦由不捨深大라 故能觀察이라

前問에 但言觀察者는 脫智慧言이니 十句準思니라

⑽ '지혜의 관찰' 이하 9문은 眞實行 부분의 행을 밝혔다.

9문은 9가지 지혜로 나뉜다.

첫째, 관찰의 지혜,

둘째, 설법의 지혜,

셋째, 장애를 여읜 지혜,

넷째, 살피고 결정하는 지혜,

다섯째, 사무치게 관조하는 지혜,

여섯째, 똑같을 수 없는 지혜,

일곱째, 못나지 않은 지혜,

여덟째, 드높이 뛰어난 지혜,

아홉째, 심오하고 광대한 지혜이다.

'첫째, 관찰의 지혜' 또한 심오하고 광대한 지혜를 버리지 않은 데에서 연유한 까닭에 잘 관찰하는 것이다.

앞의 물음에서 관찰만을 말한 것은 '지혜'라는 단어가 탈락된 것이다.

10구는 이에 준하여 생각하면 알 수 있다.

經

佛子여 菩薩摩訶薩이 有十種說法하니
何等이 爲十고
所謂說一切法이 皆從緣起와
說一切法이 皆悉如幻과

說一切法이 無有乖諍과
說一切法이 無有邊際와
說一切法이 無所依止와
說一切法이 猶如金剛과
說一切法이 皆悉如如와
說一切法이 皆悉寂靜과
說一切法이 皆悉出離와
說一切法이 皆住一義하야 **本性成就 是爲十**이니
若諸菩薩이 安住其中하면 **則能善巧**로 **說一切法**이니라

불자여, 보살마하살이 열 가지 설법이 있다.

무엇이 열 가지 설법인가?

이른바 일체 법이 모두 인연으로 생겨남을 말하며,

일체 법이 요술과 같음을 말하며,

일체 법이 다툼이 없음을 말하며,

일체 법이 끝이 없음을 말하며,

일체 법이 의지한 데 없음을 말하며,

일체 법이 금강과 같음을 말하며,

일체 법이 모두 진여와 같음을 말하며,

일체 법이 모두 고요함을 말하며,

일체 법이 모두 세간을 벗어남을 말하며,

일체 법이 모두 하나의 이치에 머물면서 본성을 성취함을 말하는 것이다.

이것이 열 가지 설법이다.

만약 보살들이 이 가운데 편안히 머물면 뛰어나게 일체 법을 말할 수 있다.

◉ 疏 ◉

二는 說法智니 由能內觀일새 故能外說이라
十中에 初二는 說俗이오
後八은 說眞이니 一은 無二可諍이오 二는 體德兼廣이오 三은 相深遠이오 四는 體堅利오 五는 如如不動이오 六은 體絶百非오 七은 在纏不染이오 八은 體相一味라

둘째는 '설법의 지혜'이다. 내면의 관조를 연유한 까닭에 밖으로 설법을 잘한 것이다.

10구 가운데 앞의 2구는 세속의 이치[俗諦]를 말하였고,

뒤의 8구는 진리의 이치[眞諦]를 말하였는데, 다음과 같다.

① 하나이기에 둘로 다툴 게 없으며,

② 본체의 공덕이 겸하여 광대하며,

③ 모양이 심오하고 원대하며,

④ 본체가 견고하고 예리하며,

⑤ 如如하여 동요됨이 없으며,

⑥ 본체에는 백 가지 그릇됨이 끊어지며,

⑦ 번뇌에 있으면서도 물들지 않으며,

⑧ 본체와 모양이 한 가지이다.

佛子여 菩薩摩訶薩이 有十種淸淨하니

何等이 爲十고

所謂深心淸淨과

斷疑淸淨과

離見淸淨과

境界淸淨과

求一切智淸淨과

辯才淸淨과

無畏淸淨과

住一切菩薩智淸淨과

受一切菩薩律儀淸淨과

具足成就無上菩提三十二種百福相白淨法하야 一切善根淸淨이 是爲十이니

若諸菩薩이 安住其中하면 則得一切如來無上淸淨法이니라

　　불자여, 보살마하살이 열 가지 청정이 있다.

　　무엇이 열 가지 청정인가?

　　이른바 깊은 마음이 청정하고,

　　의심을 끊음이 청정하며,

　　소견을 여읨이 청정하고,

　　경계가 청정하며,

일체 지혜를 구함이 청정하고,

변재가 청정하며,

두려움 없는 마음이 청정하고,

일체 보살의 지혜에 머무름이 청정하며,

일체 보살의 계율을 받음이 청정하고,

위없는 보리, 32종의 복된 모습, 청정한 법, 일체 선근을 구족하게 성취함이 청정하다.

이것이 열 가지 청정이다.

만약 보살들이 이 가운데 편안히 머물면 모든 여래의 위없는 청정한 법을 얻는다.

● 疏 ●

第三十種淸淨은 卽離障智니 此離智障는 晉名無垢라 故雖同淸淨이나 所淨不同이라

十中에 與七淨으로 有開合不同하니 在文易了니라 七淨은 如五地初辨하다

셋째, '열 가지 청정'은 곧 '장애를 여읜 지혜'이다. 이는 지혜의 장애를 여읜 것이기에 60화엄경에서는 '無垢'라 명명하였다. 따라서 청정이라는 말은 똑같으나, 청정의 대상은 똑같지 않다.

10구에는 7가지 청정과 구분 및 종합의 차례가 똑같지 않으나, 경문은 이해하기 쉽다. '7가지 청정'은 제5지의 첫 부분에서 말한 바와 같다.

佛子여 菩薩摩訶薩이 有十種印하니
何等이 爲十고
所謂菩薩摩訶薩이 知苦苦와 壞苦와 行苦하야 專求佛法호대 不生懈怠하며 行菩薩行호대 無有疲懈하야 不驚不畏하며 不恐不怖하야 不捨大願하고 求一切智하며 堅固不退하야 究竟阿耨多羅三藐三菩提하나니 是爲第一印이오

불자여, 보살마하살이 열 가지 법인이 있다.

무엇이 열 가지 법인인가?

이른바 보살마하살이 괴로움의 괴로움[苦苦], 무너지는 괴로움[壞苦], 변천하는 괴로움[行苦]을 알고서 오롯한 마음으로 불법을 구하되 게으른 마음을 내지 않으며, 보살의 행을 행하되 고달파하지 않고서, 놀라지 않고 저어하지 않으며, 무서워하지 않고 두려워하지 않으며, 큰 서원을 버리지 않고 일체 지혜를 구하며, 견고하여 물러서지 않고 아뇩다라삼먁삼보리를 끝마치는 것이다.

이것이 첫째 법인이다.

◉ 疏 ◉

第四 十種印者는 卽決審智니 以淸淨智로 決定印可一切法故니라 故晉本中에 名爲智印이라하고 後所結益에 亦是智印이라하니 亦猶三法印等이라【鈔_ 亦猶三法印等는 等取四印五印이니 竝如明

法品說하다】

넷째, '열 가지 법인'은 '결정하고 살피는 지혜'이다. 청정한 지혜로써 모든 법을 결정하여 인가한 까닭이다. 따라서 60화엄경에서는 그 이름을 '지혜의 법인[智印]'이라 한다. 뒤의 이익을 끝맺은 부분에서도 또한 '지혜의 법인'이라 하니 이 또한 '三法印' 등과 같다.【초_ "또한 三法印 등과 같다."는 것은 제4, 제5의 법인을 똑같이 취함이다. 이는 아울러 제18 명법품에서 말한 바와 같다.】

十中一은 於安受苦境에 忍智不動이라

10가지 법인 가운데 제1은 고통의 경계를 편안한 마음으로 받아들임에 인욕의 지혜가 흔들리지 않음이다.

經

菩薩摩訶薩이 **見有衆生**이 **愚癡狂亂**하야 **或以麤弊惡語**로 **而相毁辱**하며 **或以刀杖瓦石**으로 **而加損害**라도 **終不以此境界**로 **捨菩薩心**하고 **但忍辱柔和**하야 **專修佛法**하며 **住最勝道**하야 **入離生位**하나니 **是爲第二印**이오

보살마하살이 어떤 중생이 어리석고 미쳐서 혹은 거친 악담으로 서로 헐뜯거나 혹은 칼, 몽둥이, 돌멩이로 해코지할지라도 끝까지 이런 경계로써 보살의 마음을 버리지 않고, 다만 참고 부드럽고 화평하게 오롯한 마음으로 불법을 닦으며, 가장 훌륭한 도에 머물면서 생사를 여의는 자리에 들어가는 것이다.

이것이 둘째 법인이다.

◉ 疏 ◉

二는 他不饒益에 忍行決定이라

제2는 남들이 도움을 주지 않음에 忍行이 결정되어 흔들리지 않음이다.

經

菩薩摩訶薩이 聞說與一切智相應甚深佛法하고 能以自智로 深信忍可하야 解了趣入하나니 是爲第三印이오

보살마하살이 일체 지혜와 상응하는 매우 깊은 불법을 듣고, 자기의 지혜로써 깊이 믿고 분명히 알고서 이해하고 나아가 들어가는 것이다.

이것이 셋째 법인이다.

◉ 疏 ◉

三은 於佛法에 深信忍決定이니 卽諦察法忍이라

제3은 불법에 대해 깊은 신심으로 인행이 결정되어 흔들리지 않음이다. 이는 곧 자세히 살피는 법인이다.

經

菩薩摩訶薩이 又作是念호대 我發深心하야 求一切智하며 我當成佛하야 得阿耨多羅三藐三菩提하며 一切衆生이 流轉五趣하야 受無量苦일세 亦當令其發菩提心하야

深信歡喜하고 **勤修精進**하야 **堅固不退**라하나니 **是爲第四印**이오

보살마하살이 또 이런 생각을 하였다.

내가 깊은 마음을 내어 일체 지혜를 구할 것이며,

내가 마땅히 성불하여 아뇩다라삼먁삼보리를 얻을 것이며,

일체중생이 다섯 길로 헤매면서 한량없는 고통을 받기에 그들로 하여금 보리심을 내어 깊이 믿고 기뻐하며 부지런히 닦고 정진하여 견고하게 물러서지 않게 하리라.

이것이 넷째 법인이다.

◉ 疏 ◉

四는 決定코 成佛度生이라

제4는 반드시 성불하여 중생을 제도함이다.

經

菩薩摩訶薩이 **知如來智 無有邊際**하야 **不以齊限**으로 **測如來智**니 **菩薩**이 **曾於無量佛所**에 **聞如來智 無有邊際**일세 **故能不以齊限測度**이며 **一切世間文字所說**은 **皆有齊限**일세 **悉不能知如來智慧**하나니 **是爲第五印**이오

보살마하살이 여래의 지혜는 그지없음을 알고서, 한정된 마음으로 여래의 지혜를 헤아리지 않는다. 보살이 일찍이 한량없는 부처님의 도량에서 여래의 지혜가 그지없음을 들은 까닭에 한정된

마음으로 헤아리지 않으며, 일체 세간의 문자로 말하는 바는 모두 한계가 있기에 모두 여래의 지혜를 알지 못한다.

이것이 다섯째 법인이다.

◉ 疏 ◉

五는 決定코 知佛智無邊이라

제5는 반드시 부처의 지혜가 그지없음을 앎이다.

經

菩薩摩訶薩이 於阿耨多羅三藐三菩提에 得最勝欲과 甚深欲과 廣欲과 大欲과 種種欲과 無能勝欲과 無上欲과 堅固欲과 衆魔外道와 幷其眷屬이 無能壞欲과 求一切智不退轉欲하야 菩薩이 住如是等欲일세 於無上菩提에 畢竟不退하나니 是爲第六印이요

보살마하살이 아뇩다라삼먁삼보리에서

가장 나은 욕망,

매우 깊은 욕망,

드넓은 욕망,

큰 욕망,

가지가지 욕망,

이길 이 없는 욕망,

위없는 욕망,

견고한 욕망,

마군, 외도, 그리고 그 권속들이 파괴할 수 없는 욕망,

일체 지혜 구하려 물러서지 않는 욕망을 얻었으며,

보살이 이런 욕망에 머물면서 위없는 보리에 끝까지 물러서지 않는다.

이것이 여섯째 법인이다.

◉ 疏 ◉

六은 決欲佛果不退라

제6은 반드시 불과를 원하여 물러서지 않음이다.

經

菩薩摩訶薩이 行菩薩行호대 不顧身命하야 無能沮壞니 發心趣向一切智故며 一切智性이 常現前故며 得一切佛智光明故로 終不捨離佛菩提하며 終不捨離善知識하나니 是爲第七印이오

보살마하살이 보살의 행을 행하되 몸과 목숨을 돌보지 않아서 저해하거나 파괴할 자가 없다.

마음을 내어 일체 지혜로 나아가기 때문이며,

일체 지혜의 성품이 항상 앞에 나타나기 때문이며,

일체 부처님의 지혜 광명을 얻는 까닭에 끝내 부처의 보리를 버리지 않으며, 마침내 선지식을 버리지 않는다.

이것이 일곱째 법인이다.

◉ 疏 ◉

七은 決不顧身命하야 以親人法이라

제7은 반드시 나의 몸과 목숨을 돌보지 않고서 人我와 法我를 가까이함이다.

經

菩薩摩訶薩이 若見善男子善女人이 趣大乘者면 令其增長求佛法心하며 令其安住一切善根하며 令其攝取一切智心하며 令其不退無上菩提하나니 是爲第八印이오

보살마하살이 선남자, 선여인으로서 대승에 나아가는 이를 보면,

그로 하여금 불법 구하는 마음을 더욱 키워나가게 하며,

일체 선근에 머물게 하며,

일체 지혜의 마음을 거두어 지니게 하며,

위없는 보리에서 물러서지 않도록 한다.

이것이 여덟째 법인이다.

◉ 疏 ◉

八은 決度已入大乘者라

제8은 반드시 자기를 제도하여 대승에 들어감이다.

經

菩薩摩訶薩이 令一切衆生으로 得平等心하야 勸令勤修一切智道하며 以大悲心으로 而爲說法하야 令於阿耨多羅三藐三菩提에 永不退轉하나니 是爲第九印이오

보살마하살이 일체중생으로 하여금 평등한 마음을 얻게 하여, 일체 지혜의 도를 부지런히 닦게 하며, 크게 어여삐 여기는 마음으로 그를 위해 설법하여, 아뇩다라삼먁삼보리에서 영원히 물러서지 않도록 하였다.

이것이 아홉째 법인이다.

● **疏** ●

九는 決平等度라

제9는 반드시 평등하게 제도함이다.

經

菩薩摩訶薩이 與三世諸佛로 同一善根일새 不斷一切諸佛種性하고 究竟得至一切智智하나니 是爲第十印이니라 佛子여 是爲菩薩摩訶薩十種印이니 菩薩이 以此速成阿耨多羅三藐三菩提하야 具足如來一切法無上智印이니라

보살마하살이 삼세제불과 선근이 똑같기에 일체 제불의 종성을 끊이지 않도록 하고, 마침내는 일체 지혜의 지혜에 이르게 하는 것이다.

314

이것이 열째 법인이다.

불자여, 이것이 보살마하살의 열 가지 법인이다. 보살은 이로써 아뇩다라삼먁삼보리를 빠르게 성취하고 여래의 일체 법에 위없는 지혜의 법인을 두루 넉넉히 갖추는 것이다.

⊙ 疏 ⊙

十은 決同佛體 因圓果滿이라

제10은 반드시 부처 체성의 원만한 인과와 같고자 함이다.

經

佛子여 菩薩摩訶薩이 有十種智光照하니

何等이 爲十고

所謂知定當成阿耨多羅三藐三菩提智光照와

見一切佛智光照와

見一切衆生死此生彼智光照와

解一切修多羅法門智光照와

依善知識發菩提心하야 集諸善根智光照와

示現一切諸佛智光照와

敎化一切衆生하야 悉令安住如來地智光照와

演說不可思議廣大法門智光照와

善巧了知一切諸佛神通威力智光照와

滿足一切諸波羅蜜智光照 是爲十이니

若諸菩薩이 安住此法하면 則得一切諸佛無上智光照니라

　불자여, 보살마하살이 열 가지 지혜 광명으로 비춤이 있다.

　무엇이 열 가지 지혜 광명으로 비춤인가?

　이른바 반드시 아뇩다라삼먁삼보리를 성취할 줄 아는 지혜 광명의 비춤이며,

　일체 부처님을 보는 지혜 광명의 비춤이며,

　일체중생의 여기서 죽어 저기에 태어남을 보는 지혜 광명의 비춤이며,

　일체 경전의 법문을 아는 지혜 광명의 비춤이며,

　선지식을 의지하여 보리심을 내어 선근을 모으는 지혜 광명의 비춤이며,

　일체 부처님을 나타내는 지혜 광명의 비춤이며,

　일체중생을 교화하여 모두 여래의 지위에 머물게 하는 지혜 광명의 비춤이며,

　불가사의한 넓고 큰 법문을 연설하는 지혜 광명의 비춤이며,

　일체 부처님의 신통과 위엄을 뛰어나게 아는 지혜 광명의 비춤이며,

　일체 바라밀다를 만족하는 지혜 광명의 비춤이다.

　이것이 열 가지 지혜 광명으로 비춤이다.

　만약 보살들이 이 법에 편안히 머물면 일체 부처님의 위없는 지혜 광명이 비춤을 얻는다.

● 疏 ●

第五智光照는 卽照徹智니 由印定故로 照徹無礙라 十句 易知니라

다섯째, '지혜 광명으로 비춤'은 '사무치게 관조하는 지혜'이다. 법인의 결정에 연유한 까닭에 사무치게 관조하는 데 장애가 없다.

10구는 알기 쉽다.

經

佛子여 菩薩摩訶薩이 有十種無等住하야 一切衆生과 聲聞獨覺이 悉無與等이니

何等이 爲十고

所謂菩薩摩訶薩이 雖觀實際나 而不取證하나니 以一切願을 未成滿故 是爲第一無等住오

菩薩摩訶薩이 種等法界一切善根호대 而不於中에 有少執著이 是爲第二無等住오

菩薩摩訶薩이 修菩薩行호대 知其如化하야 以一切法이 悉寂滅故로 而於佛法에 不生疑惑이 是爲第三無等住오

菩薩摩訶薩이 雖離世間所有妄想이나 然能作意하야 於不可說劫에 行菩薩行하야 滿足大願하고 終不中起疲厭之心이 是爲第四無等住오

菩薩摩訶薩이 於一切法에 無所取著하야 以一切法이 性寂滅故로 而不證涅槃하나니 何以故오 一切智道를 未成滿故 是爲第五無等住오

菩薩摩訶薩이 知一切劫이 皆卽非劫이나 而眞實說一切劫數 是爲第六無等住오
菩薩摩訶薩이 知一切法이 悉無所作이나 而不捨作道하고 求諸佛法이 是爲第七無等住오
菩薩摩訶薩이 知三界唯心이며 三世唯心이나 而了知其心의 無量無邊이 是爲第八無等住오
菩薩摩訶薩이 爲一衆生하야 於不可說劫에 行菩薩行하야 欲令安住一切智地하나니 如爲一衆生하야 爲一切衆生도 悉亦如是호대 而不生疲厭이 是爲第九無等住오
菩薩摩訶薩이 雖修行圓滿이나 而不證菩提하나니 何以故오 菩薩이 作如是念호대 我之所作이 本爲衆生이라 是故로 我應久處生死하야 方便利益하야 皆令安住無上佛道 是爲第十無等住니라
佛子여 是爲菩薩摩訶薩의 十種無等住니
若諸菩薩이 安住其中하면 則得無上大智一切佛法無等住니라

불자여, 보살마하살이 열 가지 그 누구도 똑같을 수 없는 자리에 머무름이 있어, 일체중생, 성문, 독각으로서 똑같을 이가 없다.

무엇이 열 가지 똑같을 수 없는 자리에 머무름인가?

이른바 보살마하살이 비록 근본의 실제를 관찰하나 증득하지 않는다. 일체 서원이 만족하지 못하기 때문이다.

이것이 첫째 똑같을 수 없는 자리에 머무름이다.

보살마하살이 법계와 평등한 일체 선근을 심었으나 그 가운데 조그만 집착도 없다.

이것이 둘째 똑같을 수 없는 자리에 머무름이다.

보살마하살이 보살의 행을 닦되 변화와 같은 줄을 알고서, 일체 법이 모두 적멸한 까닭에 불법에 의심을 내지 않는다.

이것이 셋째 똑같을 수 없는 자리에 머무름이다.

보살마하살이 비록 세간에 있는 허망한 생각을 여의었으나, 이런 생각을 하였다.

'말할 수 없는 겁에 보살의 행을 행하여 큰 서원을 만족하리라.'
끝까지 중간에 고달픈 생각을 내지 않는다.

이것이 넷째 똑같을 수 없는 자리에 머무름이다.

보살마하살이 일체 법에 집착한 바 없다. 일체 법의 자성이 적멸한 까닭에 열반을 증득하지 않는다.

무엇 때문일까?

일체 지혜의 도를 원만 성취하지 못하기 때문이다.

이것이 다섯째 똑같을 수 없는 자리에 머무름이다.

보살마하살이 일체 겁이 모두 겁이 아닌 줄을 알지만, 진실하게 일체 겁의 수효를 말하는 것이다.

이것이 여섯째 똑같을 수 없는 자리에 머무름이다.

보살마하살이 일체 법이 모두 조작한 자가 없음을 알지만, 도를 지어가는 것을 버리지 않고 불법을 구하는 것이다.

이것이 일곱째 똑같을 수 없는 자리에 머무름이다.

보살마하살이 삼계가 오직 마음뿐이고 삼세가 오직 마음뿐임을 알지만, 그 마음이 한량없고 그지없음을 아는 것이다.

이것이 여덟째 똑같을 수 없는 자리에 머무름이다.

보살마하살이 하나의 중생을 위하여 말할 수 없는 겁에 보살의 행을 행하여 일체 지혜의 자리에 머물도록 하고자 하였다.

하나의 중생을 위하는 것처럼 일체중생을 위해서도 모두 이와 같이 하되 고달파하거나 싫어하는 마음을 내지 않았다.

이것이 아홉째 똑같을 수 없는 자리에 머무름이다.

보살마하살의 수행이 원만하였으나 보리를 증득하지 않는다.

무엇 때문일까?

보살이 이런 생각을 하였다.

'내가 하는 일은 본래 중생을 위함이다. 그러므로 내가 오래도록 생사에 있으면서 방편의 이익으로 모두 위없는 부처의 도에 머물게 하리라.'

이것이 열째 똑같을 수 없는 자리에 머무름이다.

불자여, 이것이 보살마하살이 열 가지 똑같을 수 없는 자리에 머무름이다.

만약 보살이 이 가운데 편안히 머물면 위없는 큰 지혜의 일체 불법에서 똑같을 수 없는 자리에 머무름을 얻는다."

◉ 疏 ◉

第六 無等住는 卽無等智니 由前照徹일세 故不偏住 著이오 雙住事

理하야 無與等故니라

列十中에 皆權實雙行이라 或卽寂之用과 卽用之寂等이니 竝顯可知니라

여섯째, '똑같을 수 없는 자리에 머무름'은 '똑같을 수 없는 지혜'이다.

앞에서 사무치게 관조함을 연유한 까닭에 치우쳐 머물지도 않고 사법계와 이법계에 모두 머물면서 그 누구도 함께할 수 없기 때문이다.

10가지 '똑같을 수 없는 자리에 머무름' 부분은 모두 방편의 권교와 진리의 실교를 행함이다. 혹은 고요와 하나가 된 작용이며, 작용과 하나가 된 고요 등이다. 이는 모두 그 뜻이 분명하여, 설명하지 않아도 알 수 있다.

이세간품 제38-2 離世間品 第三十八之二

화엄경소론찬요 제91권 華嚴經疏論纂要 卷第九十一

화엄경소론찬요 제92권
華嚴經疏論纂要 卷第九十二

◉

이세간품 제38-3
離世間品 第三十八之三

佛子여 菩薩摩訶薩이 發十種無下劣心하나니

何等이 爲十고

佛子여 菩薩摩訶薩이 作如是念호대 我當降伏一切天魔와 及其眷屬이 是爲第一無下劣心이오

又作是念호대 我當悉破一切外道와 及其邪法이 是爲第二無下劣心이오

又作是念호대 我當於一切衆生에 善言開喩하야 皆令歡喜 是爲第三無下劣心이오

又作是念호대 我當成滿徧法界一切波羅蜜行이 是爲第四無下劣心이오

又作是念호대 我當積集一切福德藏이 是爲第五無下劣心이오

又作是念호대 無上菩提의 廣大難成을 我當修行하야 悉令圓滿이 是爲第六無下劣心이오

又作是念호대 我當以無上教化와 無上調伏으로 教化調伏一切衆生이 是爲第七無下劣心이오

又作是念호대 一切世界의 種種不同에 我當以無量身으로 成等正覺이 是爲第八無下劣心이오

又作是念호대 我修菩薩行時에 若有衆生이 來從我乞手足耳鼻와 血肉骨髓와 妻子象馬와 乃至王位라도 如是一切를 悉皆能捨하야 不生一念憂悔之心하고 但爲利益一

切衆生호대 不求果報하야 以大悲爲首하며 大慈究竟이 是爲第九無下劣心이오

又作是念호대 三世所有一切諸佛과 一切佛法과 一切衆生과 一切國土와 一切世界와 一切三世와 一切虛空界와 一切法界와 一切語言施設界와 一切寂滅涅槃界의 如是一切種種諸法을 我當以一念相應慧로 悉知悉覺하며 悉見悉證하며 悉修悉斷호대 然於其中에 無分別하며 離分別하며 無種種하며 無差別하며 無功德하며 無境界하야 非有非無며 非一非二니 以不二智로 知一切二하며 以無相智로 知一切相하며 以無分別智로 知一切分別하며 以無異智로 知一切異하며 以無差別智로 知一切差別하며 以無世間智로 知一切世間하며 以無世智로 知一切世하며 以無衆生智로 知一切衆生하며 以無執著智로 知一切執著하며 以無住處智로 知一切住處하며 以無雜染智로 知一切雜染하며 以無盡智로 知一切盡하며 以究竟法界智로 於一切世界에 示現身하며 以離言音智로 示不可說言音하며 以一自性智로 入於無自性하며 以一境界智로 現種種境界하며 知一切法不可說하야 而現大自在言說하며 證一切智地하야 爲敎化調伏一切衆生故로 於一切世間에 示現大神通變化 是爲第十無下劣心이니라

佛子여 是爲菩薩摩訶薩의 發十種無下劣心이니 若諸菩薩이 安住此心하면 則得一切最上無下劣佛法이니라

"불자여, 보살마하살이 열 가지 못나지 않은 마음이 있다.

무엇이 열 가지 못나지 않은 마음인가?

불자여, 보살마하살이 이런 생각을 하였다.

'나는 모든 하늘 마군과 그 권속들을 항복 받으리라.'

이것이 첫째 못나지 않은 마음이다.

또 이런 생각을 하였다.

'나는 모든 외도와 그 삿된 법을 깨뜨리리라.'

이것이 둘째 못나지 않은 마음이다.

또 이런 생각을 하였다.

'나는 일체중생을 좋은 말로 일러주어 환희케 하리라.'

이것이 셋째 못나지 않은 마음이다.

또 이런 생각을 하였다.

'나는 법계에 가득하게 일체 바라밀다 행을 이루리라.'

이것이 넷째 못나지 않은 마음이다.

또 이런 생각을 하였다.

'나는 일체 복덕의 창고를 쌓아 모으리라.'

이것이 다섯째 못나지 않은 마음이다.

또 이런 생각을 하였다.

'위없는 보리는 넓고 커서 이루기 어렵지만, 나는 이를 수행하여 모두 원만케 하리라.'

이것이 여섯째 못나지 않은 마음이다.

또 이런 생각을 하였다.

'나는 위없는 교화, 위없는 조복으로 일체중생을 교화하고 조복하리라.'

이것이 일곱째 못나지 않은 마음이다.

또 이런 생각을 하였다.

'일체 세계가 가지가지 같지 않지만, 나는 한량없는 몸으로 정등각을 이루리라.'

이것이 여덟째 못나지 않은 마음이다.

또 이런 생각을 하였다.

'나는 보살의 행을 닦을 적에 만약 어떤 중생이 나를 찾아와서 손·발·귀·코·피·살·뼈·골수·처자·코끼리·말 내지 임금의 자리를 달라 할지라도 이런 모든 것을 모두 건네주고서 한 생각도 후회하는 마음을 내지 않고, 다만 일체중생의 이익을 위하되 과보를 추구하지 않으며, 크게 어여삐 여기는 마음으로 으뜸을 삼으며, 크게 사랑함으로 최고의 경지를 삼으리라.'

이것이 아홉째 못나지 않은 마음이다.

또 이런 생각을 하였다.

'삼세의 일체 제불, 일체 불법, 일체중생, 일체 국토, 일체 세계, 일체 삼세, 일체 허공계, 일체 법계, 일체 언어로 마련하는 경계, 일체 고요한 열반계, 이와 같은 일체 가지가지 법을, 나는 한 생각에 상응하는 지혜로 모두 알고, 모두 깨닫고, 모두 보고, 모두 증득하고, 모두 닦고, 모두 끊으리라.

그러나 그 가운데는 분별이 없고 분별을 여의며, 가지가지가 없고 차별이 없으며, 공덕도 없고 경계도 없다. 있는 것도 아니고 없는 것도 아니며, 하나도 아니고 둘도 아니다.

    둘이 아닌 지혜로 일체 둘을 알고,
    모양이 없는 지혜로 일체 모양을 알며,
    분별이 없는 지혜로 일체 분별을 알고,
    다름이 없는 지혜로 일체 다름을 알며,
    차별이 없는 지혜로 일체 차별을 알고,
    세간이 없는 지혜로 일체 세간을 알며,
    세상이 없는 지혜로 일체 세상을 알고,
    중생이 없는 지혜로 일체중생을 알며,
    집착이 없는 지혜로 일체 집착을 알고,
    머무르는 곳이 없는 지혜로 일체 머무르는 곳을 알며,
    물듦이 없는 지혜로 일체 물듦을 알고,
    다함이 없는 지혜로 일체 다함을 알며,
    법계를 다한 지혜로 일체 세계에서 몸을 나타내고,
    말을 여읜 지혜로 말할 수 없는 말을 보이며,
    하나의 자성 지혜로 자성이 없는 데 들어가고,
    한 경계의 지혜로 가지가지 경계를 나타내며,
    일체 법의 말할 수 없음을 알고서 크게 자재한 말을 나타내고,
    일체 지혜의 자리를 증득하고서 일체중생을 교화하고 조복하기 위하여 일체 세간에서 큰 신통과 변화를 나타내는 것이다.'

    이것이 열째 못나지 않은 마음이다.

불자여, 이것이 보살마하살의 열 가지 못나지 않은 마음을 내는 것이다.

만약 보살들이 이 마음에 편안히 머물면 일체 최상의 못나지 않은 불법을 얻는다.

● 疏 ●

第七無下劣心은 卽無劣智니 上旣望下無等이어니와 今望上無劣이니 於十勝事에 皆決作故로 名無下劣이니 所以晉經에 名無怯弱이라하니라

十句五對니 一은 降魔·制外對오 二는 喜他·自滿對오 三은 積福·成智對오 四는 下化·上成對니 上四는 單辨이오 五는 悲智究竟對니 卽是雙行이라

於中에 九는 是卽智之悲니 而悲智雙行일세 雖悲而不求果報오 十은 是卽悲之智니 而權實雙行이라

於中四니 一은 列所知오

二如是下는 辨能知니 謂知苦覺妄이오 見理證滅이오 修道斷集이라

三·然於下는 拂彼知相이니 能知無分別일새 故無功德이오 所知無種種일새 故無境界니라

四·非有下는 會歸中道니 廣辨雙行이라

於中에 初二句는 總辨中道오 次以不二下는 境智對明이니 皆以實智知權으로 顯雙行無礙니 於中에 異는 約豎論變異오 差別은 約橫辨不同이라 後以究竟法界下는 卽體起用하야 以辨雙行이라

일곱째, '못나지 않은 마음'은 곧 '못나지 않은 지혜'이다.

위에서 이미 아래에 대조하여 똑같을 이 없다고 말했지만, 여기에서는 위에 대조하여 못남이 없다고 하였다. 10가지 뛰어난 일을 모두 반드시 하였기 때문에 못남이 없다고 말한 것이다. 이 때문에 60화엄경에서는 '겁약이 없다[無怯弱].'고 말하였다.

10가지 못나지 않은 마음은 5대구이다.

제1 대구는 마군의 항복과 외도를 제재함이 대구이다.

제2 대구는 남을 기쁘게 함과 나의 만족이 대구이다.

제3 대구는 복덕을 쌓음과 지혜의 성취가 대구이다.

제4 대구는 아래로 중생을 교화함과 위로 보리를 성취함이 대구이다.

위의 4대구는 하나만을 들어 말하였다.

제5 대구는 大悲大智와 최고의 경지가 대구이다. 이는 대비와 대지를 쌍으로 행함이다.

그 가운데 제9는 지혜와 하나가 된 大悲이다. 대비대지를 모두 행하기 때문에 비록 가엾이 여기는 마음이 있으나 과보를 구하지 않는다.

제10은 大悲와 하나가 된 지혜이다. 이는 방편의 권교와 진리의 실교를 모두 행함이다. 이는 다시 4단락으로 나뉜다.

① 알아야 할 대상을 열거하였다.

② '如是一切' 이하는 앎의 주체를 논변하였다. 고통을 알고 망상을 깨달으며, 이치를 보고 사라짐을 증득하며, 도를 닦고 모음을

끊음이다.

③ '然於其中' 이하는 저 안다는 모양을 모조리 떨쳐버림이다. 앎의 주체는 분별이 없기 때문에 공덕이 없고, 알아야 할 대상은 가지가지가 없기에 경계가 없다.

④ '非有非無' 이하는 중도에 회통하여 귀결 지음이다. 모두 행함을 자세히 논변한 것이다.

그 가운데 처음 2구[非有非無, 非一非二]는 중도를 총괄하여 논변하였고,

다음 '以不二智' 이하는 경계와 지혜를 상대로 밝혔다. 이는 모두 如實智로써 방편을 앎이니 이를 모두 행하는 데에 장애가 없음을 나타낸 것이다. 그 가운데 '以無異智'의 異는 시간의 수직을 들어 變異를 논하였고, '以無差別智'의 차별은 공간의 횡을 들어 똑같지 않음을 논변하였다.

마지막 '以究竟法界' 이하는 본체와 하나가 되어 작용을 일으키는 것으로써 본체와 작용 2가지를 모두 행함을 논변한 것이다.

經

佛子여 菩薩摩訶薩이 於阿耨多羅三藐三菩提에 有十種如山增上心하니
何等이 爲十고
佛子여 菩薩摩訶薩이 常作意勤修一切智法이 是爲第一如山增上心이오

불자여, 보살마하살이 아뇩다라삼먁삼보리에 열 가지 산처럼 더욱 위로 올라가는 마음이 있다.

무엇이 열 가지 산처럼 더욱 위로 올라가는 마음인가?

불자여, 보살마하살이 항상 뜻을 내어 일체 지혜의 법을 부지런히 닦는다.

이것이 첫째 산처럼 더욱 위로 올라가는 마음이다.

⊙ 疏 ⊙

第八 如山增上心은 辨高出智니 由無下劣故로 萬行逈出하야 難仰其高오 於勝決作일새 故直趣菩提하야 不可傾動이라
十中에 一은 勤修能證智라

여덟째, '산처럼 더욱 위로 올라가는 마음'은 '드높이 뛰어난 지혜'를 말한다.

못나지 않은 마음을 연유한 까닭에 모든 행이 뛰어나 그 높이를 우러러보기 어렵고, 훌륭한 일을 반드시 행하기에 보리의 도로 곧장 달려 나아가 기울거나 흔들리지 않는다.

10가지 가운데 제1은 증득 주체의 지혜를 부지런히 닦음이다.

經

恒觀一切法本性의 空無所得이 是爲第二如山增上心이오

항상 일체 법의 본성이 공하여 얻을 바 없음을 관찰하는 것이다.

이것이 둘째 산처럼 더욱 위로 올라가는 마음이다.

● 疏 ●

二는 常觀所證理라

제2는 증득할 대상의 이치를 항상 관찰함이다.

經

願於無量劫에 行菩薩行하야 修一切白淨法하며 以住一切白淨法故로 知見如來無量智慧 是爲第三如山增上心이오

한량없는 겁에 보살의 행을 행하여, 일체 청정한 법을 닦으며, 일체 청정한 법에 머물기를 원한 까닭에 여래의 한량없는 지혜를 알고 보는 것이다.

이것이 셋째 산처럼 더욱 위로 올라가는 마음이다.

● 疏 ●

三은 內修無漏라

제3은 안으로 무루업을 닦음이다.

經

爲求一切佛法故로 等心敬奉諸善知識하야 無異希求하며 無盜法心하고 唯生尊重未曾有意하야 一切所有를 悉

皆能捨 是爲第四如山增上心이오

　　일체 불법을 구하기 위하여 평등한 마음으로 선지식을 공경하여 받들면서, 다른 것을 바람이 없고 법을 도적질할 마음도 없으며, 다만 존중히 여기고 처음 본다는 생각을 내어 일체 모든 것을 희사하는 것이다.

　　이것이 넷째 산처럼 더욱 위로 올라가는 마음이다.

◉ **疏** ◉

四는 **外近善人**이니 **爲名利 爲異求**오 **從他聞**코 **言己解 爲盜法**이니 **觀佛三昧經**에 **說**호되 '**此人**은 **墮地獄 如箭射**'라하니 **後學**은 **誡之**어다

　　제4는 밖으로 선지식을 가까이함이다.

　　명예와 이익을 위함이 다른 것을 바람이며,

　　다른 사람에게서 들은 것을 자기의 견해라 말함이 법을 도적질함이다. 관불삼매경에 이르기를, "이런 사람은 지옥에 떨어짐이 화살을 쏘는 것처럼 빠르다."고 하였다. 후학은 이를 경계해야 한다.

經

若有衆生이 **罵辱毁謗**하며 **打棒屠割**하야 **苦其形體**하며 **乃至斷命**이라도 **如是等事**를 **悉皆能受**일세 **終不因此**하야 **生動亂心**하고 **生瞋害心**하며 **亦不退捨大悲弘誓**하고 **更令增長**하야 **無有休息**하나니

何以故오 **菩薩**이 **於一切法**에 **如實出離**하야 **捨成就故**며

證得一切諸如來法하야 **忍辱柔和**하야 **已自在故 是爲第五如山增上心**이오

어떤 중생이 꾸짖고 욕설하고 훼방하며 방망이로 때리고 살을 오려내어 몸을 괴롭히거나 내지 목숨을 끊을지라도 이런 일들을 모두 참고 받아들이기에, 마침내 이런 일로 인하여 흔들리는 마음을 내거나 성내는 마음을 내지 않으며, 또한 큰 자비와 큰 서원을 버리지도 않고 다시 더욱 증장시켜 멈추지 않는다.

무엇 때문일까?

보살이 일체 법에 참으로 벗어나 버리는 일을 성취하였기 때문이며,

일체 여래의 법을 증득하여 인욕과 부드러움으로 이미 자유자재하기 때문이다.

이것이 다섯째 산처럼 더욱 위로 올라가는 마음이다.

◉ 疏 ◉

五는 大忍度生이라 弘誓更增者는 若薪熾於火라

제5는 큰 인욕으로 중생을 제도함이다.

큰 서원이 더욱 증장하는 것은 섶이 불에 활활 타는 것과 같다.

經

菩薩摩訶薩이 **成就增上大功德**하나니

所謂天增上功德과 **人增上功德**과 **色增上功德**과 **力增**

上功德과 眷屬增上功德과 欲增上功德과 王位增上功德과 自在增上功德과 福德增上功德과 智慧增上功德이라 雖復成就如是功德이나 終不於此에 而生染著하나니 所謂不著味하며 不著欲하며 不著財富하며 不著眷屬하고 但深樂法하야 隨法去하며 隨法住하며 隨法趣向하며 隨法究竟하며 以法爲依하며 以法爲救하며 以法爲歸하며 以法爲舍하며 守護法하며 愛樂法하며 希求法하며 思惟法이라 佛子여 菩薩摩訶薩이 雖復具受種種法樂이나 而常遠離衆魔境界하나니

何以故오 菩薩摩訶薩이 於過去世에 發如是心호대 我當令一切衆生으로 皆悉永離衆魔境界하고 住佛境故

是爲第六如山增上心이오

> 보살마하살은 더욱 향상하는 큰 공덕을 성취하는 것이다.
>
> 이른바 천상에서 선근을 더욱 향상하는 공덕,
>
> 인간에서 선근을 더욱 향상하는 공덕,
>
> 색상에서 선근을 더욱 향상하는 공덕,
>
> 역량에서 선근을 더욱 향상하는 공덕,
>
> 권속에서 선근을 더욱 향상하는 공덕,
>
> 욕망에서 선근을 더욱 향상하는 공덕,
>
> 왕위에서 선근을 더욱 향상하는 공덕,
>
> 자재한 데서 선근을 더욱 향상하는 공덕,
>
> 복덕에서 선근을 더욱 향상하는 공덕,

지혜에서 선근을 더욱 향상하는 공덕이다.

비록 이러한 공덕을 성취할지라도 집착하는 마음을 내지 않는다.

이른바 맛에 집착하지 않고, 탐욕에 집착하지 않고, 재물에 집착하지 않고, 권속에 집착하지 않는다.

다만 매우 법을 좋아하여 법을 따라가고, 법을 따라 머물고, 법을 따라 나아가고, 법을 따라 끝까지 가며,

법으로 의지를 삼고, 법으로 구원을 삼고, 법으로 돌아갈 데를 삼고, 법으로 집을 삼으며, 법을 수호하고, 법을 사랑하고, 법을 희구하고, 법을 생각하는 것이다.

불자여, 보살마하살이 비록 가지가지 법의 즐거움을 갖추었을지라도 항상 마군의 경계를 멀리 여의는 것이다.

무엇 때문일까?

보살마하살이 과거 세상에 이런 마음을 냈기 때문이다.

'나는 일체중생으로 하여금 모두 마군의 경계를 멀리 여의고 부처의 경계에 머물게 하리라.'

이것이 여섯째 산처럼 더욱 위로 올라가는 마음이다.

● 疏 ●

六는 決超魔境이니 由成勝德而不著하고 唯法樂以自資니 則魔皆爲佛境이라

제6은 반드시 마군의 경계에서 벗어남이다.

훌륭한 공덕을 성취하였지만 집착하지 않고, 오직 법의 즐거움으로 자신의 살림살이를 삼은 데에서 연유한 것이다. 이렇게 하면 마의 경계가 모두 부처의 경계이다.

經

菩薩摩訶薩이 爲求阿耨多羅三藐三菩提하야 已於無量阿僧祇劫에 行菩薩道하야 精勤匪懈호대 猶謂我今始發阿耨多羅三藐三菩提心하야 行菩薩行이라하야 亦不驚하고 亦不怖하고 亦不畏하며 雖能一念에 卽成阿耨多羅三藐三菩提나 然爲衆生故로 於無量劫에 行菩薩行하야 無有休息이

是爲第七如山增上心이오

보살마하살이 아뇩다라삼먁삼보리를 구하기 위하여 한량없는 아승지겁에 보살의 도를 이미 행하여 부지런히 게으르지 않았지만, 오히려 '나는 이제 처음으로 아뇩다라삼먁삼보리심을 내어 보살의 행을 행한다.'고 생각하여, 놀라지도 않고 두려워하지도 않으며, 또한 겁내지도 않으며, 비록 한 생각의 찰나에 아뇩다라삼먁삼보리를 성취하였지만, 중생을 위하는 마음으로 한량없는 겁에 보살의 행을 행하여 쉬지 않는다.

이것이 일곱째 산처럼 더욱 위로 올라가는 마음이다.

◉ 疏 ◉

七은 勤勇修行이니 攝論云 '愚修는 雖少時나 怠心疑已久어니와 佛은 於無量劫에 勤勇謂須臾니라

제7은 부지런히 용맹스럽게 수행함이다.

섭론에서 말하였다.

"어리석은 이의 수행은 잠깐임에도 게으른 마음으로 오래 닦은 것처럼 의심하지만, 부처는 한량없는 겁에 부지런히 용맹정진하면서도 잠깐인 것처럼 생각한다."

經

菩薩摩訶薩이 知一切衆生이 性不和善하야 難調難度하야 不能知恩하며 不能報恩이라 是故爲其發大誓願하야 欲令皆得心意自在하며 所行無礙하며 捨離惡念하고 不於他所에 生諸煩惱 是爲第八如山增上心이오

보살마하살은 일체중생의 성품이 화평하거나 착하지 못하여 조복하기 어렵고 제도하기 어려우며, 은혜를 알지도 못하고 은혜를 갚지도 못함을 알고 있다.

이 때문에 그들을 위하여 큰 서원을 일으켰다.

'그들이 모두 마음에 자재함을 얻고 행하는 바에 걸림이 없으며, 나쁜 생각을 버리고 다른 곳에서 번뇌를 내지 않게 하리라.'

이것이 여덟째 산처럼 더욱 위로 올라가는 마음이다.

● 疏 ●
八은 不捨惡人이라

제8은 악한 사람을 버리지 않음이다.

經

菩薩摩訶薩이 復作是念호대 非他令我로 發菩提心이며 亦不待人이 助我修行이오 我自發心하야 集諸佛法하야 誓期自勉하야 盡未來劫토록 行菩薩道하야 成阿耨多羅三藐三菩提니 故我今에 修菩薩行하야 當淨自心하고 亦淨他心하며 當知自境界하고 亦知他境界하야 我當悉與三世諸佛로 境界平等이
是爲第九如山增上心이오

보살마하살이 또 이런 생각을 하였다.

'다른 사람이 나로 하여금 보리심을 내게 하는 것도 아니고, 다른 사람이 나의 수행에 도움이 되는 것도 바라지 않는다. 내가 스스로 마음을 내어 불법을 모아서 맹세코 스스로 힘을 써서 미래 세월이 다하도록 보살의 도를 행하여 아뇩다라삼먁삼보리를 이룰 것이다.

이 때문에 내가 이제 보살의 행을 닦아서, 나의 마음을 청정히 하고, 다른 이의 마음도 청정히 하며, 나의 경계를 알고 다른 이의 경계도 알아서, 내가 마땅히 삼세제불의 경계와 평등하게 하리라.'

이것이 아홉째 산처럼 더욱 위로 올라가는 마음이다.

◉ 疏 ◉

九는 孤標等佛이라

제9는 부처님과 평등함을 홀로 나타냄이다.

經

菩薩摩訶薩이 作如是觀호대 無有一法도 修菩薩行이며 無有一法도 滿菩薩行이며 無有一法도 敎化調伏一切衆生이며 無有一法도 供養恭敬一切諸佛이며 無有一法도 於阿耨多羅三藐三菩提에 已成今成當成이며 無有一法도 已說今說當說이라 說者及法을 俱不可得이나 而亦不捨阿耨多羅三藐三菩提願이니

何以故오 菩薩이 求一切法에 皆無所得일세 如是出生阿耨多羅三藐三菩提하나니

是故於法에 雖無所得이나 而勤修習增上善業하며 淸淨對治하야 智慧圓滿하며 念念增長하야 一切具足하며 其心於此에 不驚不怖하야

不作是念호대 若一切法이 皆悉寂滅인댄 我有何義로 求於無上菩提之道 是爲第十如山增上心이니라

佛子여 是爲菩薩摩訶薩이 於阿耨多羅三藐三菩提에 十種如山增上心이니

若諸菩薩이 安住其中하면 則得如來無上大智山王增上心이니라

보살마하살이 이렇게 관조하였다.

'어느 법도 보살의 행을 닦을 것이 없고,

어느 법도 보살의 행을 만족케 함이 없으며,

어느 법도 일체중생을 교화하고 조복함이 없고,

어느 법도 모든 부처님께 공양하고 공경할 것이 없으며,

어느 법도 아뇩다라삼먁삼보리를 이미 이루었고 현재 이루고 미래에 이룰 게 없고,

어느 법도 이미 말하였고 현재 말하고 장차 말할 게 없기에,

말하는 이와 법을 모두 찾아볼 수 없지만, 아뇩다라삼먁삼보리의 서원을 버리지도 않는다.'

보살이 일체 법을 구하여도 얻을 수 없지만, 이와 같이 아뇩다라삼먁삼보리를 낳는다. 이 때문에 법을 얻을 것이 없지만, 부지런히 증상의 선업을 닦고 익히며, 청정하게 다스려서 지혜가 원만하며, 생각마다 더욱 커나가 일체가 두루 넉넉하고, 그 마음이 이에 대하여 놀라지도 않고 두려워하지도 않아서, 이런 생각을 하지 않는다.

'만약 일체 법이 모두 적멸하다면 내가 무슨 이유로 위없는 보리의 도를 구하는 것일까?'

이것이 열째 산처럼 더욱 위로 올라가는 마음이다.

불자여, 이것이 보살마하살이 아뇩다라삼먁삼보리에 대한 열 가지 산처럼 더욱 위로 올라가는 마음이다.

만약 보살들이 이 가운데 편안히 머물면 여래의 위없는 큰 지혜의 산처럼 더욱 위로 올라가는 마음을 얻는다.

● 疏 ●

十은 權實雙行이라

文中四니

一은 正辨雙行이오

二何以下는 徵釋이니 徵有二意니 一云修須稱理니 理旣無得인댄 願何不捨오 旣不捨願인댄 何用觀無아 進退有妨이라 二釋亦二意니 一云若有所得이면 不得菩提어니와 以無得故로 出生菩提니 故雖不捨願이나 須觀無得이라 二云無得之法이 非在得外라 要求一切法이라아 方盡無得之源일새 故欲證無得인댄 須不捨菩提之願이라

三'是故'已下는 結成雙行이오

四'不作是'下는 顯其離過니 謂不怖空而不求故일새니라

제10은 방편의 권교와 진리의 실교를 모두 행하였다.

이의 경문은 4단락이다.

① 바로 권교와 진리의 실교를 모두 행함을 논변하였다.

② '何以' 이하는 묻고 해석함이다.

물음에는 2가지 의의가 있다.

㉠ "닦음은 반드시 이치에 맞아야 한다. 이치를 이미 얻을 수 없다면 원하는 바를 어찌 버리지 않겠는가."

㉡ "이미 원하는 바를 버리지 않는다면 어떻게 無를 관조할 수 있겠는가."

이처럼 진퇴의 물음이 있다.

해석 또한 2가지 의의가 있다.

㉠ 만약 얻은 바가 있다면 보리를 얻지 못하지만, 얻음이 없기 때문에 보리를 낳는다. 비록 원하는 바를 버리지 않으나 반드시 얻음이 없음을 관조하는 것이다.

㉡ 얻은 바 없다는 법은 얻은 것 밖에 있지 않다. 일체 법을 구하고자 해야 비로소 얻음이 없는 본원을 다하는 것이다. 그러므로 얻음이 없음을 증명하고자 한다면 반드시 보리의 원을 버리지 않는다.

③ '是故於法' 이하는 방편의 권교와 진리의 실교를 모두 행함을 끝맺었다.

④ '不作是念' 이하는 허물을 여읨에 대해 밝혔다. 空을 두려워하여 구하지 않음이 없기 때문이다.

經

佛子여 菩薩摩訶薩이 有十種入阿耨多羅三藐三菩提如海智하니

何等이 爲十고

所謂入一切無量衆生界

是爲第一如海智오

入一切世界호대 而不起分別이

是爲第二如海智오

知一切虛空界의 無量無礙하야 普入十方一切差別世界網이

是爲第三如海智오

菩薩摩訶薩이 善入法界하나니 所謂無礙入과 不斷入과 不常入과 無量入과 不生入과 不滅入과 一切入을 悉了知故ㅣ

是爲第四如海智오

菩薩摩訶薩이 於過去未來現在諸佛菩薩法師聲聞獨覺과 及一切凡夫의 所集善根에 已集現集當集과 三世諸佛이 於阿耨多羅三藐三菩提에 已成今成當成한 所有善根과 三世諸佛이 說法調伏一切衆生에 已說今說當說한 所有善根을 於彼一切에 皆悉了知하야 深信隨喜하며 願樂修習하야 無有厭足이

是爲第五如海智오

菩薩摩訶薩이 於念念中에 入過去世不可說劫하야 於一劫中에 或百億佛出世와 或千億佛出世와 或百千億佛出世와 或無數와 或無量과 或無邊과 或無等과 或不可數와 或不可稱과 或不可思와 或不可量과 或不可說과 或不可說不可說로 超過算數한 諸佛世尊이 出興於世와 及彼諸佛道場衆會의 聲聞菩薩이 說法調伏一切衆生과 壽命延促과 法住久近인 如是一切를 悉皆明見하나니 如一劫하야 一切諸劫도 皆亦如是하며 其無佛劫의 所有衆生이 有於阿耨多羅三藐三菩提에 種諸善根도 亦悉了知하며 若有衆生이 善根熟已하야는 於未來世에 當

得見佛도 亦悉了知하야 如是觀察過去世不可說不可
說劫호대 心無厭足이

是爲第六如海智오

菩薩摩訶薩이 入未來世하야 觀察分別一切諸劫의 無量
無邊하야 知何劫有佛과 何劫無佛과 何劫에 有幾如來出
世와 一一如來의 名號何等과 住何世界와 世界名何와
度幾衆生과 壽命幾時하야 如是觀察하야 盡未來際토록
皆悉了知하야 不可窮盡호대 而無厭足이

是爲第七如海智오

菩薩摩訶薩이 入現在世하야 觀察思惟하야 於念念中에
普見十方無邊品類의 不可說世界에 皆有諸佛이 於無
上菩提에 已成今成當成하사 往詣道場하사 菩提樹下에
坐吉祥草하사 降伏魔軍하사 成阿耨多羅三藐三菩提하
고 從此起已에 入於城邑하며 升天宮殿하사 說微妙法하
야 轉大法輪하며 示現神通하야 調伏衆生하며 乃至付囑
阿耨多羅三藐三菩提法하고 捨於壽命하사 入般涅槃하
며 入涅槃已에 結集法藏하야 令久住世하고 莊嚴佛塔하
야 種種供養하며 亦見彼世界所有衆生이 値佛聞法하야
受持諷誦하고 憶念思惟하야 增長慧解하나니 如是觀察하
야 普徧十方호대 而於佛法에 無有錯謬니 何以故오 菩薩
摩訶薩이 了知諸佛이 皆悉如夢호대 而能往詣一切佛所
하야 恭敬供養하나니 菩薩이 爾時에 不著自身하며 不著

諸佛하며 不著世界하며 不著衆會하며 不著說法하며 不著劫數나 然이나 見佛聞法하며 觀察世界하며 入諸劫數하야 無有厭足이

是爲第八如海智오

菩薩摩訶薩이 於不可說不可說劫의 一一劫中에 供養恭敬不可說不可說無量諸佛호대 示現自身이 沒此生彼하야 以出過三界一切供具로 而爲供養하고 幷及供養菩薩聲聞一切大衆하며 一一如來般涅槃後에 皆以無上供具로 供養舍利하고 及廣行惠施하야 滿足衆生하나니 佛子여 菩薩摩訶薩이 以不可思議心과 不求報心과 究竟心과 饒益心으로 於不可說不可說劫에 爲阿耨多羅三藐三菩提故로 供養諸佛하고 饒益衆生하며 護持正法하야 開示演說이

是爲第九如海智오

菩薩摩訶薩이 於一切佛所와 一切菩薩所와 一切法師所에 一向專求菩薩所說法과 菩薩所學法과 菩薩所敎法과 菩薩修行法과 菩薩淸淨法과 菩薩成熟法과 菩薩調伏法과 菩薩平等法과 菩薩出離法과 菩薩總持法하야 得此法已에 受持讀誦하고 分別解說호대 無有厭足하야 令無量衆生으로 於佛法中에 發一切智相應心하야 入眞實相하야 於阿耨多羅三藐三菩提에 得不退轉하나니 菩薩이 如是於不可說不可說劫에 無有厭足이

是爲第十如海智니라

佛子여 是爲菩薩摩訶薩의 十種入阿耨多羅三藐三菩提如海智니

若諸菩薩이 安住此法하면 則得一切諸佛無上大智慧海니라

불자여, 보살마하살이 열 가지 아뇩다라삼먁삼보리에 들어가는 바다와 같은 지혜가 있다.

무엇이 열 가지 바다와 같은 지혜인가?

이른바 일체 한량없는 중생세계에 들어감이다.

이것이 첫째 바다와 같은 지혜이다.

일체 세계에 들어가되 분별을 일으키지 않는다.

이것이 둘째 바다와 같은 지혜이다.

일체 허공계가 한량없고 걸림 없음을 알고서 시방의 일체 각기 다른 세계 그물에 널리 들어간다.

이것이 셋째 바다와 같은 지혜이다.

보살마하살이 법계에 잘 들어감이다.

이른바 걸림 없는 법계에 잘 들어가며,

끊이지 않는 법계에 잘 들어가며,

영원하지 않은 법계에 잘 들어가며,

한량없는 법계에 잘 들어가며,

생겨나지 않는 법계에 잘 들어가며,

사라지지 않는 법계에 잘 들어가며,

일체 법계에 잘 들어가는 것을 모두 잘 알기 때문이다.

이것이 넷째 바다와 같은 지혜이다.

보살마하살은 과거와 현재와 미래의 제불, 보살, 법사, 성문, 독각 및 일체 범부들이 모은 선근으로, 이미 모았던 것, 현재 모으는 것, 미래에 모을 것,

삼세제불이 아뇩다라삼먁삼보리를 이미 이루었고 현재 이루고 미래 이루어야 할 선근,

삼세제불이 설법으로 일체중생을 조복하되 이미 말하였던 것, 현재 말하는 것, 미래에 말할 선근,

그 일체 모든 것을 모두 알고서 깊이 믿고 따라 기뻐하며, 원하고 좋아하고 닦고 익히면서 싫어함이 없다.

이것이 다섯째 바다와 같은 지혜이다.

보살마하살이 한 생각 한 생각의 찰나에 과거 세계의 말할 수 없는 겁에 들어가, 한 겁에 백억 부처님이 세상에 나기도 하고, 혹은 천억 부처님이 세상에 나기도 하고, 혹은 백천억 부처님이 세상에 나기도 하며, 혹은 수 없고 한량없고 그지없고 같을 이 없고 셀 수 없고 일컬을 수 없고 생각할 수 없고 헤아릴 수 없고 말할 수 없고 말할 수 없이 말할 수 없어, 셈법을 초월한 제불세존이 세상에 나시는 것과,

저 부처님의 도량 대중법회에 모인 성문 보살들이 설법으로 일체중생을 조복함과,

목숨이 길고 짧음과, 법에 오래 머물고 잠깐 머무는 등, 이와

같은 것들을 모두 분명하게 보았다.

한 겁에서와 같이 일체 겁에서도 모두 또한 그와 같았다.

그 부처님 없는 겁에 있는 중생들이 아뇩다라삼먁삼보리에 선근을 심은 것 또한 모두 다 알고, 어떤 중생은 선근이 성숙하여 미래 세상에 부처님을 뵈옵게 될 것 또한 모두 잘 알고 있다.

이처럼 과거 세상의 말할 수 없이 말할 수 없는 겁을 관찰하되 싫어하는 마음이 없다.

이것이 여섯째 바다와 같은 지혜이다.

보살마하살이 미래 세상에 들어가 일체 모든 겁의 한량없고 그지없음을 관찰하고 분별하여,

어느 겁에는 부처님이 있고 어느 겁에는 부처님이 없으며,

어느 겁에는 몇 분의 여래가 출세한 것과

한 분 한 분 여래의 이름은 무엇인가와

어느 세계에 머무른 것과

세계의 이름은 무엇이며,

얼마의 중생을 제도한 것과

목숨은 얼마인지,

미래 세월이 다하도록 모두 알아 다함이 없되 싫어함이 없다.

이것이 일곱째 바다와 같은 지혜이다.

보살마하살이 현재 세상에 들어가 관찰하고 생각하여, 한 생각 한 생각 찰나에 널리 시방의 그지없는 부류의 말할 수 없는 세계에 모두 부처님이 계시어 위없는 보리를 이미 이루었고 현재 이루고

미래에 이루어, 도량에 나아가 보리수 아래 길상초를 깔고 앉아 마군을 항복 받고 아뇩다라삼먁삼보리를 성취하며,

여기에서 일어나 성중에 들어가고 천궁에도 올라가 미묘한 법을 말하여 큰 법륜을 굴리고, 신통을 나타내어 중생들을 조복하며, 내지 아뇩다라삼먁삼보리를 부촉한 후에 목숨을 버리고 반열반에 들며,

열반에 든 뒤에는 법장을 결집하여 오래오래 세상에 남겨 두고, 불탑을 장엄하여 가지가지로 공양하며, 또한 그 세계에 있는 중생들이 부처님을 만나 법을 듣고 받들어 지니고 읽고 외우며 기억하고 생각하여 지혜를 더욱 키워나감을 보았다.

이처럼 시방세계를 두루 관찰하되 불법에 그릇됨이 없다.

무엇 때문일까?

보살마하살은 부처님이 모두 꿈과 같을 줄 알지만, 일체 부처님의 도량에 나아가 공경하고 공양한 까닭이다.

보살이 그때에 자신의 몸에 집착하지 않고, 부처님에게도 집착하지 않으며,

세계에도 집착하지 않고, 대중이 모임에도 집착하지 않으며,

설법에도 집착하지 않고, 겁의 수효에도 집착하지 않는다.

그러나 부처님을 뵙고 법을 듣고 세계를 관찰하고 일체 겁에 들어가 싫어함이 없다.

이것이 여덟째 바다와 같은 지혜이다.

보살마하살이 말할 수 없이 말할 수 없는 겁 동안에 하나하나

의 겁마다 말할 수 없이 말할 수 없는 한량없는 부처님께 공양하고 공경하되, 자기의 몸이 여기서 죽어 저곳에 태어남을 나타내어 삼세에 뛰어난 일체 공양거리로 공양하고, 아울러 보살과 성문과 일체 대중에게 공양하며, 한 분 한 분 여래께서 열반하신 후에 모두 위없는 공양거리로 사리에 공양하고, 보시를 널리 행하여 중생을 만족케 하였다.

불자여, 보살마하살이 불가사의한 마음, 과보를 바라지 않는 마음, 끝까지 이르는 마음, 이익을 베풀려는 마음으로, 말할 수 없는 겁에 아뇩다라삼먁삼보리를 위하여 부처님께 공양하고 중생에게 이익을 주고 바른 법을 보호하여 지니며, 열어 보이고 연설하였다.

이것이 아홉째 바다와 같은 지혜이다.

보살마하살이 일체 부처님의 처소, 일체 보살의 처소, 일체 법사의 처소에서 하나같이 보살이 말한 법, 보살이 배웠던 법, 보살이 가르친 법, 보살이 닦았던 법, 보살의 청정한 법, 보살의 성숙한 법, 보살의 조복하는 법, 보살의 평등한 법, 보살의 출세간의 법, 보살의 다라니[總持] 법을 오롯한 마음으로 구하여, 이 법을 얻은 후에는 받들어 지니고 읽고 외우고 분별하여 연설하되 싫어함이 없어, 한량없는 중생으로 하여금 불법 가운데서 일체 지혜와 상응하는 마음을 내도록 하고, 진실한 모양에 들어가 아뇩다라삼먁삼보리에서 물러서지 않도록 하는 것이다.

보살이 이처럼 말할 수 없이 말할 수 없는 겁에 싫어함이 없다.

이것이 열째 바다와 같은 지혜이다.

불자여, 이것이 보살마하살의 열 가지 아뇩다라삼먁삼보리에 들어가는 바다와 같은 지혜이다.

만약 보살들이 이 법에 편안히 머물면 일체 부처의 위없는 큰 지혜 바다를 얻는다.

● 疏 ●

第九는 如海智니 卽深廣智니 非但求升聳峻이라 抑亦智體包含故 일세니라
十中前四는 卽四無量界요 後六은 竝佛界無量開出이니 謂五는 入三世佛善根이요 六·七·八은 入三世佛界요 九는 供多佛이요 十은 求多法이니 竝顯可知니라 由此因海하야 得入果海라

아홉째, '바다와 같은 지혜'이다. 이는 '심오하고 광대한 지혜'이다. 높이 솟은 곳에 올라감을 추구할 뿐 아니라, 또한 지혜의 본체가 모든 것을 포함한 까닭이다.

10가지 가운데 앞의 4가지는 慈悲喜捨의 四無量心의 세계이고, 뒤의 6가지는 모두 부처의 한량없는 세계를 구분하였다.

제5는 삼세제불의 선근에 들어감이며,

제6, 7, 8은 삼세제불의 세계에 들어감이며,

제9는 많은 부처에게 공양함이며,

제10은 많은 법을 구함이다.

이는 모두 그 뜻이 분명하여 말하지 않아도 알 수 있다.

이는 '원인의 바다[因海]'를 연유하여 '결과의 바다[果海]'에 들어

감이다.

上來十行位竟하다

위의 십행위를 끝마치다.

大文第四 '如寶住'下 二十九門은 答二十九句 問廻向位中行이라
若并無礙 總句면 有三十門이라
隨次配十廻向이니 於中에 初有四門은 明初廻向이오 二三廻向은
各有二門이오 四·五·六·七은 各唯一門이오 第八廻向은 即十無礙
오 九有三門이오 十有四門이니 至文當知니라

4. '如寶住' 이하 29문은 십회향의 행에 관한 29가지 물음에 답한 것이다.

만약 '無礙'의 총괄 구절을 아우르면 30문이다.

차례를 따라 십회향에 짝하였다.

그 가운데 처음 4문은 제1 구호일체중생이중생상회향을 밝혔고,

제2 불괴회향, 제3 등일체불회향은 각각 2문이고,

제4 지일체처회향, 제5 무진공덕장회향, 제6 수순견고일체선근회향, 제7 평등수순일체중생회향은 각각 오직 하나의 법문이고,

제8 진여상회향은 곧 10가지 장애가 없음이며,

제9 무박무착해탈회향은 3문이고,

제10 입법계무량회향은 4문이다.

해당 경문에서 알 수 있다.

經

佛子여 菩薩摩訶薩이 於阿耨多羅三藐三菩提에 有十種如寶住하니
何等이 爲十고
佛子여 菩薩摩訶薩이 悉能往詣無數世界諸如來所하야 瞻覲頂禮하고 承事供養이 是爲第一如寶住오

불자여, 보살마하살이 아뇩다라삼먁삼보리에 열 가지 보배와 같이 머무름이 있다.

무엇이 열 가지 보배와 같이 머무름인가?

불자여, 보살마하살이 무수한 세계의 부처님 계신 도량을 모두 찾아가 뵈옵고 정례하고 받들어 섬기고 공양함이다.

이것이 첫째 보배와 같이 머무름이다.

● 疏 ●

今初四門은 明救護衆生離衆生相廻向位中之行이니
卽分爲四니
一은 明所廻善根이오
二는 卽大願救護오
三은 卽廻向所爲오
四는 顯所作成滿이라
今은 初니 所住善根이 可貴圓滿故니라
十中에 一은 供事多佛이라

(1) 4문은 구호중생이중생상회향 부분의 행을 밝혔다.

이는 4단락으로 나뉜다.

첫째, 회향할 바의 선근을 밝혔고,

둘째, 큰 서원으로 일체중생을 구제하고 보호함이며,

셋째, 회향의 목적을 밝혔고,

넷째, 하는 일을 원만하게 성취함을 밝혔다.

이는 첫 법문이다. 머문 바의 선근이 고귀하고 원만한 까닭이다.

10가지 가운데 제1은 많은 부처님에게 공양을 올려 섬김이다.

經

於不思議諸如來所에 **聽聞正法**하고 **受持憶念**하야 **不令忘失**하며 **分別思惟**하야 **覺慧增長**하야 **如是所作**이 **充滿十方**이 **是爲第二如寶住**오

불가사의한 여래가 계신 도량에서 바른 법을 듣고 받들어 지니고 기억하여 잊지 않으며, 분별하고 생각하여 깨달음의 지혜가 증장하며, 이처럼 하는 일이 시방에 가득함이다.

이것이 둘째 보배와 같이 머무름이다.

◉ 疏 ◉

二는 聞法受持라

제2는 법을 듣고 받들어 지님이다.

經

於此刹歿하야 **餘處現生**호대 **而於佛法**에 **無所迷惑**이 **是 爲第三如寶住**오

이 세계에서 죽어 다른 곳에 태어나되 불법에 미혹한 바 없다.
이것이 셋째 보배와 같이 머무름이다.

◉ 疏 ◉

三은 自在受生이라

제3은 자재하게 몸을 받아 태어남이다.

經

知從一法으로 **出一切法**하야 **而能各各分別演說**하나니 **以一切法種種義 究竟皆是一義故 是爲第四如寶住**오

하나의 법으로부터 일체 법이 나오는 줄을 알고서, 각각 분별하여 연설한다.
일체 법의 가지가지 뜻이 결국은 모두 하나의 뜻이기 때문이다.
이것이 넷째 보배와 같이 머무름이다.

◉ 疏 ◉

四는 說本末法이니

於中에 初說從本起末法이니 如無量義 從一法生이니 其一法者는 所謂無相이라

次以一切下는 攝末歸本이니 釋成上義라

제4는 근본과 지말의 법을 말하였다.

이 부분은 2단락이다.

① 근본으로부터 지말이 일어나는 법을 말하였다. 예컨대 한량없는 이치가 하나의 법에서 생겨나는 것이다. 그 '하나의 법'이란 이른바 '모양이 없는 자리[無相]'이다.

② '以一切法' 이하는 지말을 묶어 근본으로 귀결 지었다. 위의 의의를 해석하여 끝맺음이다.

經

知厭離煩惱하며 知止息煩惱하며 知防護煩惱하며 知除斷煩惱하며 修菩薩行하야 不證實際하고 究竟到於實際彼岸하며 方便善巧로 善學所學하야 令往昔願行으로 皆得成滿호대 身不疲倦이 是爲第五如寶住오

번뇌를 싫어하여 여읠 줄 알고,

번뇌를 쉴 줄 알고,

번뇌를 막아 보호할 줄 알고,

번뇌를 끊을 줄 알고,

보살의 행을 닦아 진실한 경계를 증득하지 않고서도 결국에는 실제의 피안에 이르며,

뛰어난 방편으로 배울 바를 잘 배워서, 옛적의 서원과 수행을 모두 원만 성취하되 몸이 고달프지 않다.

이것이 다섯째 보배와 같이 머무름이다.

● 疏 ●

五는 知斷自在니 資糧道는 厭息이오 加行道는 防護오 無間道는 斷除로되 而不取오 解脫道는 證入이니 爲異二乘이니 留惑不斷이라가 方能究竟斷證故니라

云何不證고 方便巧學無邊佛法하야 滿昔弘願故며 如箭射空에 筈筈相拄故니라

제5는 끊음의 자재함을 앎이다.

資糧道는 싫어하여 멈춤이며,

加行道는 막고 수호함이며,

無間道는 끊어 없애되 집착하지 않음이며,

解脫道는 증득하여 들어감이다. 이승과는 다름을 위함이다. 미혹을 남겨둔 채, 끊지 못하다가 바야흐로 끝에 가서는 끊고서 증득하기 때문이다.

어찌하여 증득하지 못하는가. 방편으로 그지없는 불법을 잘 배워서 예전에 세운 弘願을 원만하게 성취하기 때문이며, 화살로 허공을 쏘면 쓰윽 서로 머무는 것과 같기 때문이다.

經

知一切衆生의 心所分別이 皆無處所호대 而亦說有種種方處하며 雖無分別하고 無所造作이나 爲欲調伏一切衆

生하야 而有修行하며 而有所作이 是爲第六如寶住오

일체중생의 마음으로 분별하는 바 모두 처소가 없는 줄을 알지만, 또한 가지가지 처소를 말하며,

비록 분별이 없고 하는 일이 없지만, 일체중생을 조복하기 위하여 수행함도 있고 하는 일도 있다.

이것이 여섯째 보배와 같이 머무름이다.

◉ 疏 ◉

六은 悲智雙行이라

제6은 大悲와 大智를 모두 행함이다.

經

知一切法이 皆同一性하나니
所謂無性이며 無種種性이며 無無量性이며 無可算數性이며 無可稱量性이며 無色無相이며 若一若多를 皆不可得이나 而決定了知此是諸佛法이며 此是菩薩法이며 此是獨覺法이며 此是聲聞法이며 此是凡夫法이며 此是善法이며 此是不善法이며 此是世間法이며 此是出世間法이며 此是過失法이며 此是無過失法이며 此是有漏法이며 此是無漏法이며 乃至此是有爲法이며 此是無爲法이 是爲第七如寶住오

일체 법이 모두 동일한 자성임을 아는 것이다.

이른바 자성이 없으며,

여러 가지 자성이 없으며,

한량없는 자성이 없으며,

셈할 수 있는 자성이 없으며,

헤아릴 수 있는 자성이 없으며,

빛도 없고 모양도 없으며,

하나인지 많은 것인지 모두 알 수 없지만,

반드시 그것은 불법이며, 그것은 보살법이며, 그것은 독각법이며, 그것은 성문법이며, 그것은 범부법이며,

그것은 착한 법이며, 그것은 착하지 않은 법이며,

그것은 세간법이며, 그것은 출세간법이며,

그것은 잘못된 법이며, 그것은 잘못되지 않은 법이며,

그것은 번뇌가 있는 법이며, 그것은 번뇌가 없는 법이며,

내지 그것은 작위가 있는 법이며, 그것은 작위가 없는 법인 줄 반드시 아는 것이다.

이것이 일곱째 보배와 같이 머무름이다.

◉ 疏 ◉

七은 知性相無礙라

제7은 근본의 자성과 현실의 양상에 걸림이 없음을 아는 것이다.

菩薩摩訶薩이 **求佛不可得**이며 **求菩薩不可得**이며 **求法不可得**이며 **求衆生不可得**이나 **而亦不捨調伏衆生**하야 **令於諸法**에 **成正覺願**하나니

何以故오 **菩薩摩訶薩**이 **善巧觀察**하야 **知一切衆生分別**하며 **知一切衆生境界**하며 **方便化導**하야 **令得涅槃**하며 **爲欲滿足化衆生願**하야 **熾然修行菩薩行故** **是爲第八如寶住**오

　　보살마하살이 부처를 구하려 해도 구할 수 없고,

　　보살을 구하려 해도 구할 수 없고,

　　법을 구하려 해도 구할 수 없고,

　　중생을 구하려 해도 구할 수 없지만,

　　또한 중생의 조복을 버리지 않고서 일체 모든 법에 대해 바른 깨달음의 서원을 성취하도록 마련해 주는 것이다.

　　무슨 까닭인가?

　　보살마하살이 뛰어나게 관찰하여 일체중생의 분별을 알고, 일체중생의 경계를 알며, 방편으로 교화하여 그들로 하여금 열반을 얻게 하며, 중생을 교화하려는 서원을 만족하기 위해 불꽃처럼 보살의 행을 닦기 때문이다.

　　이것이 여덟째 보배와 같이 머무름이다.

◉ 疏 ◉

八은 無得之得이라

제8은 얻음이 없는 얻음이다.

經

菩薩摩訶薩이 知善巧說法하며 示現涅槃하야 爲度衆生한 所有方便이 一切皆是心想建立이라 非是顚倒며 亦非虛誑하나니

何以故오 菩薩이 了知一切諸法이 三世平等하야 如如不動하며 實際無住하야 不見有一衆生도 已受化와 今受化와 當受化하며 亦自了知無所修行하야 無有少法도 若生若滅을 而可得者나 而依於一切法하야 令所願不空이 是爲第九如寶住오

보살마하살이 뛰어나게 설법하며, 열반을 나타내어 중생의 제도를 위한 방편을 삼는, 그 모든 것이 모두 마음으로 세운 것이다. 전도됨도 아니고 허탄함도 아님을 아는 것이다.

무슨 까닭인가?

보살마하살은 일체 모든 법이 삼세에 평등하여 진여와 같아서 동요하지 않고, 진실한 경계가 머무름이 없음을 알고서, 어느 한 중생도 이미 교화를 받았거나 현재 교화를 받거나 미래에 교화받을 게 있음을 보지 못하며,

또한 수행할 바가 없고 조그만 법도 생겨나거나 사라짐을 얻

을 수 없는 줄 알지만, 모든 법을 의지하여 원하는 바를 헛되지 않게 하는 것이다.

이것이 아홉째 보배와 같이 머무름이다.

◉ 疏 ◉

九는 觀空滿願이라

제9는 공을 관조하여 서원을 원만케 함이다.

經

菩薩摩訶薩이 於不思議無量諸佛의 一一佛所에 聞不可說不可說授記法의 名號各異와 劫數不同호대 從於一劫으로 乃至不可說不可說劫토록 常如是聞이라도 聞已修行하야 不驚不怖하며 不迷不惑하나니
知如來智의 不思議故며 如來授記 言無二故며 自身行願의 殊勝力故며 隨應受化하야 令成阿耨多羅三藐三菩提하야 滿等法界一切願故
是爲第十如寶住니라
佛子여 是爲菩薩摩訶薩의 於阿耨多羅三藐三菩提에 十種如寶住니
若諸菩薩이 安住此法하면 則得諸佛無上大智慧寶니라

보살마하살이 불가사의한 한량없는 부처님의 하나하나 도량에서 말할 수 없이 말할 수 없는 수기하는 법의 각기 다른 명호와

각기 다른 겁의 수효를 들었지만, 하나의 겁으로부터 말할 수 없이 말할 수 없는 겁에 이르기까지 항상 이처럼 들었을지라도, 이런 법문을 듣고서 수행하는데 도가 심오하거나 고준하다고 놀라지 않고 겁내지 않고 혼미하지 않고 의혹하지 않았다.

여래의 지혜가 불가사의함을 알기 때문이며,

여래의 수기는 이랬다저랬다 두 말이 둘이 없기 때문이며,

자신의 행과 원의 수승한 힘 때문이며,

마땅히 받아야 할 교화를 받아 아뇩다라삼먁삼보리를 성취하여, 법계와 같은 모든 서원을 원만케 하기 위함이다.

이것이 열째 보배와 같이 머무름이다.

불자여, 이것이 보살마하살이 아뇩다라삼먁삼보리에서 열 가지 보배와 같이 머무름이다.

만약 보살들이 이 법에 편안히 머물면 일체 부처님의 위없는 큰 지혜의 보배를 얻는다.

◉ 疏 ◉

十은 受行無厭이니 於中에 先은 正顯이오 後 知如來下는 釋成이라

제10은 가르침을 받아 행하는 데에 싫어함이 없음이다.

그 가운데 앞에서는 바로 밝혔고,

뒤의 '知如來智' 이하는 해석하고 끝맺었다.

佛子여 菩薩摩訶薩이 發十種如金剛大乘誓願心하나니 何等이 爲十고
佛子여 菩薩摩訶薩이 作如是念호대 一切諸法이 無有邊際하야 不可窮盡이니 我當以盡三世智로 普皆覺了하야 無有遺餘 是爲第一如金剛大乘誓願心이오

불자여, 보살마하살이 열 가지 금강 같은 대승 서원의 마음을 일으킨다.

무엇이 열 가지 금강 같은 대승 서원의 마음인가?

불자여, 보살마하살이 이런 생각을 하였다.

'일체 모든 법이 그지없어 다할 수 없다. 나는 삼세의 모든 지혜로 널리 모두 깨달아 남김없이 하리라.'

이것이 첫째 금강 같은 대승 서원의 마음이다.

● 疏 ●

第二 十種如金剛心은 卽大願救護니 雖廻向皆願이나 此在初故니 謂於當作事와 及現作行이 皆無齊限하야 要心堅固하야 窮其際故니라
十中에 一은 法門無盡誓願知라

둘째, '열 가지 금강 같은 대승 서원의 마음'은 큰 서원으로 일체중생을 구제하고 보호함이다. 비록 회향을 모두 원하지만, 이는 첫 부분에 있기 때문이다.

367

'미래에 할 일'과 '현재 해야 할 행'이 모두 한계가 없기에 단단한 마음으로 그 끝까지 다함을 요하기 때문이다.

10가지 가운데 제1은 끝없는 법문을 맹세코 알기를 원함이다.

經

菩薩摩訶薩이 **又作是念**호대 **於一毛端處**에 **有無量無邊衆生**이어든 **何況一切法界**아 **我當皆以無上涅槃**으로 **而滅度之 是爲第二如金剛大乘誓願心**이오

보살마하살이 또 이런 생각을 하였다.

'한 털끝만 한 곳에도 한량없고 그지없는 중생이 있거든, 하물며 모든 법계야 오죽하겠는가. 나는 위없는 열반으로 제도하리라.'

이것이 둘째 금강 같은 대승 서원의 마음이다.

◉ 疏 ◉

二는 衆生無邊誓願度라

제2는 가없는 중생을 맹세코 제도하기를 원함이다.

經

菩薩摩訶薩이 **又作是念**호대 **十方世界 無量無邊**하며 **無有齊限**하야 **不可窮盡**이니 **我當以諸佛國土最上莊嚴**으로 **莊嚴如是一切世界**호대 **所有莊嚴**을 **皆悉眞實**이 **是爲第三如金剛大乘誓願心**이오

368

보살마하살이 또 이런 생각을 하였다.

'시방의 세계가 한량없고 그지없고 한계가 없어 다할 수 없다. 나는 여러 부처님 국토의 가장 좋은 장엄으로 이와 같은 일체 세계를 장엄하되, 모든 장엄이 다 진실케 하리라.'

이것이 셋째 금강 같은 대승 서원의 마음이다.

◉ 疏 ◉

三은 嚴刹이라

제3은 세계의 장엄을 원함이다.

經

菩薩摩訶薩이 又作是念호대 一切衆生이 無量無邊하며 無有齊限하야 不可窮盡이니 我當以一切善根으로 廻向於彼하며 無上智光으로 照耀於彼 是爲第四如金剛大乘誓願心이오

보살마하살이 또 이런 생각을 하였다.

'일체중생이 한량없고 그지없고 한계가 없어 다할 수 없다. 나는 일체 선근으로 그들에게 회향하여 위없는 지혜 광명으로 그들을 비춰주리라.'

이것이 넷째 금강 같은 대승 서원의 마음이다.

◉ 疏 ◉

四는 廻向이라

 제4는 회향을 원함이다.

經

菩薩摩訶薩이 又作是念호대 一切諸佛이 無量無邊하며 無有齊限하야 不可窮盡이니 我當以所種善根으로 廻向供養호대 悉令周徧하야 無所闕少然後에 我當成阿耨多羅三藐三菩提 是爲第五如金剛大乘誓願心이오

 보살마하살이 또 이런 생각을 하였다.

 '일체 부처님이 한량없고 그지없고 한계가 없어 다할 수 없다. 나는 심어놓은 선근으로 회향하여 공양하되, 모두 그분들에게 두루 올려 모자람이 없이 한 뒤에 아뇩다라삼먁삼보리를 성취하리라.'

 이것이 다섯째 금강 같은 대승 서원의 마음이다.

◉ 疏 ◉

五는 供佛이니 上三願은 成佛果라 上五는 皆約當成이니 竝橫論無畔이라

 제5는 부처의 공양을 원함이다.

 위의 3가지 서원은 佛果의 성취이다.

 위 5가지는 모두 미래의 성취를 들어 말하였다. 이는 아울러 끝이 없음을 공간의 橫論으로 말하였다.

佛子여 **菩薩摩訶薩**이 **見一切佛**하야 **聞所說法**하고 **生大歡喜**호대 **不著自身**하며 **不著佛身**하야 **解如來身**이 **非實非虛**며 **非有非無**며 **非性非無性**이며 **非色非無色**이며 **非相非無相**이며 **非生非滅**이라 **實無所有**나 **亦不壞有**하나니 **何以故**오 **不可以一切性相**으로 **而取著故** **是爲第六如金剛大乘誓願心**이오

불자여, 보살마하살이 일체 부처님을 친견하여 말씀하신 법문을 듣고서 크게 기뻐하는 마음을 내되, 자기 몸에 집착하지 않으며, 부처의 몸에도 집착하지 않는다.

여래의 몸이란 참된 것도 아니고, 공허한 것도 아니며,

있는 것도 아니고 없는 것도 아니며,

자성이 있는 것도 아니고 자성이 없는 것도 아니며,

빛이 있는 것도 아니고 빛이 없는 것도 아니며,

모양이 있는 것도 아니고 모양이 없는 것도 아니며,

태어나는 것도 아니고 사라지는 것도 아니다.

실로 있는 바가 없으나 또한 있는 것을 파괴하지도 않는다.

무슨 까닭일까?

일체 성품이나 모양으로 집착할 것이 아니기 때문이다.

이것이 여섯째 금강 같은 대승 서원의 마음이다.

● 疏 ●

次二는 約其現作이니 皆豎說無際니 謂六은 見聞無著이라

다음 2가지는 그 현재 하는 일을 들어 말하였다. 모두 끝이 없음을 시간의 종적으로 말하였다.

제6은 보고 듣는 데 집착이 없음을 말한다.

經

佛子여 菩薩摩訶薩이 或被衆生의 訶罵毀呰와 撾打楚撻과 或截手足과 或割耳鼻와 或挑其目과 或級其頭라도 如是一切를 皆能忍受하야 終不因此生恚害心하고 於不可說不可說無央數劫에 修菩薩行하야 攝受衆生하야 恒無廢捨하나니 何以故오 菩薩摩訶薩이 已善觀察一切諸法이 無有二相하야 心不動亂일새 能捨自身하야 忍其苦故 是爲第七如金剛大乘誓願心이오

불자여, 보살마하살은 혹시 중생이 꾸짖음, 훼방의 욕지거리, 막대기로 때리고 종아리를 친다거나, 혹은 손과 발을 자르거나, 혹은 귀와 코를 베거나, 혹은 눈을 뽑거나, 혹은 머리를 자를지라도 이와 같은 것들을 모두 참고 받아들여, 이런 일들로 인해서 그를 해치려는 마음을 내지 않고, 말할 수 없이 말할 수 없는 그지없는 겁에 보살의 행을 닦으면서 중생을 거두어 주어 언제나 잠깐도 버려두지 않는다.

무슨 까닭일까?

보살마하살이 일체 모든 법이 두 모양이 없음을 관찰하여 마음이 흔들리지 않기에, 제 몸을 버리고 그 고통을 참기 때문이다.

이것이 일곱째 금강 같은 대승 서원의 마음이다.

◉ 疏 ◉

七은 安忍不亂이니 斬首爲級이라
上二는 誓斷煩惱라

제7은 安忍不亂이니 斬首가 級이 된다.
위의 2가지는 번뇌를 誓斷함이다.

經

佛子여 **菩薩摩訶薩**이 **又作是念**호대 **未來世劫**이 **無量無邊**하며 **無有齊限**하야 **不可窮盡**이니 **我當盡彼劫**토록 **於一世界**에 **行菩薩道**하야 **敎化衆生**하며 **如一世界**하야 **盡法界虛空界一切世界도 悉亦如是**호대 **而心不驚不怖不畏**하나니 **何以故**오 **爲菩薩道 法應如是**하야 **爲一切衆生**하야 **而修行故 是爲第八如金剛大乘誓願心**이오

불자여, 보살마하살이 또 이런 생각을 하였다.

'미래 세상의 겁이 한량없고 그지없고 한계가 없어 다할 수 없다. 나는 그런 세월이 다하도록 하나의 세계에서 보살도를 행하여 중생을 교화하고, 하나의 세계에서 하였던 것처럼 온 법계 허공계의 일체 세계에서도 모두 이와 같이 하되, 마음에 놀라지도 않고

무서워하지도 않고 두려워하지도 않으리라.

　무슨 까닭일까?

　보살의 도를 행하는 법이 당연히 이와 같이 일체중생을 위하여 수행하기 때문이다.'

　이것이 여덟째 금강 같은 대승 서원의 마음이다.

◉ 疏 ◉

後三도 亦約當成이니 謂八은 徧於時處하야 修行二利라

　뒤의 3가지 또한 미래의 성취를 들어 말하였다.

　제8은 시간과 공간에 두루 자리이타의 행을 닦아 행함을 말한다.

經

佛子여 菩薩摩訶薩이 又作是念호대 阿耨多羅三藐三菩提 以心爲本이니 心若淸淨이면 則能圓滿一切善根하야 於佛菩提에 心得自在하야 欲成阿耨多羅三藐三菩提인댄 隨意卽成하며 若欲除斷一切取緣하야 住一向道인댄 我亦能得이로대 而我不斷하고 爲欲究竟佛菩提故로 亦不卽證無上菩提하나니 何以故오 爲滿本願하야 盡一切世界에 行菩薩行하야 化衆生故 是爲第九如金剛大乘誓願心이오

　불자여, 보살마하살이 또 이런 생각을 하였다.

　'아뇩다라삼먁삼보리는 마음으로 근본을 삼는다.

마음이 청정하면 일체 선근이 원만하여 부처의 보리에 반드시 자재함을 얻기에, 아녹다라삼먁삼보리를 이루려 하면 뜻을 따라 곧 이뤄지고, 일체 집착의 인연을 끊고서 한결같은 도에 머물려 하면 나는 또한 그처럼 할 수 있으나, 내가 끊지 않고서 부처의 보리를 최고의 끝자리까지 다하기 위한 까닭에 위없는 보리를 증득하지도 않는다.
　무슨 까닭일까?
　본래의 서원을 원만 성취하기 위하여 일체 세계에서 보살의 행을 행하여 중생을 교화하고자 하기 때문이다.'
　이것이 아홉째 금강 같은 대승 서원의 마음이다.

◉ 疏 ◉

九는 以心要成無際大行이라

　제9는 마음으로써 그지없는 큰 행을 성취하고자 요함이다.

經

佛子여 菩薩摩訶薩이 知佛不可得과 菩提不可得과 菩薩不可得과 一切法不可得과 衆生不可得과 心不可得과 行不可得과 過去不可得과 未來不可得과 現在不可得과 一切世間不可得과 有爲無爲不可得하야 菩薩이 如是 寂靜住하며 甚深住하며 寂滅住하며 無諍住하며 無言住하며 無二住하며 無等住하며 自性住하며 如理住하며 解脫

住하며 涅槃住하며 實際住호대
而亦不捨一切大願하며 不捨薩婆若心하며 不捨菩薩行하며 不捨敎化衆生하며 不捨諸波羅蜜하며 不捨調伏衆生하며 不捨承事諸佛하며 不捨演說諸法하며 不捨莊嚴世界하나니
何以故오 菩薩摩訶薩이 發大願故로 雖復了達一切法相이나 大慈悲心이 轉更增長하며 無量功德을 皆具修行하야 於諸衆生에 心不捨離니라
何以故오 一切諸法이 皆無所有어늘 凡夫愚迷하야 不知不覺일세 我當令彼로 悉得開悟하야 於諸法性에 分明照了니라
何以故오 一切諸佛이 安住寂滅하사대 而以大悲心으로 於諸世間에 說法敎化하사 曾無休息이어니 我今云何而捨大悲리오
又我先發廣大誓願心하며 發決定利益一切衆生心하며 發積集一切善根心하며 發安住善巧廻向心하며 發出生甚深智慧心하며 發含受一切衆生心하며 發於一切衆生平等心하야 作眞實語와 不虛誑語호대 願與一切衆生無上大法하며 願不斷一切諸佛種性이라하나 今一切衆生이 未得解脫하며 未成正覺하며 未具佛法하며 大願未滿이어니 云何而欲捨離大悲 是爲第十如金剛大乘誓願心이니라

佛子여 **是爲菩薩摩訶薩**의 **發十種如金剛大乘誓願心**이니

若諸菩薩이 **安住此法**하면 **則得如來金剛性無上大神通智**니라

> 불자여, 보살마하살이 부처를 얻을 게 없음과
>
> 보리를 얻을 게 없음과
>
> 보살을 얻을 게 없음과
>
> 일체 법을 얻을 게 없음과
>
> 중생을 얻을 게 없음과
>
> 마음을 얻을 게 없음과
>
> 행을 얻을 게 없음과
>
> 과거를 얻을 게 없음과
>
> 미래를 얻을 게 없음과
>
> 현재를 얻을 게 없음과
>
> 일체 세간을 얻을 게 없음과
>
> 함이 있고 함이 없음을 얻을 게 없음을 알고 있다.
>
> 보살이 이와 같이 고요한 데 머물며,
>
> 매우 깊은 데 머물며,
>
> 적멸한 데 머물며,
>
> 다툼이 없는 데 머물며,
>
> 말이 없는 데 머물며,
>
> 둘이 없는 데 머물며,

그 누구도 같을 이 없는 데 머물며,

자성에 머물며,

이치와 같이 머물며,

해탈에 머물며,

열반에 머물며,

실제에 머물지만,

그래도 일체 큰 서원을 버리지 않고,

살바야 마음을 버리지 않고,

보살의 행을 버리지 않고,

중생의 교화를 버리지 않고,

모든 바라밀다를 버리지 않고,

중생의 조복을 버리지 않고,

부처님 섬김을 버리지 않고,

일체 법의 연설을 버리지 않고,

세계의 장엄을 버리지 않는다.

무엇 때문일까?

보살마하살이 큰 서원을 세운 까닭에 비록 일체 법의 모양을 통달하였으나, 대자비의 마음을 더욱 다시 키워나가고 한량없는 공덕을 모두 갖춰 수행하여 일체중생을 버리지 않는 마음 때문이다.

무엇 때문일까?

일체 모든 법이 모두 있는 게 아니지만, 범부는 어리석어 이를 알지 못하고 깨닫지 못하기에, 나는 저들을 모두 깨우쳐 주어 모든 법성을 분명히 비추어 알게 하리라.

무엇 때문일까?

일체 부처님이 적멸한 데 편안히 머물지만, 대자비의 마음으로 모든 세간에서 설법하고 교화하여 일찍이 멈춘 적이 없다. 내 어찌 대자비를 버릴 수 있겠는가.

또한 내가 먼저 광대한 서원의 마음을 내었고,

일체중생에게 이익을 베풀려는 마음을 내었으며,

일체 선근을 쌓으려는 마음을 내었고,

훌륭한 회향에 편안히 머물려는 마음을 내었으며,

매우 깊은 지혜를 내려는 마음을 내었고,

일체중생을 받아들이려는 마음을 내었으며,

일체중생에게 평등한 마음을 내어서,

진실한 말과 허황하지 않은 말을 하되,

일체중생에게 위없는 큰 법 내려주기를 원하며,

일체 제불의 종성이 끊이지 않기를 원하였다.

하지만 현재 일체중생은 해탈을 얻지 못하고,

바른 깨달음을 이루지 못하고,

부처의 법을 갖추지 못하고,

큰 원이 만족하지 못하였다. 어떻게 대자비의 마음을 버릴 수 있겠는가.

이것이 열째 금강 같은 대승 서원의 마음이다.

불자여, 이것이 보살마하살의 열 가지 금강 같은 대승의 서원하는 마음을 내는 것이다.

만약 보살들이 이 법에 편안히 머물면 여래의 금강 성품인 위없이 큰 신통의 지혜를 얻는다.

◉ 疏 ◉

十은 卽寂起用이니

於中三이니 一은 悟寂이오 二而亦下는 起用이오 三何以下는 釋成이라

於中에 有三重徵釋이니

初番意云 所以卽寂而用者는 由本願하야 智不捨悲故오

次番云 所以智不捨悲者는 智亦爲物故오

後番徵意云 何以要此雙行者오

釋有二義니

一은 諸佛皆爾故오

二又我下는 我先願然故니라

제10은 고요한 자리에서 작용을 일으킴이다.

이 부분은 3단락으로 나뉜다.

① 고요한 자리를 깨달음이다.

② '而亦不捨' 이하는 작용을 일으킴이다.

③ '何以故' 이하는 해석하고 끝맺음이다. 여기에는 3중으로 묻고 해석하였다.

처음 말한 뜻은, 고요함과 하나가 된 작용은 본래의 서원을 연

유하여 자비의 마음을 버리지 않기 때문이다.

다음 말한 뜻은, 지혜가 자비의 마음을 버리지 않는 것은 지혜 또한 중생을 위하기 때문이다.

뒤에 말한 뜻은, 어찌하여 지혜와 자비 2가지를 모두 행해야 하는 것일까?

해석에는 2가지 의의가 있다.

㉠ 제불이 모두 그러한 까닭이다.

㉡ '又我先發' 이하는 나의 예전 서원이 그와 같기 때문이다.

經

佛子여 菩薩摩訶薩이 有十種大發起하니
何等이 爲十고
佛子여 菩薩摩訶薩이 作如是念호대 我當供養恭敬一切諸佛이
是爲第一大發起오
又作是念호대 我當長養一切菩薩所有善根이
是爲第二大發起오
又作是念호대 我當於一切如來般涅槃後에 莊嚴佛塔하고 以一切華와 一切鬘과 一切香과 一切塗香과 一切末香과 一切衣와 一切蓋와 一切幢과 一切旛으로 而供養之하야 受持守護彼佛正法이 是爲第三大發起오

불자여, 보살마하살이 열 가지 크게 보리심을 일으킴이 있다.

무엇이 열 가지 크게 보리심을 일으킴인가?

불자여, 보살마하살이 이런 생각을 하였다.

'나는 일체 부처님께 공양하고 공경하리라.'

이것이 첫째 크게 보리심을 일으킴이다.

또 이런 생각을 하였다.

'나는 일체 보살이 지닌 선근을 키워 나가리라.'

이것이 둘째 크게 보리심을 일으킴이다.

또 이런 생각을 하였다.

'나는 일체 여래께서 열반하신 뒤에 부처의 탑을 장엄하고, 일체 꽃·일체 화만·일체 향·일체 바르는 향·일체 가루 향·일체 옷·일체 일산·일체 당기·일체 번기로 공양하여, 저 부처님의 바른 법을 받들어 지니고 수호하리라.'

이것이 셋째 크게 보리심을 일으킴이다.

● 疏 ●

第三 十種發起는 卽是廻向所爲니 發起令現前故니라
十中에 前六은 自分이니 初三은 福業大라

셋째, '크게 보리심을 일으킴'은 곧 회향의 목적이다. 이는 보리심을 일으켜 앞에 나타나게 하기 때문이다.

10가지 가운데 앞의 6가지는 자신의 본분이다.

처음 3가지는 복덕 업의 큼이다.

經

又作是念호대 我當敎化調伏一切衆生하야 令得阿耨多羅三藐三菩提 是爲第四大發起오

又作是念호대 我當以諸佛國土無上莊嚴으로 而以莊嚴一切世界 是爲第五大發起오

又作是念호대 我當發大悲心하야 爲一衆生하야 於一切世界에 一一各盡未來際劫토록 行菩薩行하며 如爲一衆生하야 爲一切衆生도 悉亦如是하야 皆令得佛無上菩提호대 乃至不生一念疲懈 是爲第六大發起오

또 이런 생각을 하였다.

'나는 일체중생을 교화하고 조복하여 아뇩다라삼먁삼보리를 얻게 하리라.'

이것이 넷째 크게 보리심을 일으킴이다.

또 이런 생각을 하였다.

'나는 여러 부처님 국토의 위없는 장엄으로써 일체 세계를 장엄하리라.'

이것이 다섯째 크게 보리심을 일으킴이다.

또 이런 생각을 하였다.

'나는 대자비의 마음을 일으켜 한 중생을 위하여 일체 세계에서 하나하나가 미래 세월이 다하도록 보살의 행을 행하며, 한 중생을 위한 것처럼 일체중생을 위함도 또한 그처럼 행하여, 모두 부처의 위없는 보리를 얻도록 하되, 내지 한 생각의 고달파하는 마음까

지도 내지 않으리라.'

이것이 여섯째 크게 보리심을 일으킴이다.

◉ 疏 ◉

次三은 化業大니 嚴土 亦爲攝生故니라

다음 3가지는 교화 업의 큼이다.

국토의 장엄 또한 중생을 받아들임이기 때문이다.

經

又作是念호대 彼諸如來 無量無邊하시니 我當於一如來所에 經不思議劫토록 恭敬供養하며 如於一如來하야 於一切如來에 悉亦如是 是爲第七大發起오

菩薩摩訶薩이 又作是念호대 彼諸如來滅度之後에 我當爲一一如來의 所有舍利하야 各起寶塔호대 其量高廣이 與不可說諸世界로 等하며 造佛形像도 亦復如是하야 於不可思議劫에 以一切寶幢旛蓋香華衣服으로 而爲供養호대 不生一念厭倦之心이니 爲成就佛法故며 爲供養諸佛故며 爲教化衆生故며 爲護持正法하야 開示演說故 是爲第八大發起오

또 이런 생각을 하였다.

'저 모든 여래가 한량없고 그지없다. 나는 한 분의 여래가 계신 데서 불가사의한 겁을 지나도록 공경하고 공양하며, 한 분의 여래

에게 했던 것처럼 일체 여래에게도 모두 그와 같이 하리라.'

이것이 일곱째 크게 보리심을 일으킴이다.

보살마하살들이 또 이런 생각을 하였다.

'저 모든 여래가 열반하신 뒤에 나는 하나하나 여래의 사리를 위하여 각각 보배 탑을 세우되, 그 높고 크기가 말할 수 없는 세계와 똑같이 할 것이며, 부처님의 형상을 조성함도 그와 같이 하여, 불가사의한 겁에 일체 보배 당기·번기·일산·향·꽃·의복으로 공양하되, 한 생각도 게으른 마음을 내지 않으리라.

이는 불법을 성취하기 위함이며,

부처님께 공양하기 위함이며,

중생을 교화하기 위함이며,

바른 법을 보호하여 지니어 중생에게 열어 보이고 연설하기 위함이다.'

이것이 여덟째 크게 보리심을 일으킴이다.

◉ 疏 ◉

後四는 勝進이니 七八은 勝進攝福이라

뒤의 4가지는 훌륭하게 닦아나감이다.

제7, 제8은 훌륭하게 닦아나가면서 복덕을 받아들임이다.

菩薩摩訶薩이 又作是念호대 我當以此善根으로 成無上

菩提하야 得入一切諸如來地하야 與一切如來로 體性平等이 是爲第九大發起오

菩薩摩訶薩이 復作是念호대 我當成正覺已하야는 於一切世界不可說劫에 演說正法하야 示現不可思議自在神通호대 身語及意 不生疲倦하야 不離正法이니 以佛力所持故며 爲一切衆生하야 勤行大願故며 大慈爲首故며 大悲究竟故며 達無相法故며 住眞實語故며 證一切法皆寂滅故며 知一切衆生이 悉不可得이나 而亦不違諸業所作故며 與三世佛로 同一體故며 周徧法界虛空界故며 通達諸法無相故며 成就不生不滅故며 具足一切佛法故로 以大願力으로 調伏衆生하야 作大佛事하야 無有休息이 是爲第十大發起니라

佛子여 是爲菩薩摩訶薩의 十種大發起니

若諸菩薩이 安住此法하면 則不斷菩薩行하야 具足如來無上大智니라

보살마하살이 또 이런 생각을 하였다.

'나는 선근으로 위없는 보리를 이루어서 일체 여래의 지위에 들어가 일체 여래의 체성과 평등케 하리라.'

이것이 아홉째 크게 보리심을 일으킴이다.

보살마하살이 또 이런 생각을 하였다.

'나는 바른 깨달음을 이룬 뒤에 일체 세계의 말할 수 없는 겁에서 바른 법을 연설하여 불가사의 자재한 신통을 나타내되 몸과 말

과 뜻에 고달파하거나 게으름을 내지 않고 바른 법을 떠나지 않을 것이다.

부처의 힘을 지니기 때문이며,

일체중생을 위하여 큰 서원을 부지런히 행하기 때문이며,

크게 사랑함으로 으뜸을 삼기 때문이며,

크게 가엾이 여김이 끝까지 다하기 때문이며,

형상 없는 법을 통달하기 때문이며,

진실한 말에 머물기 때문이며,

일체 법이 모두 적멸함을 증득하기 때문이며,

일체중생을 모두 얻을 수 없음을 알지만, 여러 업으로 짓는 바를 어기지 않기 때문이며,

삼세제불과 똑같은 체성이기 때문이며,

법계와 허공계에 두루 가득하기 때문이며,

모든 법이 형상이 없음을 통달하기 때문이며,

생겨나지도 않고 사라지지도 않음을 성취하기 때문이며,

일체 불법을 두루 갖추기 때문에

큰 서원의 힘으로 중생을 조복하여 큰 불사를 멈추지 않고 일으키는 것이다.'

이것이 열째 크게 보리심을 일으킴이다.

불자여, 이것이 보살마하살의 열 가지 크게 보리심을 일으킴이다.

만약 보살들이 이 법에 편안히 머물면 보살의 행을 단절하지 않고서 여래의 위없는 큰 지혜를 두루 갖출 것이다.

◉ 疏 ◉

後二는 勝進起化니 謂九는 證體요 十은 起用이라

　뒤의 2가지는 훌륭하게 닦아나가면서 교화를 일으킴이다.

　제9는 본체의 증득이고, 제10은 작용을 일으킴이다.

經

佛子여 菩薩摩訶薩이 有十種究竟大事하니
何等이 爲十고
所謂恭敬供養一切如來究竟大事와
隨所念衆生하야 悉能救護究竟大事와
專求一切佛法究竟大事와
積集一切善根究竟大事와
思惟一切佛法究竟大事와
滿足一切誓願究竟大事와
成就一切菩薩行究竟大事와
奉事一切善知識究竟大事와
往詣一切世界諸如來所究竟大事와
聞持一切諸佛正法究竟大事 是爲十이니
若諸菩薩이 安住此法하면 則得阿耨多羅三藐三菩提
大智慧究竟事니라

　불자여, 보살마하살이 열 가지 마지막 큰일이 있다.

　무엇이 열 가지 마지막 큰일인가?

이른바 일체 여래를 공경하고 공양하는 마지막 큰일,

생각하는 중생을 따라서 모두 구제하는 마지막 큰일,

일체 불법을 오롯이 구하는 마지막 큰일,

일체 선근을 쌓아 모으는 마지막 큰일,

일체 불법을 생각하는 마지막 큰일,

일체 서원을 만족케 하는 마지막 큰일,

일체 보살의 행을 성취하는 마지막 큰일,

일체 선지식을 받들어 섬기는 마지막 큰일,

일체 세계의 여래가 계시는 도량에 나아가는 마지막 큰일,

일체 부처님의 바른 법을 듣고 지니는 마지막 큰일이다.

이것이 열 가지 마지막 큰일이다.

만약 보살들이 이 법에 편안히 머물면 아뇩다라삼먁삼보리의 큰 지혜인 마지막 큰일을 얻는다.

● 疏 ●

第四 究竟大事는 卽所作成滿이니 十句니 可知니라

넷째, '마지막 큰일'은 바로 하는 일을 원만하게 성취함이다.

경문의 10구는 설명하지 않아도 알 수 있다.

初 四門의 救護衆生離衆生相廻向 竟하다

(1) 4문의 구호중생이중생상회향을 끝마치다.

佛子여 菩薩摩訶薩이 有十種不壞信하니

何等이 爲十고

所謂於一切佛에 不壞信과

於一切佛法에 不壞信과

於一切聖僧에 不壞信과

於一切菩薩에 不壞信과

於一切善知識에 不壞信과

於一切衆生에 不壞信과

於一切菩薩大願에 不壞信과

於一切菩薩行에 不壞信과

於恭敬供養一切諸佛에 不壞信과

於菩薩巧密方便敎化調伏一切衆生에 不壞信이 是爲十이니

若諸菩薩이 安住此法하면 則得諸佛無上大智慧不壞信이니라

> 불자여, 보살마하살이 열 가지 무너지지 않는 믿음이 있다.
>
> 무엇이 열 가지 무너지지 않는 믿음인가?
>
> 이른바 일체 부처님께 무너지지 않는 믿음,
>
> 일체 불법에 무너지지 않는 믿음,
>
> 일체 거룩한 스님에게 무너지지 않는 믿음,
>
> 일체 보살에게 무너지지 않는 믿음,

일체 선지식에게 무너지지 않는 믿음,

일체중생에게 무너지지 않는 믿음,

일체 보살의 큰 서원에 무너지지 않는 믿음,

일체 보살의 행에 무너지지 않는 믿음,

일체 부처님을 공경하고 공양하는 데 무너지지 않는 믿음,

보살의 뛰어난 방편으로 일체중생을 교화하고 조복하는 데 무너지지 않는 믿음이다.

이것이 열 가지 무너지지 않는 믿음이다.

만약 보살들이 이 법에 편안히 머물면 부처님의 위없는 큰 지혜의 무너지지 않는 믿음을 얻는다.

◉ 疏 ◉

第二 不壞信下 二門은 明不壞廻向中行이라 此門은 正明不壞니 十句는 義如前說이라

(2) '무너지지 않는 믿음' 이하 2문은 不壞廻向 부분의 행을 밝혔다.

이의 첫 법문은 바로 무너지지 않는 회향을 밝혔다.

10구의 의의는 앞에서 말한 바와 같다.

經

佛子여 菩薩摩訶薩이 有十種得授記하니

何等이 爲十고

所謂內有甚深解得授記와
能隨順起菩薩諸善根得授記와
修廣大行得授記와 現前得授記와
不現前得授記와
因自心證菩提得授記와
成就忍得授記와
教化調伏衆生得授記와
究竟一切劫數得授記와
一切菩薩行自在得授記 是爲十이니
若諸菩薩이 安住此法하면 則於一切諸佛所에 而得授記니라

    불자여, 보살마하살이 열 가지 수기를 얻음이 있다.

    무엇이 열 가지 수기인가?

    이른바 안으로 깊은 이해가 있어 수기를 얻음,

    보살의 선근을 따라 일으켜 수기를 얻음,

    광대한 행을 닦아서 수기를 얻음,

    눈앞에서 수기를 얻음,

    눈앞이 아닌 데서 수기를 얻음,

    제 마음으로 인하여 보리를 증득하여 수기를 얻음,

    인욕을 성취하여 수기를 얻음,

    중생을 교화하고 조복하여 수기를 얻음,

    일체 겁을 다하여 수기를 얻음,

    일체 보살의 행에 자재하여 수기를 얻음이다.

이것이 열 가지 수기이다.

만약 보살들이 이 법에 편안히 머물면 일체 부처님의 도량에서 수기를 얻는다.

● 疏 ●

二는 十種受記니 卽廻向行成이니

十中에 一解會佛心이오 二는 具解脫分善이오 三은 大行已修니 此 三은 多約三賢이오 四·五는 約對面不對面이니 法華云 '其不在此 會인댄 汝當爲宣說'等이오 六은 初地證如오 七은 八地成忍이오 八은 九地 具調化方이오 九는 十地 三大劫滿이오 十은 等覺이니 已入重 玄이라 故云 自在니 如記慈氏等이라

若約行布인댄 此位는 但有前五니 因便餘來어니와 若約圓融인댄 竝 通斯十이라

第二 兩門의 明不壞廻向 竟하다

둘째, '열 가지 수기'는 회향행의 성취이다.

10가지 수기는 다음과 같다.

① 부처의 마음을 이해하고 알며,

② 해탈 부분의 선을 갖추고,

③ 큰 행들을 이미 닦음이다.

이 3가지는 대부분 三賢을 들어 말한다.

④~⑤는 목전의 대면과 대면이 아닌 것을 들어 말한다.

법화경에서 말한 "이 법회에 있지 않을 적엔 그대가 그들을 위

해 연설하도록 하라."는 등이다.

　⑥ 초지에서 진여를 증득하고,

　⑦ 제8지에서 인욕을 성취하며,

　⑧ 제9지에서 조복과 교화의 방편을 두루 갖추고,

　⑨ 제10지에서 삼대겁이 원만하며,

　⑩ 등각이다. 이미 현묘하고 현묘한 지위에 들어갔다. 이 때문에 '자재'라 말한다. 미륵보살 등으로 기록한 바와 같다.

　만약 단계와 지위에 의한 항포법문으로 말하면, 이 지위는 앞의 5가지만 있을 뿐이다. 편의를 因하여 나머지 부분이 온 것이지만, 원융법문으로 말하면 모두 이 10가지에 통한다.

　⑵ 2문으로 不壞廻向을 밝힌 부분을 끝마치다.

經

佛子여 菩薩摩訶薩이 有十種善根廻向하니 菩薩이 由此하야 能以一切善根으로 悉皆廻向하나니

何等이 爲十고

所謂以我善根으로 同善知識願하야 如是成就하고 莫別成就하며

以我善根으로 同善知識心하야 如是成就하고 莫別成就하며

以我善根으로 同善知識行하야 如是成就하고 莫別成就하며

以我善根으로 **同善知識善根**하야 **如是成就**하고 **莫別成就**하며

以我善根으로 **同善知識平等**하야 **如是成就**하고 **莫別成就**하며

以我善根으로 **同善知識念**하야 **如是成就**하고 **莫別成就**하며

以我善根으로 **同善知識淸淨**하야 **如是成就**하고 **莫別成就**하며

以我善根으로 **同善知識所住**하야 **如是成就**하고 **莫別成就**하며

以我善根으로 **同善知識成滿**하야 **如是成就**하고 **莫別成就**하며

以我善根으로 **同善知識不壞**하야 **如是成就**하고 **莫別成就 是爲十**이니

若諸菩薩이 **安住此法**하면 **則得無上善根廻向**이니라

불자여, 보살마하살이 열 가지 선근으로 회향함이 있다. 보살이 이로 말미암아 일체 선근을 모두 회향하는 것이다.

무엇이 열 가지 선근의 회향인가?

이른바 나의 선근으로 선지식의 서원과 같이 이처럼 성취할 뿐, 달리 성취하지 않으며,

나의 선근으로 선지식의 마음과 같이 이처럼 성취할 뿐, 달리 성취하지 않으며,

나의 선근으로 선지식의 행과 같이 이처럼 성취할 뿐, 달리 성취하지 않으며,

나의 선근으로 선지식의 선근과 같이 이처럼 성취할 뿐, 달리 성취하지 않으며,

나의 선근으로 선지식의 평등과 같이 이처럼 성취할 뿐, 달리 성취하지 않으며,

나의 선근으로 선지식의 생각과 같이 이처럼 성취할 뿐, 달리 성취하지 않으며,

나의 선근으로 선지식의 청정과 같이 이처럼 성취할 뿐, 달리 성취하지 않으며,

나의 선근으로 선지식의 머무름과 같이 이처럼 성취할 뿐, 달리 성취하지 않으며,

나의 선근으로 선지식의 원만 성취와 같이 이처럼 성취할 뿐, 달리 성취하지 않으며,

나의 선근으로 선지식의 무너지지 않음과 같이 이처럼 성취할 뿐, 달리 성취하지 않는다.

이것이 열 가지 선근의 회향이다.

만약 보살들이 이 법에 편안히 머무르면 위없는 선근으로 회향할 수 있다.

⦿ 疏 ⦿

第三는 十種善根廻向下 二門은 明等一切佛廻向中行이라 此門

은 正明等佛이니 佛爲眞善知識이니 同卽等義라

十中에 心卽悲智爲心이오 平等契理며 餘各一義라 皆云同者는 同一體故로 不見二相이니 故標云 '由此能以一切善根으로 皆悉廻向 이라'하니라

(3) '열 가지 선근의 회향' 이하 2문은 等一切佛廻向 부분의 행을 밝혔다.

이 법문은 바로 부처와 동등함을 밝혔다. 부처는 참 선지식이다. '同善知識'의 同은 곧 동등하다는 뜻이다.

10구 가운데 '同善知識心'의 마음은 大悲大智로 마음을 삼으며, '同善知識平等'의 평등은 진리에 계합함이며, 나머지는 각각 하나의 의의이다.

10구 모두 '同善知識'의 同이라 말한 것은 동일체이기 때문에 2가지 다른 모양을 찾아볼 수 없다. 이 때문에 이를 표장하여 말하기를, "이로 말미암아 일체 선근을 모두 회향한다."고 하였다.

經

佛子여 菩薩摩訶薩이 有十種得智慧하니
何等이 爲十고
所謂於施에 自在하야 得智慧하며
深解一切佛法하야 得智慧하며
入如來無邊智하야 得智慧하며
於一切問答中에 能斷疑하야 得智慧하며

入於智者義하야 得智慧하며
深解一切如來의 於一切佛法中言音善巧하야 得智慧하며
深解於諸佛所에 種少善根이라도 必能滿足一切白淨法하야 獲如來無量智하야 得智慧하며
成就菩薩不思議住하야 得智慧하며
於一念中에 悉能往詣不可說佛刹하야 得智慧하며
覺一切佛菩提하야 入一切法界하야 聞持一切佛所說法하고 深入一切如來種種莊嚴言音하야 得智慧 是爲十이니
若諸菩薩이 安住此法하면 則得一切諸佛無上現證智니라

불자여, 보살마하살이 열 가지 지혜를 얻음이 있다.

무엇이 열 가지 지혜를 얻음인가?

이른바 보시에 자재하여 지혜를 얻으며,

일체 불법을 깊이 알아 지혜를 얻으며,

여래의 그지없는 지위에 들어가 지혜를 얻으며,

일체 문답하는 가운데 의심을 끊고서 지혜를 얻으며,

지혜 있는 이의 이치에 들어가 지혜를 얻으며,

일체 여래가 일체 불법 가운데 말씀이 훌륭함을 깊이 이해하여 지혜를 얻으며,

부처님의 도량에 조그만 선근을 심어도 반드시 일체 청정한 법을 만족케 하여 여래의 한량없는 지혜를 얻는 줄을 깊이 이해하여 지혜를 얻으며,

보살의 불가사의하게 머무름을 성취하여 지혜를 얻으며,

한 생각의 찰나에 말할 수 없는 부처의 세계에 나아가 지혜를 얻으며,

일체 부처의 보리를 깨닫고 일체 법계에 들어가 일체 부처님의 말하는 법을 들으며, 일체 여래의 가지가지로 장엄한 말씀에 깊이 들어가 지혜를 얻는다.

이것이 열 가지 지혜를 얻음이다.

만약 보살들이 이 법에 편안히 머물면 일체 제불의 위없는 현재에 증득하는 지혜를 얻는다.

● 疏 ●

二는 得智慧는 亦廻向行成이라 故로 彼文云 住此三昧하야 入深淸淨智慧境界等故니라

둘째, '지혜를 얻음' 또한 회향행의 성취이다. 이 때문에 그 경문에 이르기를, "이 삼매에 머물면서 심오하고 청정한 지혜경계 등에 들어가기 때문이다."고 하였다

第三. 兩門의 明等一切佛廻向 竟하다

(3) 2문으로 평등한 일체 불의 회향을 밝힘에 대해 끝마치다.

經

佛子여 菩薩摩訶薩이 有十種發無量無邊廣大心하니
何等이 爲十고
所謂於一切諸佛所에 發無量無邊廣大心하며

觀一切衆生界하고 發無量無邊廣大心하며
觀一切刹一切世一切法界하고 發無量無邊廣大心하며
觀察一切法이 皆如虛空하고 發無量無邊廣大心하며
觀察一切菩薩廣大行하고 發無量無邊廣大心하며
正念三世一切諸佛하야 發無量無邊廣大心하며
觀不思議諸業果報하고 發無量無邊廣大心하며
嚴淨一切佛刹하야 發無量無邊廣大心하며
徧入一切諸佛大會하야 發無量無邊廣大心하며
觀察一切如來妙音하고 發無量無邊廣大心이 是爲十이니 若諸菩薩이 安住此心하면 則得一切佛法無量無邊廣大智慧海니라

　불자여, 보살마하살이 열 가지 한량없고 그지없는 광대한 마음을 낸다.

　무엇이 열 가지 한량없고 그지없는 광대한 마음인가?

　이른바 일체 부처님 계신 데서 한량없고 그지없는 광대한 마음을 내며,

　일체 중생계를 관찰하고서 한량없고 그지없는 광대한 마음을 내며,

　일체 세계, 일체 세상, 일체 법계를 관찰하고서 한량없고 그지없는 광대한 마음을 내며,

　일체 법이 다 허공과 같음을 관찰하고서 한량없고 그지없는 광대한 마음을 내며,

일체 보살의 광대한 행을 관찰하고서 한량없고 그지없는 광대한 마음을 내며,

삼세 일체 부처님을 바르게 생각하여 한량없고 그지없는 광대한 마음을 내며,

불가사의한 모든 업의 과보를 보고서 한량없고 그지없는 광대한 마음을 내며,

일체 부처님의 세계를 청정하게 장엄하고서 한량없고 그지없는 광대한 마음을 내며,

일체 부처님의 큰 회상에 두루 들어가 한량없고 그지없는 광대한 마음을 내며,

일체 여래의 미묘한 음성을 관찰하고서 한량없고 그지없는 광대한 마음을 낸다.

이것이 열 가지 한량없고 그지없는 광대한 마음이다.

만약 보살들이 이 마음에 편안히 머물면 일체 불법의 한량없고 그지없는 광대한 지혜 바다를 얻는다.

● 疏 ●

第四 十種廣大心은 明至一切處廻向中行이니 無量無邊이라 故無不至니 境旣無量無邊일새 心如境而廣大니라

(4) '열 가지 광대한 마음'은 至一切處廻向 부분의 행을 밝혔다.

한량없고 그지없기에 일체 모든 곳에 이르지 않음이 없다. 경계가 이미 한량없고 그지없기 때문에 마음도 경계와 같이 광대하다.

經

佛子여 菩薩摩訶薩이 有十種伏藏하니

何等이 爲十고

所謂知一切法이 是起功德行藏이며

知一切法이 是正思惟藏이며

知一切法이 是陀羅尼照明藏이며

知一切法이 是辯才開演藏이며

知一切法이 是不可說善覺眞實藏이며

知一切佛自在神通이 是觀察示現藏이며

知一切法이 是善巧出生平等藏이며

知一切法이 是常見一切諸佛藏이며

知一切不思議劫이 是善了皆如幻住藏이며

知一切諸佛菩薩이 是發生歡喜淨信藏이 是爲十이니

若諸菩薩이 安住此法하면 則得一切諸佛의 無上智慧法藏하야 悉能調伏一切衆生이니라

불자여, 보살마하살이 열 가지 깊이 감춰둠[伏藏]이 있다.

무엇이 열 가지 깊이 감춰둠인가?

이른바 일체 법이 공덕의 행을 일으키는 복장임을 알며,

일체 법이 바르게 생각하는 복장임을 알며,

일체 법이 다라니로 밝게 비치는 복장임을 알며,

일체 법이 변재로 연설하는 복장임을 알며,

일체 법이 말할 수 없는 잘 깨닫는 진실한 복장임을 알며,

일체 부처님의 자유자재한 신통이 관찰하여 나타내는 복장임을 알며,

일체 법이 뛰어나게 평등함을 낳는 복장임을 알며,

일체 법이 일체 부처님을 항상 뵈옵는 복장임을 알며,

일체 불가사의한 겁이 모두 요술과 같이 머무름임을 잘 아는 복장임을 알며,

일체 부처와 보살들이 환희의 신심을 내는 복장임을 앎이다.

이것이 열 가지 깊이 감춰둠이다.

만약 보살들이 이 법에 편안히 머물면 일체 부처님의 위없는 지혜의 법장(法藏)을 얻어 일체중생을 조복할 수 있다.

● 疏 ●

第五十種伏藏은 卽無盡功德藏廻向中行이니 於一切法에 蘊斯十義라 故名爲藏이니 卽法而觀이나 惑者不見일새 故名爲伏이라 一切各十이 是無盡功德矣라

(5) '열 가지 깊이 감춰둠'은 無盡功德藏廻向 부분의 행을 밝혔다.

일체 법에 이 10가지 의의를 간직하고 있기 때문에 '藏'이라고 말한다. 법에서 이를 볼 수 있으나, 미혹한 자는 이를 보지 못한 까닭에 '伏'이라고 말한다.

일체가 각각 10가지로 그지없는 공덕이다.

佛子여 菩薩摩訶薩이 有十種律儀하니

何等이 爲十고

所謂於一切佛法에 不生誹謗律儀와

於一切佛所에 信樂心不可壞律儀와

於一切菩薩所에 起尊重恭敬律儀와

於一切善知識所에 終不捨愛樂心律儀와

於一切聲聞獨覺에 不生憶念心律儀와 遠離一切退菩薩道律儀와 不起一切損害衆生心律儀와 修一切善根하야 皆令究竟律儀와

於一切魔에 悉能降伏律儀와 於一切波羅蜜에 皆令滿足律儀 是爲十이니

若諸菩薩이 安住此法하면 則得無上大智律儀니라

　　불자여, 보살마하살이 열 가지 계율이 있다.

　　무엇이 열 가지 계율인가?

　　이른바 일체 불법에 비방을 하지 않는 계율,

　　일체 부처님 계신 데에서 믿고 좋아하는 마음을 깨뜨릴 수 없는 계율,

　　일체 보살의 처소에서 존중하고 공경함을 일으키는 계율,

　　일체 선지식의 처소에서 사랑하는 마음을 버리지 않는 계율,

　　일체 성문·독각을 생각하는 마음을 내지 않는 계율,

　　일체 보살의 도에서 물러나 멀리 여의는 계율,

중생을 해치는 일체 마음을 일으키지 않는 계율,

　　일체 선근을 닦아 모두 최고의 경지에 이르게 하는 계율,

　　일체 마군을 모두 항복 받는 계율,

　　일체 바라밀다를 모두 만족케 하는 계율이다.

　　이것이 열 가지 계율이다.

　　만약 보살들이 이 법에 편안히 머물면 위없는 큰 지혜의 계율을 얻는다.

◉ 疏 ◉

第六十種律儀는 卽隨順堅固一切善根廻向中行이니 彼約行首라 故廣就施하야 以明善根이어니와 今約行本일새 畧辨律儀니 善根은 皆順平等之理하야 實通一切라 故第八云 '一切善根을 皆令究竟이라하니 究竟이 卽順堅固義라
通明十句에 攝善饒益이 無所不具니 通一切善을 居然可知니라

　　(6) '열 가지 계율'은 隨順堅固一切善根廻向 부분의 행을 밝혔다.

　　십회향 부분에서는 행의 첫머리로 말하였기 때문에 자세히 보시 부분에서 선근을 밝혔지만, 여기에서는 행의 근본으로 말하였기 때문에 간단하게 율의를 논변하였다.

　　선근은 모두 평등의 이치를 따라서 실로 일체에 통하기 때문에 제8에 이르기를, "일체 선근을 모두 최고의 자리에 이르게 한 것이다."고 하니, '최고의 자리[究竟]'는 바로 일체 선근을 따라 견고하

405

게 한다는 뜻이다.

  10구를 총괄하여 밝혀 선근을 받아들인 이익이 갖춰져 있지 않은 바 없다. 일체 선에 통함을 쉽게 알 수 있다.

經

佛子여 菩薩摩訶薩이 有十種自在하니
何等이 爲十고
所謂命自在니 於不可說劫에 住壽命故며
心自在니 智慧能入阿僧祇諸三昧故며
資具自在니 能以無量莊嚴으로 莊嚴一切世界故며
業自在니 隨時受報故며 受生自在니 於一切世界에 示現受生故며
解自在니 於一切世界에 見佛充滿故며
願自在니 隨欲隨時하야 於諸刹中에 成正覺故며
神力自在니 示現一切大神變故며
法自在니 示現無邊諸法門故며
智自在니 於念念中에 示現如來十力無畏成正覺故니라
是爲十이니 若諸菩薩이 安住此法하면 則得圓滿一切諸佛의 諸波羅蜜과 智慧神力과 菩提自在니라

  불자여, 보살마하살이 열 가지 자재함이 있다.

  무엇이 열 가지 자재함인가?

  이른바 목숨의 자재이다. 말할 수 없는 겁에 목숨이 머물기 때문이다.

　마음의 자재이다. 지혜가 아승지 여러 삼매에 들기 때문이다.

　도구의 자재이다. 한량없는 장엄거리로 일체 세계에 장엄하기 때문이다.

　업의 자재이다. 때를 따라 과보를 받기 때문이다.

　태어남의 자재이다. 일체 세계에서 몸을 받아 태어남을 보이기 때문이다.

　이해의 자재이다. 일체 세계에 부처님이 가득함을 보기 때문이다.

　소원의 자재이다. 욕하는 바를 따르고 때를 따라 여러 세계에서 바른 깨달음을 이루기 때문이다.

　신통력의 자재이다. 일체 큰 신통변화를 보이기 때문이다.

　법의 자재이다. 그지없는 모든 법문을 보이기 때문이다.

　지혜의 자재이다. 생각마다 여래의 열 가지 힘과 네 가지 두려움 없음과 바른 깨달음을 나타내기 때문이다.

　이것이 열 가지 자재함이다.

　만약 보살들이 이 법에 편안히 머물면 일체 부처님의 바라밀과 지혜 신통력과 보리의 자재가 원만함을 얻는다.

◉ **疏** ◉

第七十自在는 卽平等隨順一切衆生廻向中行이니 具十自在하야 能隨順故니 十自在는 如八地辨이라

　(7) '열 가지 자재함'은 平等隨順一切衆生廻向 부분의 행을

밝혔다.

10가지 자재함을 갖추어 일체중생을 따르기 때문이다.

10가지 자재함은 제8지에서 말한 바와 같다.

已上四·五·六·七廻向唯一門 竟하다

이상의 (4) 지일체처회향, (5) 무진공덕장회향, (6) 수순견고일체선근회향, (7) 평등수순일체중생회향은 각기 1문으로 이를 끝마치다.

이세간품 제38-3 離世間品 第三十八之三
화엄경소론찬요 제92권 華嚴經疏論纂要 卷第九十二

화엄경소론찬요 제93권
華嚴經疏論纂要 卷第九十三

◉

이세간품 제38-4
離世間品 第三十八之四

經

佛子여 菩薩摩訶薩이 有十種無礙用하니
何等이 爲十고
所謂衆生無礙用과 國土無礙用과 法無礙用과 身無礙用과 願無礙用과 境界無礙用과 智無礙用과 神通無礙用과 神力無礙用과 力無礙用이니라

불자여, 보살마하살이 열 가지 걸림 없는 작용이 있다.

무엇이 열 가지 걸림 없는 작용인가?

이른바 중생에 걸림 없는 작용,

국토에 걸림 없는 작용,

법에 걸림 없는 작용,

몸에 걸림 없는 작용,

서원에 걸림 없는 작용,

경계에 걸림 없는 작용,

지혜에 걸림 없는 작용,

신통에 걸림 없는 작용,

신통한 힘에 걸림이 없는 작용,

힘에 걸림 없는 작용이다.

⊙ 疏 ⊙

第八十無礙用은 卽眞如相廻向中行이니 如於眞如하야 無障礙故니라 故彼位果云 '住於此位하야 得一切刹平等等이라'하니 平等

은 卽是無礙之因이오 亦無礙之義라 又云 '得佛無量圓滿之身하야 一身이 充滿一切世界等이라' 하니 卽正顯無礙之義라

文中四니

先은 總標十章이오 二 '佛子云何' 下는 總徵十章이오 三 '佛子菩薩' 下는 依章別釋이오 四 '佛子如是' 下는 總結成益이라

今初亦三이니 謂標·徵·列名이라

無礙者는 前明自在는 卽作用任運이오 今明無礙는 顯作用無拘라 又無礙有二니 一智 二事니 十中에 有通有局이라 然法智無礙는 多唯約智오 如身刹等은 多唯約事오 如衆生等은 通於事智라 然 事無礙는 必通於智하고 智無礙境은 未必通事어니와 二皆卽體之 用일새 故竝云無礙用也니라

然十皆通二利나 且約化說이니 初一은 所化오 二는 是化處니 餘皆 能化니 謂化法化身等이니 可以意得이라

　(8) '열 가지 걸림 없는 작용' 10문은 眞如相廻向 부분의 행을 밝혔다. 진여와 같아서 걸림이 없기 때문이다.

　그러므로 그 지위의 과덕에 이르기를, "이 지위에 머물면서 일체 세계의 평등을 얻는다." 등이라 하니, 평등은 곧 걸림이 없는 원인이며, 또한 걸림이 없다는 뜻이다.

　또 이르기를, "부처의 한량없이 원만한 몸을 얻어, 하나의 몸이 일체 세계에 가득하다." 등이라 하니, 바로 걸림이 없다는 뜻을 밝혔다.

　이는 다시 4단락으로 나뉜다.

㈀ 10장을 총괄하여 표장하였고,

㈁ '佛子云何' 이하는 10장을 총괄하여 물었으며,

㈂ '佛子菩薩' 이하는 장에 따라 개별로 해석하였고,

㈃ '佛子如是' 이하는 성취의 이익을 총괄하여 끝맺었다.

이는 '㈀ 10장의 총괄 표장'은 다시 3단락으로 나뉜다.

표장, 물음, 명제의 열거를 말한다.

걸림이 없다는 것은 앞에서 밝힌 '자재함'은 마음대로 작용함이며, 여기에서 밝힌 '걸림이 없다.'는 것은 작용하는 데에 그 어떤 구속도 없음을 밝힌 것이다.

또한 걸림이 없음은 2가지이다.

① 지혜, ② 하는 일이다.

이는 10가지 가운데 모두 통하기도 하고 일부분에 국한되기도 한다.

그러나 법의 지혜가 걸림이 없음은 대체로 지혜만을 들어 말하고, 예컨대 몸과 세계 등은 대체로 하는 일만을 들어 말하고, 예컨대 중생 등은 하는 일과 지혜에 모두 통한다.

그러나 하는 일에 걸림이 없음은 반드시 지혜에 통하고, 지혜가 걸림이 없는 경계는 반드시 하는 일에 통하지 않지만, 2가지는 모두 본체와 하나가 된 작용이기 때문에 모두 걸림이 없는 작용이라 말한 것이다.

그러나 10가지는 모두 자리이타에 통한다. 또한 교화를 들어 말한 것이다.

첫 단락은 교화의 대상이고,

제2 단락은 교화의 처소이며,

나머지는 모두 교화의 주체이다. 이는 교화의 방법과 화신 등을 말한다. 이는 생각하면 알 수 있다.

經

佛子여 云何爲菩薩摩訶薩의 衆生等無礙用고
佛子여 菩薩摩訶薩이 有十種衆生無礙用하니
何者爲十고
所謂知一切衆生이 無衆生無礙用과
知一切衆生이 但想所持無礙用과
爲一切衆生說法에 未曾失時無礙用과
普化現一切衆生界無礙用과
置一切衆生於一毛孔中호대 而不迫隘無礙用과
爲一切衆生하야 示現他方一切世界하야 令其悉見無礙用과
爲一切衆生하야 示現釋梵護世諸天身無礙用과
爲一切衆生하야 示現聲聞辟支佛寂靜威儀無礙用과
爲一切衆生하야 示現菩薩行無礙用과
爲一切衆生하야 示現諸佛色身相好一切智力成等正覺無礙用이 是爲十이니라

불자여, 어떤 것이 보살마하살의 중생 등에 걸림 없는 작용인가?

불자여, 보살마하살이 열 가지 중생에 걸림 없는 작용이 있다. 무엇이 열 가지 중생에 걸림 없는 작용인가?

이른바 일체중생이 중생 없음을 아는 걸림 없는 작용,

일체중생이 다만 생각으로 유지된 바임을 아는 걸림 없는 작용,

일체중생을 위하여 설법할 적에 때를 놓치지 않는 걸림 없는 작용,

일체 중생계에 널리 변화하여 나타내는 걸림 없는 작용,

일체중생을 한 모공에 두되 비좁지 않은 걸림 없는 작용,

일체중생을 위하여 다른 지방의 일체 세계를 나타내어 모두 보게 하는 걸림 없는 작용,

일체중생을 위하여 제석·범천, 세간을 보호하는 천왕의 하늘 몸을 나타내는 걸림 없는 작용,

일체중생을 위하여 성문과 벽지불의 고요한 위의를 나타내는 걸림 없는 작용,

일체중생을 위하여 보살의 행을 나타내는 걸림 없는 작용,

일체중생을 위하여 부처님의 육신의 몸매, 일체 지혜의 힘, 정등각의 성취를 나타내는 걸림 없는 작용이다.

이것이 열 가지 중생에 걸림 없는 작용이다.

● 疏 ●

第三 依章別釋中에 卽爲十段이니 文皆有四니 謂標·徵·釋·結이라 今初는 所化衆生無礙用 十句中에 前三은 約智辨無礙니 一은 了

性空故오 二는 唯心現故니 此二實智오 三은 知時說法이니 卽是權智오 餘七은 約事無礙니 四는 能現衆生故오 五는 近收一毛오 六은 遠示他刹이오 餘四는 示上首之身이라

'(ㄷ) 장에 따라 개별로 해석한' 부분은 10단락이다.

경문은 모두 4가지가 있다.

표장, 물음, 해석, 끝맺음을 말한다.

이의 첫 단락은 '교화 대상의 중생에 걸림 없는 작용' 10구 가운데 앞의 3구는 지혜를 들어서 걸림이 없음을 논변하였다.

① 자성이 공함을 알기 때문이며,

② 오직 마음이 나타나기 때문이다.

이 2가지는 如實智이다.

③ 설법할 시기를 아는 것이다. 이는 방편의 지혜이다.

나머지 7구는 현상의 사법계에 걸림이 없는 것으로 말하였다.

④ 중생에게 몸을 나타내 보여주는 주체이기 때문이며,

⑤ 하나의 모공에 가까이 거둬들임이며,

⑥ 다른 세계를 멀리 보여줌이다.

나머지 4구는 상수보살의 몸을 보여줌이다.

經

佛子여 菩薩摩訶薩이 有十種國土無礙用하니
何等이 爲十고
所謂一切刹로 作一刹無礙用과

一切刹로 入一毛孔無礙用과

知一切刹無有盡無礙用과

一身이 結跏趺坐하야 充滿一切刹無礙用과

一身中에 現一切刹無礙用과

震動一切刹호대 不令衆生恐怖無礙用과

以一切刹莊嚴具로 莊嚴一刹無礙用과

以一刹莊嚴具로 莊嚴一切刹無礙用과

以一如來一衆會로 徧一切佛刹하야 示現衆生無礙用과

一切小刹中刹大刹廣刹深刹仰刹覆刹側刹正刹의 徧諸方網無量差別을 以此普示一切衆生無礙用이 是爲十이니라

불자여, 보살마하살이 열 가지 국토에 걸림 없는 작용이 있다.

무엇이 열 가지 국토에 걸림 없는 작용인가?

이른바 일체 세계로 한 세계를 만드는 데 걸림 없는 작용,

일체 세계를 하나의 모공에 넣는 데 걸림 없는 작용,

일체 세계가 다함이 없음을 아는 데 걸림 없는 작용,

한 몸이 가부좌하고 앉은 채, 일체 세계에 충만하는 데 걸림 없는 작용,

한 몸에 일체 세계를 나타내는 데 걸림 없는 작용,

일체 세계를 진동하면서도 중생을 두렵게 하지 않는 데 걸림 없는 작용,

일체 세계의 장엄거리로 한 세계를 장엄하는 데 걸림 없는 작용,

한 세계의 장엄거리로 일체 세계를 장엄하는 데 걸림 없는 작용,

한 여래의 한 대중으로 일체 부처의 세계에 두루 가득하게 중생을 나타내는 데 걸림 없는 작용,

일체 작은 세계, 중간 세계, 큰 세계, 넓은 세계, 깊은 세계, 잦힌 세계, 엎어진 세계, 기울어진 세계, 반듯한 세계의 여러 방위 그물에 두루 가득하여, 한량없이 각기 다른 모양으로 일체중생에게 널리 보여주는 데 걸림 없는 작용이다.

이것이 열 가지 국토에 걸림 없는 작용이다.

◉ 疏 ◉

第二 刹無礙十 中에 知刹無盡이니 通智通事故니라 晉經에 云 於一切刹에 深入無盡方便이라하고 度世에 云 一切佛界 所入無盡이라하니 皆通事也라

餘九는 唯事無礙니 深은 即微細刹이라 餘並可知니라

둘째, '열 가지 국토에 걸림 없는 작용' 가운데 세계의 그지없음을 아는 것이다. 지혜에 통하고 하는 일에 통하기 때문이다.

60화엄경에 이르기를, "일체 세계의 그지없는 방편에 깊이 들어간다."고 하였고, 도세경에 이르기를, "일체 부처의 세계에 들어가는 바 그지없다."고 하였다. 이는 모두 현상의 사법계에 통한다.

나머지 9구는 오직 현상의 사법계만을 말한다.

'深刹'의 深은 곧 미세한 세계이다. 나머지 세계는 말하지 않아도 알 수 있다.

418

佛子여 菩薩摩訶薩이 有十種法無礙用하니

何等이 爲十고

所謂知一切法이 入一法하고 一法이 入一切法호대 而亦不違衆生心解無礙用과

從般若波羅蜜로 出生一切法하야 爲他解說하야 悉令開悟無礙用과

知一切法離文字호대 而令衆生으로 皆得悟入無礙用과

知一切法入一相호대 而能演說無量法相無礙用과

知一切法離言說호대 能爲他說無邊法門無礙用과

於一切法에 善轉普門字輪無礙用과

以一切法으로 入一法門호대 而不相違하야 於不可說劫에 說不窮盡無礙用과

以一切法으로 悉入佛法하야 令諸衆生으로 皆得悟解無礙用과

知一切法無有邊際無礙用과

知一切法無障礙際 猶如幻網의 無量差別하야 於無量劫에 爲衆生說호대 不可窮盡無礙用이 是爲十이니라

    불자여, 보살마하살이 열 가지 법에 걸림 없는 작용이 있다.

    무엇이 열 가지 법에 걸림 없는 작용인가?

    이른바 일체 법이 하나의 법에 들어가고, 하나의 법이 일체 법에 들어가되, 중생의 마음과 지혜에 어긋나지 않은 데 걸림 없는

작용,

　반야바라밀로 일체 법을 내어 다른 이를 위해 해설하여 모두 깨닫게 하는 데 걸림 없는 작용,

　일체 법이 글자를 여읜 줄을 알면서도 중생으로 하여금 모두 깨달아 들어가게 하는 데 걸림 없는 작용,

　일체 법이 하나의 모양에 들어감을 알면서도 한량없는 법의 모양을 연설하는 데 걸림 없는 작용,

　일체 법이 말을 여읜 줄을 알면서도 다른 이를 위해 그지없는 법문을 연설하는 데 걸림 없는 작용,

　일체 법에 넓은 법문의 글자 바퀴[普門字輪]를 잘 굴리는 데 걸림 없는 작용,

　일체 법을 하나의 법문에 넣어도 서로 어기지 않아서 말할 수 없는 겁에 말하여도 다하지 않는 데 걸림 없는 작용,

　일체 법이 모두 불법에 들어가 중생으로 하여금 모두 알게 하는 데 걸림 없는 작용,

　일체 법이 끝이 없음을 아는 데 걸림 없는 작용,

　일체 법이 장애가 없음이 요술의 그물처럼 한량없이 각기 다름을 알고서 한량없는 겁에 중생을 위해 말하여도 다할 수 없는 데 걸림 없는 작용이다.

　이것이 열 가지 법에 걸림 없는 작용이다.

◉ 疏 ◉

第三는 法無礙니 謂皆約智니 於性相無礙之法에 能知說自在故니라
一은 一多卽入而不壞本이오 二는 實智出權이오 三은 無文示文이오 四는 一說多相이오 五는 無說之說이오 六은 一言圓備輪字之義니 彌伽處釋이오 七은 門門互收오 八은 以眞收俗이오 九는 橫知無邊이오 十은 豎窮其際라

셋째, '법에 걸림 없는 작용'이다. 모두 지혜를 들어 말한다. 본성과 현상에 걸림 없는 법에 설법의 자재를 알기 때문이다.

제1구, 하나와 많음이 하나가 되어 들어가지만, 근본을 무너뜨리지 않음이며,

제2구, 如實智에서 방편의 권도를 냄이며,

제3구, 문자가 없는 데서 문자를 보여줌이며,

제4구, 하나에 많은 모양을 설명함이며,

제5구, 말이 없는 말이며,

제6구, 하나의 말에 원만히 갖춤이다. '輪' 자의 뜻은 제39 입법계품의 미가장자 부분에서 해석하고 있다.

제7구, 법문과 법문이 서로 거둬들임이며,

제8구, 眞諦로써 俗諦를 거둬들임이며,

제9구, 공간의 횡이 그지없음을 앎이며,

제10구, 시간의 종으로 그 끝을 다함이다.

經

佛子여 菩薩摩訶薩이 有十種身無礙用하니
何等이 爲十고
所謂以一切衆生身으로 入己身無礙用과 以己身으로 入
一切衆生身無礙用과
一切佛身으로 入一佛身無礙用과
一佛身으로 入一切佛身無礙用과
一切刹로 入己身無礙用과
以一身으로 充徧一切三世法하야 示現衆生無礙用과
於一身에 示現無邊身하야 入三昧無礙用과
於一身에 示現衆生數等身하야 成正覺無礙用과
於一切衆生身에 現一衆生身하고 於一衆生身에 現一切
衆生身無礙用과
於一切衆生身에 示現法身하고 於法身에 示現一切衆生
身無礙用이 是爲十이니라

불자여, 보살마하살이 열 가지 몸에 걸림 없는 작용이 있다.

무엇이 열 가지 몸에 걸림 없는 작용인가?

이른바 일체중생의 몸을 자기의 몸에 넣는 데 걸림 없는 작용,

자기의 몸을 일체중생의 몸에 넣는 데 걸림 없는 작용,

일체 부처의 몸을 한 부처의 몸에 넣는 데 걸림 없는 작용,

한 부처의 몸을 일체 부처의 몸에 넣는 데 걸림 없는 작용,

일체 세계를 자기의 몸에 넣는 데 걸림 없는 작용,

한 몸이 일체 삼세의 법에 충만하여 중생에게 몸을 나타내는 데 걸림 없는 작용,

한 몸에 그지없는 몸을 나타내어 삼매에 들어가는 데 걸림 없는 작용,

한 몸에 중생의 수효와 같은 몸을 나타내어 바른 깨달음을 이루게 하는 데 걸림 없는 작용,

일체중생의 몸에 한 중생의 몸을 나타내고, 한 중생의 몸에 일체중생의 몸을 나타내는 데 걸림 없는 작용,

일체중생의 몸에 법신을 나타내고, 법신에 일체중생의 몸을 나타내는 데 걸림 없는 작용이다.

이것이 열 가지 몸에 걸림 없는 작용이다.

◉ 疏 ◉

第四는 身無礙用이니 文可知니라

넷째, '몸에 걸림 없는 작용'이다.

이의 경문은 말하지 않아도 알 수 있다.

經

佛子여 菩薩摩訶薩이 有十種願無礙用하니
何等이 爲十고
所謂以一切菩薩願으로 作自願無礙用과
以一切佛成菩提願力으로 示現自成正覺無礙用과

隨所化衆生하야 自成阿耨多羅三藐三菩提無礙用과
於一切無邊際劫에 大願不斷無礙用과 遠離識身하고 不著智身하야 以自在願으로 現一切身無礙用과
捨棄自身하고 成滿他願無礙用과
普教化一切衆生하야 而不捨大願無礙用과
於一切劫에 行菩薩行하야 而大願不斷無礙用과
於一毛孔에 現成正覺하야 以願力故로 充徧一切諸佛國土하야 於不可說不可說世界에 爲一一衆生하야 如是示現無礙用과
說一句法호대 徧一切法界하야 興大正法雲하며 耀解脫電光하며 震實法雷音하며 雨甘露味雨하야 以大願力으로 充洽一切諸衆生界無礙用이 是爲十이니라

불자여, 보살마하살이 열 가지 원하는 데 걸림 없는 작용이 있다.

무엇이 열 가지 원하는 데 걸림 없는 작용인가?

이른바 일체 보살의 원으로 자기의 원을 삼는 데 걸림 없는 작용,

일체 부처님이 성취한 보리의 원력으로 자신의 바른 깨달음의 성취를 나타내는 데 걸림 없는 작용,

교화 대상의 중생을 따라서 스스로 아뇩다라삼먁삼보리를 이루는 데 걸림 없는 작용,

일체 그지없는 겁에 큰 서원이 끊어지지 않는 데 걸림 없는 작용,

알음알이의 몸[識身]을 멀리 여의고 지혜의 몸에 집착하지 않으면서 자재한 서원으로 일체 몸을 나타내는 데 걸림 없는 작용,

자신의 몸을 버리고 남의 소원을 원만 성취하는 데 걸림 없는 작용,

일체중생을 널리 교화하되 큰 서원을 버리지 않는 데 걸림 없는 작용,

일체 겁에서 보살의 행을 행하여 큰 서원이 끊이지 않는 데 걸림 없는 작용,

한 모공에서 바른 깨달음의 성취를 나타내어 원력으로 일체 제불의 국토에 두루 보여주되, 말할 수 없이 말할 수 없는 세계에서 하나하나 중생을 위하여 그처럼 나타내는 데 걸림 없는 작용,

한 구절 법을 말하되 일체 법계에 두루 가득하여 크게 바른 법구름을 일으키고 해탈의 번개 빛을 비추며, 진실한 법의 우레를 진동하고 감로의 비를 내려서 큰 서원의 힘으로 일체 중생세계에 흡족케 하는 데 걸림 없는 작용이다.

이것이 열 가지 원하는 데 걸림 없는 작용이다.

  疏 ◉

第五는 願無礙用이니 文並可知니라

다섯째, '원하는 데 걸림 없는 작용'이다.

이의 경문은 모두 설명하지 않아도 알 수 있다.

經

佛子여 **菩薩摩訶薩**이 **有十種境界無礙用**하니

何等이爲十고
所謂在法界境界호대而不捨衆生境界無礙用과
在佛境界호대而不捨魔境界無礙用과
在涅槃境界호대而不捨生死境界無礙用과
入一切智境界호대而不斷菩薩種性境界無礙用과
住寂靜境界호대而不捨散亂境界無礙用과
住無去無來無戲論無相狀無體性無言說如虛空境界호대而不捨一切衆生戲論境界無礙用과
住諸力解脫境界호대而不捨一切諸方所境界無礙用과
入無衆生際境界호대而不捨教化一切衆生無礙用과
住禪定解脫神通明智寂靜境界호대而於一切世界에示現受生無礙用과
住如來一切行莊嚴成正覺境界호대而現一切聲聞辟支佛의寂靜威儀無礙用이是爲十이니라

불자여, 보살마하살이 열 가지 경계에 걸림 없는 작용이 있다.

무엇이 열 가지 경계에 걸림 없는 작용인가?

이른바 법계의 경계에 있으면서 중생의 경계를 버리지 않는 데 걸림 없는 작용,

부처의 경계에 있으면서 마의 경계를 버리지 않는 데 걸림 없는 작용,

열반의 경계에 있으면서 생사의 경계를 버리지 않는 데 걸림 없는 작용,

일체 지혜의 경계에 들어가되 보살의 종성 경계를 끊지 않는 데 걸림 없는 작용,

고요한 경계에 머물면서도 산란한 경계를 버리지 않는 데 걸림 없는 작용,

가는 것도 없고 오는 것도 없으며, 부질없는 말도 없고 형상도 없으며, 자체도 없고 말도 없는, 허공과 같은 경계에 머물면서도 일체중생의 부질없는 말의 경계를 버리지 않는 데 걸림 없는 작용,

모든 힘의 해탈하는 경계에 머물면서도 일체 모든 곳의 경계를 버리지 않는 데 걸림 없는 작용,

중생의 경계 없는 경계에 들어가되 일체중생의 교화를 버리지 않는 데 걸림 없는 작용,

선정, 해탈, 신통, 지혜의 고요한 경계에 머물면서도 일체 세계에 몸을 받아 태어남을 보여주는 데 걸림 없는 작용,

여래의 일체 행으로 장엄한 바른 깨달음을 이룬 경계에 머물되 일체 성문과 벽지불의 고요한 위의를 나타내는 데 걸림 없는 작용이다.

이것이 열 가지 경계에 걸림 없는 작용이다.

● 疏 ●

第六은 境界無礙니 謂於此十種勝劣相違境中에 於勝現劣하야 廻轉無礙니 是爲菩薩分齊之境이니 文亦可知니라

여섯째, '경계에 걸림 없는 작용'이다.

이처럼 수승함과 용렬함이 서로 어긋나는 10가지 경계 속에서 수승함에 용렬함을 나타내어 회전하는 데에 걸림이 없음을 말한다. 이것이 보살 한계의 경계이다.

이의 경문은 설명하지 않아도 또한 알 수 있다.

經

佛子여 菩薩摩訶薩이 有十種智無礙用하니

何等이 爲十고

所謂無盡辯才無礙用과

一切總持無有忘失無礙用과

能決定知決定說一切衆生諸根無礙用과

於一念中에 以無礙智로 知一切衆生心之所行無礙用과

知一切衆生欲樂隨眠習氣煩惱病하야 隨應授藥無礙用과

一念에 能入如來十力無礙用과 以無礙智로 知三世一切劫과

及其中衆生無礙用과

於念念中에 現成正覺하야 示現衆生호대 無有斷絕無礙用과

於一衆生想에 知一切衆生業無礙用과

於一衆生音에 解一切衆生語無礙用이 是爲十이니라

불자여, 보살마하살이 열 가지 지혜에 걸림 없는 작용이 있다.

무엇이 열 가지 지혜에 걸림 없는 작용인가?

이른바 다함이 없는 변재의 걸림 없는 작용,

모든 것을 모두 지니고서 잃음이 없는 데 걸림 없는 작용,

일체중생의 모든 근기를 반드시 알고 반드시 말해주는 데 걸림 없는 작용,

한 생각의 찰나에 걸림 없는 지혜로 일체중생의 마음에 행하는 것을 아는 데 걸림 없는 작용,

일체중생의 욕망, 수면, 습기, 번뇌의 병을 알고서 그에 걸맞게 약을 주는 데 걸림 없는 작용,

한 생각의 찰나에 여래의 열 가지 힘에 들어가는 데 걸림 없는 작용,

걸림 없는 지혜로 삼세 모든 겁 및 그 가운데 있는 중생을 아는 데 걸림 없는 작용,

한 생각의 찰나에 바른 깨달음의 성취를 나타내어 중생에게 보여주되 끊임이 없는 데 걸림 없는 작용,

한 중생의 생각에서 일체중생의 업을 아는 데 걸림 없는 작용,

한 중생의 음성에서 일체중생의 말을 아는 데 걸림 없는 작용이다.

이것이 열 가지 지혜에 걸림 없는 작용이다.

◉ 疏 ◉

第七은 智無礙니 前來에 雖亦有智나 各從本類攝之어니와 今則一

向 辨其智用이라 然智無若干이나 因法顯別이니 以法從智오 前法
無礙는 以智從法이라
十中에 初二는 能化智오 次三은 知所化智오 六은 上入佛智니 前六
은 皆權智라 七·八은 權實無礙智오 後二는 事事無礙智라

일곱째, '지혜에 걸림 없는 작용'이다.

앞에 또한 지혜에 관한 단락이 있으나 각각 본류에 따라 받아들였지만, 여기에서는 하나같이 지혜의 작용을 말하였다.

그러나 지혜에는 어느 정도라는 약간으로 말할 수 없지만, 법을 통해 개별로 밝혔다. 이는 법으로써 지혜를 따른 것이며, 앞의 '법에 걸림이 없음'은 지혜로써 법을 따른 것이다.

10구 가운데 앞의 2구는 교화 주체의 지혜이며,

다음 3구는 교화 대상을 아는 지혜이며,

제6구는 위로 부처의 지혜에 들어감이다.

앞의 6구는 모두 방편의 지혜이다.

제7, 제8구는 방편의 권교와 근본의 실교에 걸림이 없는 지혜이다.

뒤의 2구는 사물 현상과 사물 현상이 걸림이 없는 지혜이다.

經

佛子여 菩薩摩訶薩이 有十種神通無礙用하니
何等이 爲十고
所謂於一身에 示現一切世界身無礙用과

於一佛衆會에 聽受一切佛衆會中所說法無礙用과

於一衆生心念中에 成就不可說無上菩提하야 開悟一切衆生心無礙用과

以一音으로 現一切世界差別言音하야 令諸衆生으로 各得解了無礙用과

一念中에 現盡前際一切劫의 所有業果種種差別하야 令諸衆生으로 悉得知見無礙用과

一微塵에 出現廣大佛刹無量莊嚴無礙用과

令一切世界로 具足莊嚴無礙用과

普入一切三世無礙用과

放大法光明하야 現一切諸佛菩提衆生行願無礙用과

善守護一切天龍夜叉乾闥婆阿修羅迦樓羅緊那羅摩睺羅伽釋梵護世聲聞獨覺菩薩의 所有如來十力菩薩善根無礙用이 是爲十이니

若諸菩薩이 得此無礙用하면 則能普入一切佛法이니라

　　불자여, 보살마하살이 열 가지 신통에 걸림 없는 작용이 있다.

　　무엇이 열 가지 신통에 걸림 없는 작용인가?

　　이른바 한 몸에 일체 세계의 몸을 나타내는 데 걸림 없는 작용,

　　한 부처님의 대중법회에서 일체 부처님의 대중법회에서 말씀하는 법을 듣는 데 걸림 없는 작용,

　　한 중생의 생각 속에서 말할 수 없이 위없는 보리를 이루어 일체중생의 마음을 깨닫게 하는 데 걸림 없는 작용,

한 음성으로 일체 세계의 각기 다른 언어와 음성을 나타내어 일체중생을 각기 알게 하는 데 걸림 없는 작용,

한 생각 가운데 지난 세상 일체 겁에 있던 업의 과보가 가지가지 다른 것을 나타내어 일체중생으로 하여금 모두 알고 보게 하는 데 걸림 없는 작용,

한 티끌 속에서 광대한 세계의 한량없는 장엄을 내게 하는 데 걸림 없는 작용,

일체 세계로 하여금 장엄을 구족하게 하는 데 걸림 없는 작용,

일체 삼세에 두루 들어가는 데 걸림 없는 작용,

큰 법의 광명을 쏟아내어 일체 제불의 보리와 중생의 행원을 나타내는 데 걸림 없는 작용,

일체 하늘·용·야차·건달바·아수라·가루라·긴나라·마후라가·제석·범천·세상 보호하는 이·성문·독각·보살과 여래의 열 가지 힘과 보살의 선근을 잘 수호하는 데 걸림 없는 작용이다.

이것이 열 가지 신통에 걸림 없는 작용이다.

만약 보살들이 이 걸림 없는 작용을 얻으면 일체 불법에 두루 들어갈 수 있다.

● 疏 ●

第八은 神通無礙니
一은 無數色身通이오
二는 天耳오

三은 他心이오

四는 分別言辭오

五는 宿住通이라 故度世經에 名見前世라하니라

六은 往一切佛刹通이니 莊嚴은 乃是其中別義오

七은 未來劫通이니 前已明過去일새 故通擧三世오

八은 卽一切法智通이니 故度世에 云 '一切諸佛菩薩所建立行을 演法光明而照耀之'니 卽是法光照佛法也라

九는 卽天眼이니 度世에 云 '知見一切等故'라하니 謂見有所作而守護之라

十은 準晉本云 '佛子여 畧說菩薩平等觀一切諸法通自在'라하니 此卽一切法滅盡三昧通이 平等寂滅故니라 故度世에 云 '菩薩平等하야 寂諸音響'이라하니 則以平夷로 等御衆生이니 今文脫此라 文中畧擧일새 故不曲盡이나 大旨는 不異十通品辨이라

여덟째, '신통의 걸림 없는 작용'이다.

① 수없는 색신의 신통,

② 무슨 소리나 들을 수 있는 天耳通,

③ 다른 사람의 마음을 알 수 있는 他心通,

④ 언어와 음성을 분별하는 신통,

⑤ 나와 남의 과거의 생활을 아는 宿住通, 이 때문에 도세경에서는 "앞의 세상을 본다."고 말하였다.

⑥ 일체 제불의 세계를 찾아가는 신통, '광대한 세계의 한량없는 장엄'이란 그 가운데 별도의 의미이다.

⑦ 미래 세상을 아는 신통, 앞에서 과거의 세상을 이미 분명하게 밝혔기에 삼세를 모두 들어 말하였다.

⑧ 일체 법을 아는 지혜의 신통, 이 때문에 도세경에서는 "일체 제불과 보살이 건립한 수행을 연설법문의 광명으로 두루 비춘다."고 말하였다. 이는 법의 광명으로 불법을 비추는 것이다.

⑨ 무엇이나 밝게 볼 수 있는 天眼通, 도세경에서는 "일체 모든 것을 알고 보기 때문이다."고 말하니, 하는 일을 보고서 수호하는 것이다.

⑩ 60화엄경을 살펴보면, "불자여, 보살이 일체 모든 법을 평등하게 관찰하는 신통자재"를 간추려 말하였다. 이는 일체 모든 법의 滅盡定 삼매신통이 평등하게 적멸하기 때문이다.

이 때문에 도세경에서는 "보살이 평등하여 모든 음향이 고요하다."고 말하였다. 이는 평이함으로써 중생을 평등하게 다스림이다. 이의 경문에는 이 단락의 부분이 탈락되었다.

이의 경문은 간추려 말한 까닭에 자세히 말하지 않았지만, 주된 뜻은 제28 십통품에서 말한 바와 다르지 않다.

經

佛子여 菩薩摩訶薩이 有十種神力無礙用하니
何等이 爲十고
所謂以不可說世界로 置一塵中無礙用과
於一塵中에 現等法界一切佛刹無礙用과

以一切大海水로 置一毛孔하야 周旋往返十方世界호대 而於衆生에 無所觸嬈無礙用과
以不可說世界로 內自身中하야 示現一切神通所作無礙用과
以一毛로 繫不可數金剛圍山하야 持以遊行一切世界호대 不令衆生으로 生恐怖心無礙用과 以不可說劫으로 作一劫하고 一劫으로 作不可說劫하야 於中에 示現成壞差別호대 不令衆生으로 心有恐怖無礙用과
於一切世界에 現水火風災種種變壞호대 而不惱衆生無礙用과
一切世界三災壞時에 悉能護持一切衆生資生之具하야 不令損缺無礙用과
以一手로 持不思議世界하야 擲不可說世界之外호대 不令衆生으로 有驚怖想無礙用과
說一切刹이 同於虛空하야 令諸衆生으로 悉得悟解無礙用이 是爲十이니라

　불자여, 보살마하살이 열 가지 신통한 힘에 걸림 없는 작용이 있다.

　무엇이 열 가지 신통한 힘에 걸림 없는 작용인가?

　이른바 말할 수 없는 세계를 한 티끌 속에 넣어두는 걸림 없는 작용,

　한 티끌 속에서 법계와 같은 일체 세계를 나타내는 걸림 없는

작용,

　일체 큰 바닷물을 하나의 모공에 넣어 시방세계로 돌아다니되 중생을 시끄럽게 하지 않는 걸림 없는 작용,

　말할 수 없는 세계를 나의 몸속에 넣어서 일체 신통한 일을 보이는 걸림 없는 작용,

　하나의 털로써 셀 수 없는 철위산을 묶어 일체 세계로 돌아다니되 중생으로 하여금 두려운 마음을 내지 않게 하는 걸림 없는 작용,

　말할 수 없는 겁으로 한 겁을 만들고, 한 겁으로 말할 수 없는 겁을 만들어, 그 가운데서 이뤄지고 무너지는 각기 다른 모습을 나타내면서도 중생의 마음을 두렵게 하지 않는 걸림 없는 작용,

　일체 세계에서 수재·화재·풍재의 갖가지 변괴를 나타내되 중생을 괴롭히지 않는 걸림 없는 작용,

　일체 세계가 수재·화재·풍재로 무너질 적에 모두 일체중생의 살림살이를 보호하여 부서지지 않게 하는 걸림 없는 작용,

　한 손으로 불가사의한 세계를 들어 말할 수 없는 세계 밖에 던져도 중생을 놀라게 하지 않는 걸림 없는 작용,

　일체 세계가 허공과 같음을 말하여 일체중생을 모두 깨닫게 하는 데 걸림 없는 작용이다.

　이것이 열 가지 신통한 힘에 걸림 없는 작용이다.

● 疏 ●

第九는 神力無礙니 神通은 多約外用無壅이어니와 神力은 多約內

有幹能_{일새} 故其十中_에 多約一毛含攝等_{이니} 此卽身力_{이오} 後是智力_{이라} 若以通攝力_{인댄} 十種神力_이 但是一神足通耳_{이어니와} 旣分通力兩殊_{일새} 故十通中_에 少說神境_{이라}

아홉째, '신통력의 걸림 없는 작용'이다.

신통이란 대체로 외적 작용에 막힘이 없는 것으로 말하지만, 신통력은 대체로 내면의 존재 능력으로 말한다. 따라서 10구 가운데 대체로 하나의 털로 모든 것을 포괄하는 등을 들어 말하였다. 이는 곧 몸의 신통력이고, 뒤는 지혜의 신통력이다.

만약 신통으로 힘을 지닌 것으로 말하면, 10가지 신통력이 하나의 神足通일 뿐이지만, 이미 신통과 신통력을 둘로 구분 지어 말하였기에 10가지 신통 가운데 신통의 경계를 적게 말하였다.

經

佛子_여 菩薩摩訶薩_이 有十種力無礙用_{하니}
何等_이 爲十_고
所謂衆生力無礙用_{이니} 敎化調伏_{하야} 不捨離故_며
刹力無礙用_{이니} 示現不可說莊嚴_{하야} 而莊嚴故_며
法力無礙用_{이니} 令一切身_{으로} 入無身故_며
劫力無礙用_{이니} 修行不斷故_며 佛力無礙用_{이니} 覺悟睡眠故_며
行力無礙用_{이니} 攝取一切菩薩行故_며
如來力無礙用_{이니} 度脫一切衆生故_며

無師力無礙用이니 自覺一切諸法故며
一切智力無礙用이니 以一切智로 成正覺故며
大悲力無礙用이니 不捨一切衆生故니라 是爲十이니라

불자여, 보살마하살이 열 가지 힘의 걸림 없는 작용이 있다.

무엇이 열 가지 힘의 걸림 없는 작용인가?

이른바 중생의 힘에 걸림 없는 작용이다. 교화하고 조복하여 버리지 않기 때문이다.

세계의 힘에 걸림 없는 작용이다. 말할 수 없는 장엄을 나타내어 장엄하기 때문이다.

법의 힘에 걸림 없는 작용이다. 일체 몸으로 몸이 없는 데 들게 하기 때문이다.

겁의 힘에 걸림 없는 작용이다. 수행이 끊이지 않기 때문이다.

부처의 힘에 걸림 없는 작용이다. 잠에서 깨어나기 때문이다.

행하는 힘에 걸림 없는 작용이다. 일체 보살의 행을 거둬들이기 때문이다.

여래의 힘에 걸림 없는 작용이다. 일체중생을 제도하여 해탈하기 때문이다.

스승 없는 힘에 걸림 없는 작용이다. 일체 모든 법을 스스로 깨닫기 때문이다.

일체 지혜의 힘에 걸림 없는 작용이다. 일체 지혜로 바른 깨달음을 성취하기 때문이다.

큰 자비의 힘에 걸림 없는 작용이다. 일체중생을 버리지 않기 때문이다.

이것이 열 가지 힘의 걸림 없는 작용이다.

● 疏 ●

第十은 力無礙用이니 悲智之力이 皆無礙故니라 亦有事用無礙호되 從多說之니라

열째, '힘의 걸림 없는 작용'이다.

大悲大智의 힘이 모두 걸림 없기 때문이다.

또한 일의 작용에도 걸림이 없지만, 많은 부분을 따라 말하였다.

經

佛子여 如是 名爲菩薩摩訶薩의 十種無礙用이니
若有得此十無礙用者면 於阿耨多羅三藐三菩提에 欲成不成을 隨意無違하야 雖成正覺이나 而亦不斷行菩薩行하나니
何以故오
菩薩摩訶薩이 發大誓願하야 入無邊無礙用門하야 善巧示現故니라

불자여, 이와 같은 것을 보살마하살의 열 가지 걸림 없는 작용이라 말한다.

만약 이 열 가지 걸림 없는 작용을 얻은 자는 아뇩다라삼먁삼보리를 이루고자 하거나 이루지 않음을 마음대로 하여 어기지 않

439

을 것이며, 바른 깨달음을 이룬다 하여도 또한 보살의 행을 행함을 단절하지 않을 것이다.

　　무엇 때문일까?

　　보살마하살이 큰 서원을 내어 그지없이 걸림 없는 작용의 문에 들어가 뛰어나게 나타내어 보이기 때문이다.

◉ 疏 ◉

第四는 總結成益中에 欲成不成에 已得無礙어늘 得果不捨因은 尤顯無礙니라

　　'(ㄹ) 성취의 이익을 총괄하여 끝맺은' 부분에서 '이루고자 하거나 이루지 않음'에 있어 이미 걸림이 없음을 얻었지만, 결과를 얻고서 원인을 버리지 않음은 더욱 걸림이 없음을 나타낸 것이다.

第八 廻向은 卽十無礙니 一門에 具十이라 共百門이니 竟하다

　　(8) 진여상회향은 곧 10가지 장애가 없음이다. 하나의 문에 10가지를 갖추고 있어, 모두 1백 문이다. 이를 끝마치다.

經

佛子여 菩薩摩訶薩이 有十種遊戲하니
何等이 爲十고
所謂以衆生身으로 作刹身호대 而亦不壞衆生身이 是菩薩遊戱오
以刹身으로 作衆生身호대 而亦不壞於刹身이 是菩薩遊

戲오

於佛身에 示現聲聞獨覺身호대 而不損減如來身이 是菩薩遊戲오

於聲聞獨覺身에 示現如來身호대 而不增長聲聞獨覺身이 是菩薩遊戲오

於菩薩行身에 示現成正覺身호대 而亦不斷菩薩行身이 是菩薩遊戲오

於成正覺身에 示現修菩薩行身호대 而亦不滅成菩提身이 是菩薩遊戲오

於涅槃界에 示現生死身호대 而不著生死 是菩薩遊戲오
於生死界에 示現涅槃호대 亦不究竟入於涅槃이 是菩薩遊戲오

入於三昧하야 而示現行住坐臥一切業호대 亦不捨三昧正受 是菩薩遊戲오

在一佛所하야 聞法受持에 其身不動하고 而以三昧力으로 於不可說諸佛會中에 各各現身호대 亦不分身하며 亦不起定하고 而聞法受持하야 相續不斷하며 如是念念於一一三昧身에 各出生不可說不可說三昧身하야 如是次第한 一切諸劫은 猶可窮盡이어니와 而菩薩三昧身은 不可窮盡이 是菩薩遊戲라

是爲十이니 若諸菩薩이 安住此法하면 則得如來無上大智遊戲니라

불자여, 보살마하살이 열 가지 유희가 있다.

무엇이 열 가지 유희인가?

이른바 중생의 몸으로 세계의 몸을 만들면서도 중생의 몸을 깨뜨리지 않는다. 이것이 보살의 유희이다.

세계의 몸으로써 중생의 몸을 만들면서도 세계의 몸을 깨뜨리지 않는다. 이것이 보살의 유희이다.

부처의 몸에 성문과 독각의 몸을 나타내면서도 여래의 몸을 줄이지 않는다. 이것이 보살의 유희이다.

성문과 독각의 몸에 여래의 몸을 나타내면서도 성문과 독각의 몸을 키우지 않는다. 이것이 보살의 유희이다.

보살행의 몸에 바른 깨달음을 이루는 몸을 나타내면서도 보살행의 몸을 끊지 않는다. 이것이 보살의 유희이다.

바른 깨달음을 이룬 몸에 보살의 행을 닦는 몸을 나타내면서도 보리를 이루는 몸을 줄이지 않는다. 이것이 보살의 유희이다.

열반의 세계에 생사의 몸을 나타내면서도 생사에 집착하지 않는다. 이것이 보살의 유희이다.

생사의 세계에 열반을 나타내면서도 끝까지 열반에 들지 않는다. 이것이 보살의 유희이다.

삼매에 들어서 가고 머물고 앉고 눕는 모든 업을 나타내면서도 삼매의 바른 느낌을 버리지 않는다. 이것이 보살의 유희이다.

한 부처님 계신 데서 법을 듣고 받아 지닐 적에 그 몸을 동요하지 않고 삼매의 힘으로 말할 수 없는 부처님 회중에 각각 몸을 나타내면서도 분신하지 않으며, 또한 선정에서 일어나지도 않으며, 법을 듣고 받아 지니면서 계속하여 끊이지 않으며, 이와 같이 생각마다 하나하나 삼매의 몸에서 각각 말할 수 없이 말할 수 없는 삼매의 몸을 내어, 이처럼 차례차례로 일체 모든 겁은 다할지언정 보살의 삼매의 몸은 다하지 않는다. 이것이 보살의 유희이다.

이것이 열 가지 유희이다.

만약 보살들이 이 법에 편안히 머물면 여래의 위없는 큰 지혜의 유희를 얻는다.

● 疏 ●

第九 遊戲下 三門은 明無縛無著解脫廻向中行이니 彼有百門廣顯은 以無縛著解脫이 成就普賢自在智用이어니와 今畧其三이니 此門은 任志行成하야 遊賞自在오 次門은 明境界難量이오 後門은 明智用幹能이니 皆由無縛無著故일세니라

今初十中에 攝爲五對니

一은 依正染淨相作호되 而皆不壞本相正顯遊戲之義니 如世縱情遊戲에 無損動故니라 他皆倣此하다

二는 大小乘互現이오

三은 因果互現이오

四는 生死涅槃互現이오

五는 定散自在니 謂初卽定中起用而常定이오

後는 卽用中入定而常用이라

(9) '보살의 유희' 이하 3문은 無縛無著解脫廻向 부분의 행을 밝혔다.

저 십회향의 부분에서 1백 문으로 자세히 밝힌 것은 속박과 집착이 없는 해탈이 보현의 자재한 지혜 작용의 성취이지만, 여기에서는 간추려 3문으로 묶었다.

첫째, 뜻에 맡겨 행을 성취하여 유희가 자재함이며,

둘째, 경계를 헤아리기 어려움을 밝혔으며,

셋째, 지혜 작용의 능력을 밝혔다.

이는 모두 속박이 없고 집착이 없는 데서 연유한 까닭이다.

첫 법문의 10구는 5대구로 정리된다.

제1 대구, 의보와 정보의 오염과 청정을 모두 지으면서도 모두 본래의 모양을 무너뜨리지 않음이 바로 유희의 의의를 밝힌 것이다. 세간 사람이 방종한 정욕으로 유희함에 손상과 동요가 없는 것과 같기 때문이다. 나머지는 모두 이에 준한다.

제2 대구, 대승과 소승을 서로 나타냄이며,

제3 대구, 원인과 결과를 서로 나타냄이며,

제4 대구, 생사와 열반을 서로 나타냄이며,

제5 대구, 선정과 산란이 자재함이다.

첫 법문은 선정 속에서 작용을 일으키되 언제나 선정삼매이며,

셋째는 작용 속에서 선정에 들되 언제나 작용이다.

佛子여 菩薩摩訶薩이 有十種境界하니

何等이 爲十고

所謂示現無邊法界門하야 令衆生得入이 是菩薩境界오

示現一切世界無量妙莊嚴하야 令衆生得入이 是菩薩境界오

化往一切衆生界하야 悉方便開悟 是菩薩境界오

於如來身에 出菩薩身하고 於菩薩身에 出如來身이 是菩薩境界오

於虛空界에 現世界하고 於世界에 現虛空界 是菩薩境界오

於生死界에 現涅槃界하고 於涅槃界에 現生死界 是菩薩境界오

於一衆生語言中에 出生一切佛法語言이 是菩薩境界오

以無邊身으로 現作一身하고 一身으로 作一切差別身이 是菩薩境界오

以一身으로 充滿一切法界 是菩薩境界오

於一念中에 令一切衆生으로 發菩提心하야 各現無量身하야 成等正覺이 是菩薩境界라

是爲十이니 若諸菩薩이 安住此法하면 則得如來無上大智慧境界니라

　　불자여, 보살마하살이 열 가지 경계가 있다.

무엇이 열 가지 경계인가?

이른바 그지없는 법계의 문을 나타내어 중생으로 하여금 들어가도록 하니, 이것이 보살의 경계이다.

일체 세계의 한량없는 미묘한 장엄을 나타내어 중생으로 하여금 들어가도록 하니, 이것이 보살의 경계이다.

일체중생의 세계에 화신으로 찾아가 모두 방편으로 깨우쳐 주니, 이것이 보살의 경계이다.

여래의 몸에서 보살의 몸을 내고 보살의 몸에서 여래의 몸을 내니, 이것이 보살의 경계이다.

허공계에서 세계를 나타내고 세계에서 허공계를 나타내니, 이것이 보살의 경계이다.

생사의 세계에서 열반의 세계를 나타내고 열반의 세계에서 생사의 세계를 나타내니, 이것이 보살의 경계이다.

한 중생의 말 가운데 일체 불법의 말을 내니, 이것이 보살의 경계이다.

그지없는 몸으로 하나의 몸을 나타내고 하나의 몸으로 일체 각기 다른 몸을 나타내니, 이것이 보살의 경계이다.

하나의 몸으로 일체 법계에 가득하니, 이것이 보살의 경계이다.

한 생각의 찰나에 일체중생으로 보리심을 일으켜, 각각 한량없는 몸을 나타내어 정등각을 이루게 하니, 이것이 보살의 경계이다.

이것이 열 가지 경계이다.

만약 보살들이 이 법에 편안히 머물면 여래의 위없는 큰 지혜의 경계를 얻는다.

● 疏 ●

第二, 境界難量은 通二種境이니

一은 卽遊戲所行之境이라 故晉經에 名爲勝行이오

二는 卽分齊之境이니 謂出沒無礙를 唯菩薩能故니라

十中에 前三은 通所行境이오 後七은 皆分齊境이라

둘째, 경계를 헤아리기 어려움은 2가지 경계에 모두 통한다.

① 유희로 행할 대상의 경계이다. 이 때문에 60화엄경에서는 그 이름을 '수승한 행[勝行]'이라 하였다.

② 한계의 경계이다. 나오고 사라지는 데에 장애가 없음은 오직 보살만이 가능한 까닭이다.

10구 가운데 앞의 3구는 유희로 행할 대상의 경계에 통하고,

뒤의 7구는 모두 한계의 경계이다.

經

佛子여 菩薩摩訶薩이 有十種力하니

何等이 爲十고

所謂深心力이니 不雜一切世情故며

增上深心力이니 不捨一切佛法故며

方便力이니 諸有所作究竟故며

智力이니 了知一切心行故며

願力이니 一切所求令滿故며

行力이니 盡未來際不斷故며

乘力이니 能出生一切乘호대 而不捨大乘故며

神變力이니 於一一毛孔中에 各各示現一切淸淨世界하야 一切如來 出興世故며

菩提力이니 令一切衆生으로 發心成佛하야 無斷絶故며

轉法輪力이니 說一句法하야 悉稱一切衆生諸根性欲故니라

是爲十이니 若諸菩薩이 安住此法하면 則得諸佛無上一切智十力이니라

불자여, 보살마하살이 열 가지 힘이 있다.

무엇이 열 가지 힘인가?

이른바 깊은 마음의 힘이다. 일체 세간의 정욕이 뒤섞이지 않기 때문이다.

더욱 위로 올라가는 깊은 마음의 힘이다. 일체 불법을 버리지 않기 때문이다.

방편의 힘이다. 일체 하는 일이 최고의 경지이기 때문이다.

지혜의 힘이다. 일체 마음과 행을 알기 때문이다.

서원의 힘이다. 일체 구하는 바를 만족케 하기 때문이다.

수행의 힘이다. 미래 세월이 다하도록 끊어지지 않기 때문이다.

승(乘)의 힘이다. 일체 이런저런 승을 모두 내지만 대승을 버리지 않기 때문이다.

신통변화의 힘이다. 하나하나 모공 속에서 각각 일체 청정한 세계를 나타내어 일체 여래께서 세상에 나오시기 때문이다.

보리의 힘이다. 일체중생으로 하여금 발심하여 성불케 하여 끊어짐이 없도록 하기 때문이다.

법륜을 굴리는 힘이다. 한 구절의 법을 말하여도 모두 일체중생의 근성과 욕망에 알맞기 때문이다.

이것이 열 가지 힘이다.

만약 보살들이 이 법에 편안히 머물면 여래의 위없는 일체 지혜의 열 가지 힘을 얻는다.

◉ 疏 ◉

第三는 十力智能이니 十中 前七은 自分力이오 後三은 勝進力이라
前中에 初三은 自利니
一은 一向深求故로 釋以不雜이오
二는 深求佛法이니 佛法이 卽是增上이오
三 '所作究竟'者는 由有善巧라
次二는 利他오 後二는 通二利니 餘可知니라

셋째, 十力의 지혜 능력이다.

10구 가운데 앞의 7구는 자신의 본분에 의한 힘이고, 뒤의 3구는 훌륭하게 닦아나가는 힘이다.

앞의 7구 가운데 첫 3구는 자리행이다.

제1구는 하나같이 깊이 구한 까닭에 '뒤섞이지 않음'으로 해석

하였고,

　제2구는 불법을 깊이 구함이다. 불법이 바로 증상이다.

　제3구 "하는 일이 최고의 경지"라는 것은 뛰어남이 있는 데서 연유함이다.

　다음 제4, 5구는 이타행이고,

　뒤의 제6, 7구는 자리이타에 모두 통한다.

　나머지는 말하지 않아도 알 수 있다.

已上三門은 明第九無縛無著解脫廻向 竟하다

　위의 3문은 ⑼ 무박무착해탈회향을 밝힌 부분을 끝마치다.

經

佛子여 菩薩摩訶薩이 有十種無畏하니

何等이 爲十고

佛子여 菩薩摩訶薩이 悉能聞持一切言說하야 作如是念호대

設有衆生이 無量無邊하야 從十方來하야 以百千大法으로 而問於我라도 我於彼問에 不見微少難可答相이니 以不見故로 心得無畏하야 究竟到彼大無畏岸하며 隨其所問하야 悉能酬對호대 斷其疑惑하야 無有怯弱이 是爲菩薩第一無畏오

　불자여, 보살마하살이 열 가지 두려움이 없다.

　무엇이 열 가지 두려움인가?

불자여 보살마하살이 모든 말을 모두 듣고 지니면서 이런 생각을 하였다.

'설령 한량없고 그지없는 중생들이 시방에서 찾아와 백천 가지 큰 법을 나에게 물을지라도, 나는 그들의 물음에 대하여 조금도 답하기 어려운 모습을 보이지 않을 것이다.

그런 모습을 보이지 않기에 두려운 마음이 없어, 결국에는 두려움 없는 위대한 피안에 이르며, 그들의 묻는 바를 따라서 모두 대답하여, 그들의 의심을 끊어주어 겁내거나 나약함이 없게 하리라.'

이것이 보살의 첫째 두려움이 없음이다.

◉ 疏 ◉

第十十無畏下四門은 明法界無量廻向中行이니 分之爲三이니 初門은 明所廻善根이오 次門은 明法界行體오 後二門은 明所成之德이라

今初는 卽是法施善根이니 無畏는 卽說法之德故니라

十中에 一은 聞持無畏니라

⑽ '열 가지 두려움이 없음' 이하 4문은 法界無量廻向 부분의 행을 밝혔다.

이의 경문은 3부분으로 나뉜다.

(ㄱ) 첫째 문은 회향 대상의 선근을 밝혔고,

(ㄴ) 다음 문은 법계행의 체성을 밝혔으며,

(ㄷ) 뒤의 2문은 성취 대상의 공덕을 밝혔다.

'㈀ 첫째 문'은 법보시의 선근이다. 두려움이 없다는 것은 설법의 공덕이기 때문이다.

10가지 가운데 제1은 법문을 듣고 지니는 데 두려움이 없음이다.

經

佛子여 **菩薩摩訶薩**이 **得如來灌頂無礙辯才**하야 **到於一切文字言音**으로 **開示秘密究竟彼岸**하야 **作如是念**호대 **設有衆生**이 **無量無邊**하야 **從十方來**하야 **以無量法**으로 **而問於我**라도 **我於彼問**에 **不見微少難可答相**이니 **以不見故**로 **心得無畏**하야 **究竟到彼大無畏岸**하야 **隨其所問**하야 **悉能酬對**호대 **斷其疑惑**하야 **無有恐懼** **是爲菩薩第二無畏**오

불자여, 보살마하살이 여래의 관정으로 걸림 없는 변재를 얻어 일체를 표현하는 문자와 언어로 비밀스러운 최고의 자리인 피안을 열어 보이면서 이런 생각을 하였다.

'설령 한량없고 그지없는 중생들이 시방에서 찾아와 한량없는 법을 나에게 물을지라도 나는 그들의 물음에 대하여 조금도 답하기 어려운 모습을 보이지 않을 것이다.

그런 모습을 보이지 않기에 두려운 마음이 없어, 결국에는 두려움 없는 위대한 피안에 이르며, 그들의 묻는 바를 따라서 모두 대답하여, 그들의 의심을 끊어주어 겁에 질리는 일이 없게 하리라.'

이것이 보살의 둘째 두려움이 없음이다.

◉ 疏 ◉
二는 辨才無畏니 上二는 不畏不能答難이라

제2는 변재의 두려움이 없음이다.
위의 2문은 대답하지 못할까를 두려워하지 않음이다.

經

佛子여 **菩薩摩訶薩**이 **知一切法空**하야 **離我離我所**하며 **無作無作者**하며 **無知者**하며 **無命者**하며 **無養育者**하며 **無補伽羅**하며 **離蘊界處**하야 **永出諸見**하야 **心如虛空**하야 **作如是念**호대
不見衆生이 **有微少相**도 **能損惱我身語意業**이니
何以故오 **菩薩**이 **遠離我我所故**로 **不見諸法**에 **有少性相**이니 **以不見故**로 **心得無畏**하야 **究竟到彼大無畏岸**하며 **堅固勇猛**하야 **不可沮壞** **是爲菩薩第三無畏**오

불자여, 보살마하살이 일체 법이 공하여
'나'라는 것도 여의고 '나의 것'이라는 것도 여의며,
하는 일도 없고 하는 사람도 없으며,
아는 이도 없고 명령한 자도 없으며,
길러준 이도 없고 보특가라도 없으며,
5온, 18계, 12처도 여읨을 알고서, 모든 소견에서 아주 벗어나 마음이 허공과 같아서 이런 생각을 하였다.
'중생이 조금이라도 나의 몸과 말과 뜻으로 짓는 업을 괴롭힌

적을 보지 못하였다.

　무엇 때문일까?

　보살은 나라는 것과 나의 것이라는 것을 멀리 여읜 까닭에 그 모든 법에 조그만 성품이나 모양이 있음을 볼 수 없었다. 볼 수 없기 때문에 두려운 마음이 없어 결국에는 두려움 없는 위대한 피안에 이르며, 견고하고 용맹하여 깨뜨리지 못한 것이다.'

　이것이 보살의 셋째 두려움이 없음이다.

● 疏 ●

三은 二空無畏니 了達二空하야 不畏妄念이라

　제3은 我空과 法空으로 두려움이 없음이다. 아공과 법공을 잘 알아서 망념을 두려워하지 않는다.

經

佛子여 菩薩摩訶薩이 佛力所護와 佛力所持로 住佛威儀하야 所行眞實하야 無有變易하야 作如是念호대
我不見有少分威儀도 令諸衆生으로 生訶責相이니 以不見故로 心得無畏하야 於大衆中에 安穩說法이 是爲菩薩第四無畏오

　불자여, 보살마하살이 부처님 힘의 가호와 부처님 힘의 가피로 부처님의 위의에 머물러 행하는 바가 진실하고 변하지 않아서 이런 생각을 하였다.

'나는 조그만 위의일망정 그 어떤 중생도 나에 대해 꾸짖는 모습을 찾아볼 수 없다.

그런 모습들을 찾아볼 수 없기에 두려운 마음이 없어, 대중들에게 편안한 마음으로 설법하는 것이다.'

이것이 보살의 넷째 두려움이 없음이다.

⊙ 疏 ⊙
四는 威儀 無缺無畏니라
제4는 위의가 조금도 부족한 바 없고 두려움이 없음이다.

經
佛子여 菩薩摩訶薩이 身語意業이 皆悉淸淨하야 鮮白柔和하야 遠離衆惡하고 作如是念호대 我不自見身語意業이 而有少分도 可訶責相이니 以不見故로 心得無畏하야 能令衆生으로 住於佛法이 是爲菩薩第五無畏오

불자여, 보살마하살이 몸과 말과 뜻의 업이 모두 청정하고 깨끗하고 부드러워서 모든 악행을 멀리 여의고, 이런 생각을 하였다.

'나는 몸과 말과 뜻으로 하는 일을 조금이라도 남들의 꾸지람 하는 모습을 찾아볼 수 없다.

그런 모습들을 찾아볼 수 없기에 두려운 마음이 없어, 중생을 부처님 법에 머물게 할 수 있다.'

이것이 보살의 다섯째 두려움이 없음이다.

● 疏 ●

五는 三業 無過無畏니 上二는 不畏外譏니라

제5는 삼업에 잘못이 없어 두려움이 없음이다.
위의 2문은 바깥사람들의 비난을 두려워하지 않음이다.

經

佛子여 菩薩摩訶薩이 金剛力士와 天龍夜叉와 乾闥婆와 阿修羅와 帝釋梵王과 四天王等이 常隨侍衛하며 一切如來 護念不捨라 菩薩摩訶薩이 作如是念호대
我不見有衆魔外道와 有見衆生이 能來障我行菩薩道를 少分之相이니 以不見故로 心得無畏하야 究竟到彼大無畏岸하며 發歡喜心하야 行菩薩行이 是爲菩薩第六無畏오

불자여, 보살마하살을 금강역사, 하늘, 용, 야차, 건달바, 아수라, 제석, 범왕, 사천왕 등이 항상 시위하고, 일체 여래께서 가호하여 버리지 않기에, 보살마하살이 이런 생각을 하였다.

'나는 수많은 마군, 외도, 다른 소견을 지닌 중생들이 나를 찾아와, 보살의 도를 행하는 데에 조그마한 장애의 모습도 찾아볼 수 없었다.

그런 모습들을 찾아볼 수 없기에 두려운 마음이 없어, 결국에는 두려움 없는 위대한 피안에 이르러 환희의 마음을 일으켜 보살의 행을 행하는 것이다.'

이것이 보살의 여섯째 두려움이 없음이다.

◉ 疏 ◉

六은 外護無畏니 不畏衆魔外道니라

제6은 외호로 두려움이 없음이다.
수많은 마군과 외도를 두려워하지 않는다.

經

佛子여 菩薩摩訶薩이 已得成就第一念根하야 心無忘失하야 佛所悅可라 作如是念호대
如來所說成菩提道文字句法을 我不於中에 見有少分忘失之相이니 以不見故로 心得無畏하야 受持一切如來正法하야 行菩薩行이 是爲菩薩第七無畏오

불자여, 보살마하살이 제일가는 생각의 근본을 성취하여 마음에 잊어버리는 일이 없어, 부처님이 좋아하신 터라, 이런 생각을 하였다.

'여래께서 말씀하신 보리도를 성취할 수 있는 문자와 구법을 나는 조금도 잊어버리는 모습을 찾아볼 수 없었다.

그런 모습들을 찾아볼 수 없기에 두려운 마음이 없어, 일체 여래의 바른 법을 받들어 지니어 보살의 행을 행하리라.'

이것이 보살의 일곱째 두려움이 없음이다.

◉ 疏 ◉

七은 正念無畏니 不畏遺忘이라

제7은 바른 생각으로 두려움이 없음이다.
잊음을 두려워하지 않는다.

經

佛子여 菩薩摩訶薩이 智慧方便을 悉已通達하며 菩薩諸力이 皆得究竟하야 常勤敎化一切衆生하야 恒以願心으로 繫佛菩提하야 而爲悲愍衆生故며 成就衆生故로 於煩惱濁世에 示現受生호대 種族尊貴하며 眷屬圓滿하며 所欲從心하며 歡娛快樂하야 而作是念호대
我雖與此眷屬聚會나 不見少相도 而可貪著하야 廢我修行禪定解脫과 及諸三昧와 總持辯才의 菩薩道法이니
何以故오 菩薩摩訶薩이 於一切法에 已得自在하야 到於彼岸하고 修菩薩行호대 誓不斷絶하야 不見世間에 有一境界도 而能惑亂菩薩道者니 以不見故로 心得無畏하야 究竟到彼大無畏岸하며 以大願力으로 於一切世界에 示現受生이 是爲菩薩第八無畏오

불자여, 보살마하살이 지혜방편을 이미 통달하여 보살의 여러 힘이 최고의 경지를 얻어 언제나 부지런히 일체중생을 교화하여, 항상 서원의 마음으로 부처의 보리에 마음을 두어 중생을 가엾이 여기기 때문에, 그리고 중생을 성취시키기 위하여, 번뇌의 혼탁한

세상에 몸을 받아 태어나되 가문이 존귀하고 권속이 원만하며, 하고자 하는 일이 마음대로 이루어지며, 기뻐하고 좋아하면서 이런 생각을 하였다.

'내가 비록 이 권속들과 모여 있지만, 조금이라도 탐착으로 내가 수행하는 선정, 해탈, 여러 삼매, 다라니, 변재의 보살도를 버리는 일을 하지 않을 것이다.

무엇 때문인가?

보살마하살은 일체 법에 이미 자재하여 피안에 이르고, 보살의 행을 닦되 맹세코 끊이지 않아서, 세간에 그 어떤 경계도 그의 보살의 도를 현혹하거나 어지럽히는 것을 찾아볼 수 없다.

그런 모습들을 찾아볼 수 없기에 두려운 마음이 없어, 결국에는 두려움 없는 위대한 피안에 이르고, 큰 서원의 힘으로 모든 세계에 몸을 받아 태어나는 것이다.'

이것이 보살의 여덟째 두려움이 없음이다.

● 疏 ●

八은 方便無畏니 不畏生死 如善治船에 不懼海難이라【鈔_ 如善治船者는 卽大品經意니 七地에 已引하다】

제8은 방편으로 두려움이 없음이다. 삶과 죽음을 두려워하지 않음이 마치 배를 잘 수리해 놓으면 항해하다가 재난을 당할까 두려워하지 않는 것과 같다.【초_ "배를 잘 수리한다."는 대품경에서 인용한 뜻이다. 제7지에서 이미 인용하였다.】

佛子여 菩薩摩訶薩이 恒不忘失薩婆若心하고 乘於大乘하야 行菩薩行하야 以一切智大心勢力으로 示現一切聲聞獨覺의 寂靜威儀하고 作如是念호대

我不自見當於二乘하고 而取出離少分之相이니 以不見故로 心得無畏하야 到彼無上大無畏岸하며 普能示現一切乘道하야 究竟滿足平等大乘이 是爲菩薩第九無畏오

불자여, 보살마하살이 언제나 살바야 마음을 잃지 않고, 대승법에 의하여 보살의 행을 행하면서 일체 지혜와 큰마음의 힘으로 일체 성문과 독각의 고요한 위의를 나타내고, 이런 생각을 하였다.

'나는 나 스스로 이승법에서 벗어날 수 있는 것은 조금치도 그 모양을 찾아볼 수 없다.

그런 모습들을 찾아볼 수 없기에 두려운 마음이 없어, 위없이 두려움 없는 위대한 피안에 이르고, 일체 승(乘)의 도를 나타내어, 결국에는 평등한 대승을 만족케 하리라.'

이것이 보살의 아홉째 두려움이 없음이다.

◉ 疏 ◉

九는 一切智心無畏니 不畏二乘이라

제9는 일체 지혜의 마음으로 두려움이 없음이다.

이승을 두려워하지 않는다.

佛子여 菩薩摩訶薩이 成就一切諸白淨法하야 具足善根하며 圓滿神通하야 究竟住於諸佛菩提하며 滿足一切諸菩薩行하야 於諸佛所에 受一切智灌頂之記하고 而常化衆生하야 行菩薩道하야 作如是念호대

我不自見有一衆生도 應可成熟에 而不能現諸佛自在하야 而成熟相이니 以不見故로 心得無畏하야 究竟到彼大無畏岸하며 不斷菩薩行하고 不捨菩薩願하야 隨所應化一切衆生하야 現佛境界하야 而化度之 是爲菩薩第十無畏니라

佛子여 是爲菩薩摩訶薩의 十種無畏니

若諸菩薩이 安住此法하면 則得諸佛無上大無畏하며 而亦不捨菩薩無畏니라

　　불자여, 보살마하살이 일체 모든 청정한 법을 성취하여 선근을 두루 갖추고 신통을 원만케 하여, 결국에는 부처의 보리에 머물며, 일체 모든 보살의 행을 만족케 하여 여러 부처님이 계신 데서 일체 지혜를 얻을 수 있는 관정의 수기를 받고, 항상 중생을 교화하여 보살의 도를 행하면서, 이런 생각을 하였다.

　　'나는 그 어떤 중생이라도 당연히 성숙시켜야 하는 것이지, 부처님의 자재하심을 나타내어 성숙시키지 못할 모습이 있음을 보지 못하였다.

　　그런 모습들을 찾아볼 수 없기에 두려운 마음이 없어, 결국에

는 두려움 없는 위대한 피안에 이르며, 보살의 행을 끊지 않고 보살의 원을 버리지 않아서, 당연히 교화해야 할 일체중생을 따라서 부처의 경계를 나타내어 교화하고 제도할 것이다.'

이것이 보살의 열째 두려움이 없음이다.

불자여, 이것이 보살마하살의 열 가지 두려움이 없음이다.

만약 보살들이 이 법에 편안히 머물면 부처님의 위없이 크게 두려움이 없음을 버리지 않는다.

◉ 疏 ◉

十은 具行無畏니 不畏不能化生이라

제10은 구족한 행으로 두려움이 없음이다.

중생을 교화하지 못함을 두려워하지 않는다.

經

佛子여 菩薩摩訶薩이 有十種不共法하니
何等이 爲十고
佛子여 菩薩摩訶薩이 不由他敎하고 自然修行六波羅蜜하나니 常樂大施하야 不生慳悋하며 恒持淨戒하야 無所毀犯하며 具足忍辱하야 心不動搖하며 有大精進하야 未曾退轉하며 善入諸禪하야 永無散亂하며 巧修智慧하야 悉除惡見이 是爲第一不由他敎하고 隨順波羅蜜道하야 修六度不共法이오

佛子여 **菩薩摩訶薩**이 **普能攝受一切衆生**하나니 **所謂以 財及法**으로 **而行惠施**호대 **正念現前**하며 **和顔愛語**로 **其 心歡喜**하며 **示如實義**하야 **令得悟解諸佛菩提**하며 **無有 憎嫌**하야 **平等利益**이 **是爲第二不由他敎**하고 **順四攝道** 하야 **勤攝衆生不共法**이오

佛子여 **菩薩摩訶薩**이 **善巧廻向**하나니 **所謂不求果報廻 向**과 **順佛菩提廻向**과 **不著一切世間禪定三昧廻向**과 **爲利益一切衆生廻向**과 **爲不斷如來智慧廻向**이 **是爲 第三不由他敎**하고 **爲諸衆生**하야 **發起善根**하야 **求佛智 慧不共法**이오

　불자여, 보살마하살이 열 가지 그 누구도 함께할 수 없는 법이 있다.

　무엇이 열 가지 그 누구도 함께할 수 없는 법인가?

　불자여, 보살마하살이 다른 이의 가르침을 따르지 않고 자연스럽게 육바라밀을 닦는다.

　항상 크게 보시함을 좋아하여 인색한 마음을 내지 않으며,

　항상 청정 계율을 지니어 범하지 않으며,

　인욕이 구족하여 마음이 흔들리지 않으며,

　크게 정진하여 물러서지 않으며,

　선정에 잘 들어가 영원히 산란하지 않으며,

　지혜를 잘 닦아 나쁜 소견을 없애는 것이다.

　이것이 첫째 다른 이의 가르침을 따르지 않고 육바라밀의 도

를 따라 그 누구도 함께할 수 없는 육바라밀의 법이다.

불자여, 보살마하살이 일체중생을 두루 거두어 받아들인다.

이른바 재물과 법으로 보시를 행하되, 바른 생각이 앞에 나타나고, 화평한 얼굴과 사랑스러운 말씨로 그들의 마음을 기쁘게 하며, 진여실상의 이치를 보여주어 그들로 하여금 부처의 보리를 깨닫게 하며, 미워함이 없어 평등하게 이익을 베푸는 것이다.

이것이 둘째 다른 이의 가르침을 따르지 않고 사섭도[布施·愛語·利行·同事]를 따라 부지런히 중생을 거둬 받아들이는, 그 누구도 함께할 수 없는 법이다.

불자여, 보살마하살이 뛰어나게 회향을 한다.

이른바 과보를 바라지 않는 회향,

부처의 보리를 따르는 회향,

일체 세간의 선정삼매에 집착하지 않는 회향,

일체중생에게 이익을 주기 위한 회향,

여래의 지혜를 끊지 않기 위한 회향이다.

이것이 셋째 다른 이의 가르침을 따르지 않고 중생을 위하여 선근을 일으켜 부처의 지혜를 구하는, 그 누구도 함께할 수 없는 법이다.

◉ 疏 ◉

第二 不共法은 正明法界行體니 以稱法界起行일새 故不共凡小오 又悟不由他일새 亦非他共이라

十中에 一은 自利行이오 二는 他化行이오 三은 上求行이라

(ㄴ) '그 누구도 함께할 수 없는 법'은 바로 법계행의 체성을 밝혔다.

법계에 걸맞은 행을 일으키기에 범부 소승과는 함께할 수 없고, 또한 남들에 의해 깨달음을 얻은 게 아니기에 또한 남들과 함께할 수 없다.

10가지 가운데 제1은 자리행,

제2는 아래로 중생을 교화하는 행,

제3은 위로 보리를 구하는 행이다.

經

佛子여 菩薩摩訶薩이 到善巧方便究竟彼岸하야 心恒顧復一切衆生하야 不厭世俗凡愚境界하며 不樂二乘出離之道하며 不著己樂하고 唯勤化度호대

善能入出禪定解脫하야 於諸三昧에 悉得自在하며

往來生死를 如遊園觀하야 未曾暫起疲厭之心하며 或住魔宮하고 或爲釋天梵王世主하야 一切生處에 靡不於中에 而現其身하며 或於外道衆中出家호대 而恒遠離一切邪見하며 一切世間文辭呪術字印算數와 乃至遊戲歌舞之法을 悉皆示現하야 無不精巧하며 或時示作端正婦人하야 智慧才能이 世中第一이며 於諸世間出世間法에 能問能說하야 問答斷疑하야 皆得究竟하며 一切世間出世

間事를 亦悉通達하고 到於彼岸하야 一切衆生이 恒來瞻仰하며
雖現聲聞辟支佛威儀나 而不失大乘心하며
雖念念中에 示成正覺이나 而不斷菩薩行이 是爲第四不由他敎하고 方便善巧로 究竟彼岸不共法이오

　　불자여, 보살마하살이 뛰어난 방편인 마지막 최고의 피안에 이르러서 마음은 항상 일체중생을 돌아보면서 세속 범부의 경계를 싫어하지 않으며,

　　이승의 세간에서 벗어난 도를 좋아하지 않으며,

　　자기의 즐거움에 집착하지도 않고 오직 부지런히 교화하고 제도하였다.

　　그러면서도 선정과 해탈에 잘 들어가고 나오면서 모든 삼매에 모두 자재함을 얻었으며,

　　생사에 오가기를 마치 정원에 노니는 듯 잠깐도 고달픈 마음을 내지 않으며,

　　어떤 때는 마군의 궁전에 머물기도 하고 제석이나 범왕이나 세간의 주인이 되어 모든 태어나는 곳마다 그 몸을 나타내지 않음이 없으며,

　　어떤 때는 외도의 무리에 출가하면서도 일체 삿된 소견을 멀리 여의며,

　　일체 세간의 문장, 주술, 글자, 산수 내지 유희와 노래하고 춤추는 것까지 모두 정교하게 보이지 않음이 없으며,

어떤 때는 단정한 부인으로서 지혜와 재능이 세간에 으뜸이며, 모든 세간법과 출세간법을 묻고 말하여 문답으로 의심을 끊어주어 모두 최고의 경지까지 이르렀으며, 일체 세간의 일과 출세간의 일 또한 모두 통달하여 피안에 이르렀기에, 일체중생이 언제나 찾아와 우러르며,

비록 성문이나 벽지불의 위의를 나타내지만 대승의 마음을 잃지 않으며,

비록 생각마다 바른 깨달음의 성취를 보여주지만 보살의 행을 끊지 않는다.

이것이 넷째 다른 이의 가르침을 따르지 않고 방편의 뛰어남으로 피안에 이르는, 최고의 경지로 그 누구도 함께할 수 없는 법이다.

◉ 疏 ◉

四는 善巧行이라

於中五니 一은 巧離二乘이오 二 善能下는 巧修三昧오 三 往來下는 巧順世間이오 四 雖現下는 巧住諸乘이오 五 雖念念下는 巧窮因果니라

제4는 뛰어난 행을 밝혔다.

이의 경문은 5단락이다.

① 이승을 잘 여읨이며,

② '善能入出' 이하는 삼매를 잘 닦음이며,

③ '往來生死' 이하는 세간을 잘 따름이며,

④ '雖現聲聞' 이하는 모든 乘에 잘 머묾이며,
⑤ '雖念念中' 이하는 인과를 잘 궁구함이다.

經

佛子여 菩薩摩訶薩이 善知權實雙行道하야 智慧自在하야 到於究竟하나니
所謂住於涅槃호대 而示現生死하며
知無衆生호대 而勤行敎化하며
究竟寂滅호대 而現起煩惱하며
住一堅密智慧法身호대 而普現無量諸衆生身하며
常入深禪定호대 而示受欲樂하며
常遠離三界호대 而不捨衆生하며
常樂法樂호대 而現有婇女의 歌詠嬉戲하며
雖以衆相好로 莊嚴其身이나 而示受醜陋貧賤之形하며
常積集衆善하야 無諸過惡호대 而現生地獄畜生餓鬼하며
雖已到於佛智彼岸이나 而亦不捨菩薩智身이니
菩薩摩訶薩이 成就如是無量智慧에 聲聞獨覺도 尙不能知어든 何況一切童蒙衆生 是爲第五不由他敎하고 權實雙行不共法이오

불자여, 보살마하살이 방편과 실제를 함께 행하는 도를 알고서 지혜가 자재하여 최고의 경지까지 이른다.

이른바 열반에 머물면서도 생사를 나타내며,

중생이 없음을 알면서도 교화를 부지런히 행하며,

끝까지 고요하면서도 번뇌를 일으키며,

하나같이 굳건하고 비밀스러운 지혜의 법의 몸에 머물면서도 한량없는 중생의 몸을 널리 나타내며,

항상 깊은 선정에 들어 있으면서도 욕망의 쾌락을 보여주며,

항상 삼세를 멀리 여의었으면서도 중생을 버리지 않으며,

항상 법의 즐거움을 즐기면서도 아름다운 여인들의 노래와 유희를 보여주며,

여러 가지 몸매로 몸을 장엄하고서도 누추하고 빈천한 형상을 받아 보이며,

항상 많은 선을 쌓아 허물이 없으면서도 지옥·축생·아귀에 태어남을 보여주며,

부처 지혜의 피안에 이르렀음에도 보살의 지혜 몸을 버리지 않는다.

보살마하살이 이처럼 한량없는 지혜를 성취한 것을 성문이나 독각으로서도 알지 못하는데, 하물며 어린 중생이야 오죽하겠는가.

이것이 다섯째 다른 이의 가르침을 따르지 않고 방편과 실제를 모두 행하는, 그 누구도 함께할 수 없는 법이다.

● 疏 ●

五는 雙行不共行이라 有標·釋·結하니 可知니라

제5는 방편과 실제를 모두 행하는, 그 누구도 함께할 수 없는

법이다.

　표장과 해석과 끝맺음이 있다. 이는 말하지 않아도 알 수 있다.

經

佛子여 菩薩摩訶薩이 身口意業이 隨智慧行하야 皆悉淸淨하나니
所謂具足大慈하야 永離殺心하며 乃至具足正解하야 無有邪見이 是爲第六不由他敎하고 身口意業이 隨智慧行不共法이오

　불자여, 보살마하살이 몸과 입과 뜻의 업이 지혜의 행을 따라 모두 청정하다.

　이른바 크게 사랑함을 두루 갖춰 살생하려는 마음을 영원히 여의었으며, 내지 바른 이해를 갖추어 삿된 소견이 없다.

　이것이 여섯째 다른 이의 가르침을 따르지 않고 몸과 입과 뜻의 업으로 지혜의 행을 따르는, 그 누구도 함께할 수 없는 법이다.

◉ 疏 ◉

六은 三業 隨智慧行行이라

　제6은 삼업이 지혜의 행을 따른 행이다.

經

佛子여 菩薩摩訶薩이 具足大悲하야 不捨衆生하고 代一

切衆生하야 而受諸苦하나니
所謂地獄苦와 畜生苦와 餓鬼苦니 爲利益故로 不生勞倦하고 唯專度脫一切衆生호대 未曾耽染五欲境界하고 常爲精勤하야 滅除衆苦 是爲第七不由他敎하고 常起大悲不共法이오

불자여, 보살마하살이 크게 가엾이 여기는 마음을 갖추어 중생을 버리지 않고 일체중생을 대신하여 모든 괴로움을 받는다.

이른바 지옥의 괴로움, 축생의 괴로움, 아귀의 괴로움이다.

이익을 주기 위하여 게으름을 피우지 않고, 오직 일체중생을 제도하되 다섯 가지 욕심 경계에 물들지 않으며, 항상 부지런히 모든 괴로움을 없애는 것이다.

이것이 일곱째 다른 이의 가르침을 따르지 않고 항상 크게 가엾이 여김을 일으키는, 그 누구도 함께할 수 없는 법이다.

⦿ 疏 ⦿
七은 悲代他苦行이라

제7은 가엾이 여기는 마음으로 남들의 괴로움을 대신하는 행이다.

經
佛子여 菩薩摩訶薩이 常爲衆生之所樂見인 梵王帝釋四天王等하야 一切衆生이 見無厭足하나니

何以故오 菩薩摩訶薩이 久遠世來로 行業淸淨하야 無有過失일세 是故衆生이 見者無厭이니 是爲第八不由他敎하고 一切衆生이 皆悉樂見不共法이오

불자여, 보살마하살이 중생들이 보기 좋아하는 범천왕·제석천왕·사천왕 등이 되어서 일체중생이 보기에 싫어하지 않는다.

무엇 때문일까?

보살마하살이 오랜 세상부터 행하는 업이 청정하여 허물이 없으므로 중생들이 보기에 싫어하지 않는다.

이것이 여덟째 다른 이의 가르침을 따르지 않고 일체중생이 보기를 좋아하는, 그 누구도 함께할 수 없는 법이다.

● 疏 ●

八은 大慈攝物行이라

제8은 큰 사랑의 마음으로 중생을 받아들이는 행이다.

經

佛子여 菩薩摩訶薩이 於薩婆若大誓莊嚴에 志樂堅固하야 雖處凡夫聲聞獨覺險難之處나 終不退失一切智心明淨妙寶하나니

佛子여 如有寶珠하니 名淨莊嚴이라 置泥潦中호대 光色不改하고 能令濁水로 悉皆澄淨인달하야 菩薩摩訶薩도 亦復如是하야 雖在凡愚雜濁等處나 終不失壞求一切智

淸淨寶心하야 **而能令彼諸惡衆生**으로 **遠離妄見煩惱穢濁**하고 **得求一切智淸淨心寶 是爲第九不由他敎**하고 **在衆難處**하야 **不失一切智心寶不共法**이오

불자여, 보살마하살이 살바야의 큰 서원으로 장엄함에 좋아하는 마음이 견고하여, 비록 범부, 성문, 독각의 험난한 곳에서도, 마침내 일체 지혜의 마음이 밝고 청정한 보배를 잃지 않는다.

불자여, 여기 보배 구슬이 있다. 그 이름을 청정한 장엄이라 한다. 진흙 속에 묻혀서도 빛이 변하지 않고 흐린 물을 맑혀준다.

보살마하살 또한 그와 같다. 비록 어리석은 범부의 혼탁한 곳에 뒤섞여 있어도, 끝까지 일체 지혜를 구하는 청정한 보배 마음을 잃지 않고, 저 수많은 악업 중생으로 하여금 허망한 소견과 번뇌의 혼탁을 멀리 여의고 일체 지혜를 구하는 청정한 마음의 보배를 얻도록 한다.

이것이 아홉째 다른 이의 가르침을 따르지 않고 여러 가지 어려운 곳에 있어도 일체 지혜의 마음 보배를 잃지 않은, 그 누구도 함께할 수 없는 법이다.

◉ **疏** ◉

九는 **堅淨自他行**이니 **涅槃春池**를 **可於中說**이라【**鈔** _ '**涅槃春池**'**者**는 **然此經喩**는 **乃有二意**하니 **一**은 **約敎說**이오 **二**는 **約理說**이니 **今引涅槃**은 **乃是約敎**라 **卽第二名春池喩**니 **經云** '**譬如春時**에 **有諸人等**이 **在大池浴**하야 **乘船遊戱**라가 **失瑠璃寶**하야 **沒深水中**이라 **是**

時에 諸人이 悉共入水하야 求覓是寶할새 競捉瓦石하야 各各自謂得瑠璃寶하고 歡喜持出하야 乃知非眞이니 是時에 寶珠는 猶在水中이라 以珠力故로 水皆澄淸하니 於是에 大衆이 乃見寶珠故在水下호되 猶如仰觀虛空月形이러니

是時에 衆中有一智人이 以方便力으로 安徐入水하야 卽便得珠이라 遠公이 釋云 此卽對前比丘하야 歎昔所解無常苦空·無我眞法하야 敎其甄揀이니 於中에 先喩니 後는 約喩敎勸이라

喩中有三이니 一은 求眞取僞喩오 二 歡喜下는 知僞非眞喩오 三 是時下는 捨僞取眞喩라

上은 方喩意오 下는 約喩敎勸比丘니

文別有四니

一은 約初喩니 呵其取僞니 經云 汝等比丘는 不應如是修集無常苦·無我想·不淨想等하야 以爲實義하라 如彼諸人은 各以瓦石而爲寶珠니라

二는 約第三喩하야 敎其取眞이니 經云 汝等은 應當善學方便하야 在在處處에 常修我想과 常樂我淨想하라

三은 約第二喩하야 勸知昔僞니 經云 復應當知하라 先所修習四法相貌는 悉是顚倒니라

四重은 約第三喩하야 勸修今眞이니 經云 欲得眞實修諸想者인댄 如彼智人이 巧出寶珠니 謂我想·常樂淨想이라

若直就經인댄 宜用心觀이니 約理以說인댄 經中初法이오 次喩오 後合이니 以一切智淸淨妙法而爲寶者는 具三德故니 明爲般若오

474

淨卽解脫이오 妙爲法身이니 卽體之智曰明이오 卽照之寂爲淨이오 斯二不二爲法身體니 妙之至也라 凡夫는 如泥오 二乘은 有淺智라 如潦오 光色不改는 不壞自心이오 令濁水淸은 卽是利他오 遠見煩惱는 異於凡夫오 求一切智는 異於二乘이라 故非凡夫行이오 非賢聖行이로 是菩薩行也니라】

제9는 나와 남을 견고히 청정하게 하는 행이다. '열반경에서 말한 봄 연못'을 여기에서 말할 수 있다.【초_ "열반경에서 말한 봄 연못"이라는 이 경문의 비유에는 2가지 뜻이 있다.

① 가르침을 들어 말하고,

② 이치를 들어 말함이다.

여기에서 열반경을 인용한 것은 가르침을 들어 말한 것이다.

이는 제2 '봄 연못'의 비유이다.

해당 경문에서 다음과 같이 말하였다.

"비유하면, 화사한 봄에 많은 사람이 큰 연못에서 목욕할 적에 배를 타고 놀이를 즐기다가 유리보배를 깊은 물속에 빠뜨려 잃어 버렸다.

그때, 많은 사람이 모두 똑같이 물속으로 뛰어들어 보배를 찾을 적에 돌멩이를 들고서 각기 '유리보배를 찾았다.'고 하면서 기쁜 마음에 그것을 들고 나와서야 진짜가 아님을 알게 되었다.

그 당시 보배 구슬은 여전히 물속에 있는 터라, 보배 구슬 덕분에 연못의 물은 모두 맑아졌다. 이에 많은 사람은 보배 구슬이 물속에 있는 것을 보았다. 마치 허공의 달을 바라보는 것과 같았다.

그때, 많은 사람 가운데 어느 지혜로운 사람이 방편의 힘으로써 서서히 물속으로 들어가 구슬을 찾아서 들고 나왔다."

혜원법사가 해석하였다.

이는 앞의 비구를 상대로 예전에 알고 있던 無常苦空과 無我眞法을 탄식하면서 옳고 그름을 가릴 줄 알아야 함을 가르쳐 준 것이다.

이 부분의 앞은 비유이고, 뒤는 비유를 들어 권면을 가르침이다.

비유에는 3가지가 있다.

① 진짜로 착각하여 가짜를 들고 왔다는 비유이고,

② '歡喜' 이하는 진짜가 아닌 가짜임을 알았다는 비유이며,

③ '是時' 이하는 가짜를 버리고 진짜를 찾았다는 비유이다.

위는 바야흐로 비유의 뜻이며, 아래는 비유를 들어 비구를 권면하여 가르침이다.

이의 경문은 4가지로 구별된다.

① '① 진짜로 착각하여 가짜를 들고 왔다는 비유'이다. 가짜를 들고 왔음을 꾸짖음이다.

열반경에서 말하였다.

"너희 비구는 이처럼 無常苦·無我想·不淨想 등을 닦으면서 진실한 이치로 생각해서는 안 된다. 그와 같은 이들은 각기 돌멩이를 보배로 착각하는 것과 같다."

② '③ 가짜를 버리고 진짜를 찾았다는 비유'를 들어, 진짜를 찾도록 가르침이다.

열반경에서 말하였다.

"너희들은 방편을 잘 배워서 어느 곳에서나 항상 '나'라는 생각과 常樂我淨의 생각을 닦도록 하라."

③ '② 진짜가 아닌 가짜임을 알았다는 비유'를 들어, 예전의 수행이 가짜임을 알도록 권면함이다.

열반경에서 말하였다.

"또한 당연히 알아야 한다. 이전에 닦았던 4가지 법의 모양은 모두가 전도된 것임을…."

④ '③ 가짜를 버리고 진짜를 찾았다는 비유'를 들어, 이제 진짜의 수행을 하도록 권면함이다.

열반경에서 말하였다.

"진실하게 모든 생각을 닦고자 한다면, 저 지혜로운 사람처럼 보배 구슬을 잘 건져내야 한다. '나'라는 생각과 상락아정의 생각을 말한다."

만약 직접 경문으로 말하면, 마음을 관조해야 한다.

문맥을 들어 말하면, 경문의 첫 부분은 법이고, 다음은 비유이며, 뒤는 종합이다.

'일체 지혜 청정의 미묘한 법으로 보배를 삼는다.'는 3가지 덕을 갖춘 까닭이다.

밝음[明: 淸]은 반야이고, 淨은 해탈이고, 妙는 법신이다.

본체와 하나가 된 지혜를 밝음이라 하고,

관조와 하나가 된 고요를 淨이라 하고,

이 2가지가 둘이 아닌 것이 법신의 체성이니 미묘의 극치이다.

범부는 진흙과 같고,

이승은 얕은 지혜라 빗물과 같고,

진흙 속에서도 빛이 변하지 않음은 나의 마음이 무너지지 않음이며,

혼탁한 물을 맑혀주는 것은 이타행이고,

見煩惱를 멀리 여읨은 범부와 다르고,

일체 지혜를 구함은 이승과 다르다.

이 때문에 범부의 행도 아니고, 성현의 행도 아니다. 이는 보살의 행이다.】

經
佛子여 **菩薩摩訶薩**이 **成就自覺境界智**에 **無師自悟**하야 **究竟自在**하야 **到於彼岸**하고 **離垢法繒**으로 **以冠其首**하야 **而於善友**에 **不捨親近**하며 **於諸如來**에 **常樂尊重**이 **是爲第十不由他教**하고 **得最上法**하야 **不離善知識**하며 **不捨尊重佛不共法**이니라
佛子여 **是爲菩薩摩訶薩**의 **十種不共法**이니
若諸菩薩이 **安住其中**하면 **則得如來無上廣大不共法**이니라

　불자여, 보살마하살이 스스로 깨닫는 경계의 지혜를 성취하여, 스승이 없이 스스로 깨달음을 얻어서 끝에는 자재하여 피안에 이르고, 때를 벗겨낸 법의 비단으로 머리에 관을 쓰고 선지식을 버리

지 않고 가까이하며, 여러 여래를 항상 기뻐하는 마음으로 존중하는 것이다.

이것이 열째 다른 이의 가르침을 따르지 않고 최상의 법을 얻어 선지식을 여의지 않고 존중하신 부처님을 버리지 않는, 그 누구도 함께할 수 없는 법이다.

불자여, 이것이 보살마하살의 열 가지 그 누구도 함께할 수 없는 법이다.

만약 보살들이 이 가운데 편안히 머물면 여래의 위없이 광대한, 그 누구도 함께할 수 없는 법을 얻는다.

◉ 疏 ◉

十은 位滿常修行이라

제10은 지위의 원만으로 항상 닦아가는 행이다.

經

佛子여 菩薩摩訶薩이 有十種業하니
何等이 爲十고
所謂一切世界業이니 悉能嚴淨故며
一切諸佛業이니 悉能供養故며
一切菩薩業이니 同種善根故며
一切衆生業이니 悉能敎化故며
一切未來業이니 盡未來際攝取故며

一切神力業이니 不離一世界하고 徧至一切世界故며 一切光明業이니 放無邊色光明하야 一一光中에 有蓮華座어든 各有菩薩이 結跏趺坐하야 而顯現故며 一切三寶種不斷業이니 諸佛滅後에 守護住持諸佛法故며
一切變化業이니 於一切世界에 說法敎化諸衆生故며
一切加持業이니 於一念中에 隨諸衆生心之所欲하야 皆爲示現하야 令一切願으로 悉成滿故니라
是爲十이니 若諸菩薩이 安住此法하면 則得如來無上廣大業이니라

불자여, 보살마하살이 열 가지 업이 있다.

무엇이 열 가지 업인가?

이른바 일체 세계의 업, 모두 장엄 청정하기 때문이다.

일체 부처의 업, 모두 공양하기 때문이다.

일체 보살의 업, 선근을 함께 심기 때문이다.

일체중생의 업, 모두 교화하기 때문이다.

일체 미래의 업, 미래 세월이 다하도록 거두어 주기 때문이다.

일체 신통력의 업, 한 세계를 떠나지 않고 일체 세계에 두루 이르기 때문이다.

일체 광명의 업, 그지없는 빛깔의 광명을 놓아 하나하나 광명에 연꽃 법좌가 있으면 각각 보살이 가부좌하고 앉아서 몸을 나타내기 때문이다.

일체 삼보의 종자가 끊이지 않는 업, 부처님의 열반 후에 불법

을 수호하고 머물러 지니기 때문이다.

　일체 변화의 업, 일체 세계에서 설법하여 일체중생을 교화하기 때문이다.

　일체 가피의 업, 한 생각의 찰나에 중생 마음의 원하는 바를 따라서 모두 그들을 위해 몸을 나타내어, 모든 서원을 원만 성취해 주기 때문이다.

　이것이 열 가지 업이다.

　만약 보살들이 이 법에 편안히 머물면 여래의 위없이 광대한 업을 얻는다.

◉ 疏 ◉

第三 '十種業'下 二門은 明所成之德中에 先明業用이라
十句니 可知니라

　㈐ '열 가지 업' 이하 2문은 성취 대상의 공덕을 밝혔다.

　첫째, 업의 작용을 밝혔다.

　이의 경문은 10구이다. 이는 설명하지 않아도 알 수 있다.

經

佛子여 菩薩摩訶薩이 有十種身하니
何等이 爲十고
所謂不來身이니 於一切世間에 不受生故며
不去身이니 於一切世間에 求不得故며

不實身이니 一切世間에 如實得故며
不虛身이니 以如實理로 示世間故며
不盡身이니 盡未來際토록 無斷絶故며
堅固身이니 一切衆魔 不能壞故며
不動身이니 衆魔外道 不能動故며
具相身이니 示現淸淨百福相故며
無相身이니 法相究竟하야 悉無相故며
普至身이니 與三世佛로 同一身故니라
是爲十이니 若諸菩薩이 安住此法하면 則得如來無上無盡之身이니라

불자여, 보살마하살이 열 가지 몸이 있다.

무엇이 열 가지 몸인가?

이른바 오지 않은 몸, 일체 세간에 태어나지 않기 때문이다.

가지 않은 몸, 일체 세간에서 찾아도 찾을 수 없기 때문이다.

진실하지 않은 몸, 일체 세간에서 진여실상을 얻기 때문이다.

공허하지 않은 몸, 진여실상의 이치로 세간에 보여주기 때문이다.

다하지 않는 몸, 미래 세월이 다하도록 끊이지 않기 때문이다.

견고한 몸, 일체 마군이 깨뜨리지 못하기 때문이다.

동요하지 않는 몸, 마군과 외도들이 뒤흔들 수 없기 때문이다.

모습이 구족한 몸, 청정한 백 가지 복된 모습을 나타내기 때문이다.

형상 없는 몸, 법의 모양이 결국에는 형상이 없기 때문이다.

두루 이르는 몸, 삼세제불과 똑같은 몸이기 때문이다.

이것이 열 가지 몸이다.

만약 보살들이 이 법에 편안히 머물면 여래의 위없는 다함이 없는 몸을 얻는다.

◉ 疏 ◉

後門十身은 顯得其體라 然若身若業이 皆同法界無量이나 畧擧十耳라 此中十身은 與第九行十身으로 大同小異하니

謂此不來不去는 卽彼不生不滅이오

不實不虛는 卽彼不實不妄이오

不盡堅固는 卽彼不遷不壞니 不遷은 則橫無遷變이오 不盡則豎說無窮이라

此中不動은 卽彼一相이라 故文殊般若云 '不動法界'라하니 法界는 卽一相이니 由得一相하야 魔不能動이라

此具相身은 卽彼入一切世界諸趣身이라

無相은 名同이라

普至身은 卽彼入一切世界非趣身이라

餘는 如十行中辨也니라

둘째, '열 가지 몸'은 얻어온 몸을 밝혔다.

그러나 몸과 업이 모두 법계와 같이 한량없으나 그 가운데 10가지만을 간추려 말한 것이다.

여기에서 말한 '열 가지 몸'은 제9 선법행에서 말한 '열 가지 몸'과 대동소이하다.

여기에서 말한 '오지 않은 몸'과 '가지 않은 몸'은 제9 선법행에서 말한 '태어나지 않은 몸'과 '사라지지 않은 몸'이며,

'진실하지 않은 몸'과 '공허하지 않은 몸'은 선법행에서 말한 '진실하지 않은 몸'과 '허망하지 않은 몸'이며,

'다하지 않는 몸'과 '견고한 몸'은 선법행에서 말한 '변천하지 않은 몸'과 '무너지지 않은 몸'이다. '변천하지 않은 몸'은 횡으로 변천이 없음이며, '다하지 않는 몸'은 종으로 무궁함을 말한다.

여기에서 말한 '동요하지 않는 몸'은 선법행에서 말한 '한 모양의 몸'이다. 따라서 문수반야경에서는 '부동법계'라 하였다. 법계는 곧 하나의 모양이다. 하나의 모양을 얻음에 따라서 마군이 그를 뒤흔들지 못한 것이다.

여기에서 말한 '모습이 구족한 몸'은 선법행에서 말한 '일체 세계 모든 길에 들어가는 몸'이다.

'형상 없는 몸'은 그 명칭이 모두 똑같다.

'두루 이르는 몸'은 선법행에서 말한 '일체 세계 길이 아닌 데에 들어가는 몸'이다.

나머지는 십행에서 말한 바와 같다.

已上四門은 明第十法界無量廻向 竟하다

위의 4문은 ⑽ 법계무량회향을 밝힌 부분을 끝마치다.

上來 十廻向位 竟하다

위의 십회향위를 끝마치다.

大文第五 十種身業下에 有五十門하니 答五十問하야 明十地位中行相이라

5. '열 가지 신업' 이하 50문에 답하여 십지위의 행상을 밝혔다.

經

佛子여 菩薩摩訶薩이 有十種身業하니
何等이 爲十고
所謂一身이 充滿一切世界身業과
於一切衆生前에 悉能示現身業과
於一切趣에 悉能受生身業과
遊行一切世界身業과
往詣一切諸佛衆會身業과
能以一手로 普覆一切世界身業과
能以一手로 摩一切世界金剛圍山하야 碎如微塵身業과
於自身中에 現一切佛刹成壞하야 示於衆生身業과
以一身으로 容受一切衆生界身業과
於自身中에 普現一切淸淨佛刹하야 一切衆生이 於中成道身業이 是爲十이니
若諸菩薩이 安住此法하면 則得如來無上佛業하야 悉能

覺悟一切衆生이니라

불자여, 보살마하살이 열 가지 몸의 업이 있다.

무엇이 열 가지 몸의 업인가?

이른바 하나의 몸이 일체 세계에 가득한 몸의 업,

일체중생의 앞에 모두 나타내는 몸의 업,

일체 길에 모두 태어나는 몸의 업,

일체 세계에 노니는 몸의 업,

일체 부처님의 대중법회에 나아가는 몸의 업,

하나의 손으로 일체 세계를 두루 덮는 몸의 업,

하나의 손으로 일체 세계의 금강둘레산[金剛圍山]을 비벼서 티끌처럼 부수는 몸의 업,

제 몸속에 일체 세계가 이루어지고 무너짐을 나타내어 중생에게 보여주는 몸의 업,

하나의 몸에 일체중생의 세계를 받아들이는 몸의 업,

제 몸속에 일체 청정한 세계의 일체중생을 나타내어 그 가운데서 도를 이루는 몸의 업이다.

이것이 열 가지 몸의 업이다.

만약 보살들이 이 법에 편안히 머물면 여래의 위없는 부처의 업을 얻어 일체중생을 깨우쳐 줄 수 있다.

● 疏 ●

今依次分配十地니 初地는 十門이오 次八은 漸畧이니 文勢爾故니

謂二地는 六門이오 三四는 各五門이오 五는 二오 六은 一이오 七八은 各三이오 九地는 二門이오 十地는 十三門이니 至文當知니라

여기에서는 또 차례를 따라서 十地에 분배하고자 한다.

제1 환희지는 10문이며,

다음 8지는 점차 줄여갔다. 문맥이 그러하기 때문이다.

제2 이구지는 6문, 제3 발광지와 제4 염혜지는 각각 5문, 제5 난승지는 2문, 제6 현전지는 1문, 제7 원행지와 제8 부동지는 각각 3문, 제9 선혜지는 2문, 제10 법운지는 13문이다. 해당 문장에서 이를 알아야 한다.

今初十門은 明歡喜地中行이니 若麤相分인댄 總爲三段이니 初二는 約身이오 次四는 辨語오 後四는 明意니 總顯彼地三業殊勝이라

若順彼文인댄 且分爲二니 初는 九明初住地中行이오 後一은 明安住地中行이라

前中에 分四니 初六門은 明依何身이오 次心一門은 辨以何因이오 三 發心門은 明爲何義오 四 周徧門은 顯有何相이라

今初는 分二니

前二는 約身辨身이오 後四는 就語辨身이니 語屬身故니 皆是深種善根之所攝故니라

今初는 分二니

此門은 約色身業用하야 明身이라 十句니 可知니라

(1) 10문은 제1 환희지 부분의 행을 밝혔다.

만약 이를 거친 양상으로 나누면 모두 3단락이다.

㈀ 2문은 신업으로 말하였고,

㈁ 4문은 어업으로 말하였으며,

㈂ 4문은 의업으로 밝혔다.

이는 제1 환희지의 삼업이 뛰어남을 총괄하여 밝혔다.

만약 그 문장을 따라 나눈다면 이는 또한 2단락이다.

㈀ 9문은 처음 환희지에 머무는 행을 밝혔고,

㈁ 1문은 환희지에 안주하는 행을 밝혔다.

'㈀ 9문'은 다시 4단락으로 나뉜다.

제1 단락, 6문은 어떤 몸을 의지하는가를 밝혔고,

제2 단락, 心 1문은 무슨 원인인가를 논변하였으며,

제3 단락, 發心 1문은 무슨 의의인가를 밝혔고,

제4 단락, 周徧 1문은 어떤 모습인가를 밝혔다.

'제1 단락, 6문'은 2부분으로 나뉜다.

① 2문은 身業을 들어 몸을 말하였고,

② 4문은 語業으로 몸을 말하였다. 어업은 몸에 속하기 때문이다. 이는 깊이 심은 선근에 의해 받아들인 바이기 때문이다.

'① 2문'은 다시 2부분으로 나뉜다.

이의 첫 문은 몸의 업의 작용을 들어서 몸을 밝혔다.

이의 경문은 10구이다. 이는 설명하지 않아도 알 수 있다.

佛子여 **菩薩摩訶薩**이 **復有十種身**하니

何等이 爲十고
所謂諸波羅蜜身이니 悉正修行故며
四攝身이니 不捨一切衆生故며
大悲身이니 代一切衆生하야 受無量苦호대 無疲厭故며
大慈身이니 救護一切衆生故며
福德身이니 饒益一切衆生故며
智慧身이니 與一切佛身으로 同一性故며
法身이니 永離諸趣受生故며
方便身이니 於一切處에 現前故며
神力身이니 示現一切神變故며
菩提身이니 隨樂隨時하야 成正覺故니라
是爲十이니 若諸菩薩이 安住此法하면 則得如來無上大智慧身이니라

불자여, 보살마하살에게 또한 열 가지 몸이 있다.

무엇이 열 가지 몸인가?

이른바 일체 바라밀의 몸, 모두 바르게 수행하기 때문이다.

네 가지로 중생을 거둬주는 몸, 일체중생을 버리지 않기 때문이다.

크게 가엾이 여기는 몸, 일체중생을 대신하여 한량없는 고통을 받으면서도 싫어함이 없기 때문이다.

크게 사랑하는 몸, 일체중생을 구호하기 때문이다.

복덕의 몸, 일체중생에게 이익을 주기 때문이다.

지혜의 몸, 일체 부처의 몸으로 성품이 같기 때문이다.

법의 몸, 모든 길에 몸을 받아 태어남을 길이 여의기 때문이다.

방편의 몸, 일체 모든 곳에서 몸을 나타내기 때문이다.

신통력의 몸, 일체 신통변화를 나타내기 때문이다.

보리의 몸, 좋아함을 따르고 때를 따라 바른 깨달음을 이루기 때문이다.

이것이 열 가지 몸이다.

만약 보살들이 이 법에 편안히 머물면 여래의 위없는 큰 지혜의 몸을 얻는다.

◉ 疏 ◉

後十種身은 約法門自體明身일세 故但云身이라 十中에 度·攝·福·智等은 卽前深種善根과 集助道等이니 互有影畧이라

둘째, '열 가지 몸'은 법문 자체를 들어 몸을 밝힌 까닭에 '몸'만을 말하였을 뿐이다.

'열 가지 몸' 가운데 6바라밀, 4섭법, 복덕, 지혜의 몸 등은 앞서 말한 깊이 선근을 심은 것과 도를 깨달음에 도움이 되는 보리분법 등이다. 이는 서로 한 부분씩을 생략하였다.

經

佛子여 菩薩摩訶薩이 有十種語하니
何等이 爲十고

所謂柔軟語니 使一切衆生으로 皆安穩故며

甘露語니 令一切衆生으로 悉淸凉故며

不誑語니 所有言說이 皆如實故며

眞實語니 乃至夢中에도 無妄語故며

廣大語니 一切釋梵四天王等이 皆尊敬故며

甚深語니 顯示法性故며

堅固語니 說法無盡故며

正直語니 發言易了故며

種種語니 隨時示現故며

開悟一切衆生語니 隨其欲樂하야 令解了故니라

是爲十이니 若諸菩薩이 安住此法하면 則得如來無上微妙語니라

불자여, 보살마하살이 열 가지 말이 있다.

무엇이 열 가지 말인가?

이른바 부드러운 말, 일체중생의 마음을 평온하게 해주기 때문이다.

단 이슬 같은 말, 일체중생을 모두 시원하게 해주기 때문이다.

속이지 않는 말, 말하는 바가 모두 진여실상이기 때문이다.

진실한 말, 꿈속에서까지 거짓말이 없기 때문이다.

넓고 큰 말, 일체 제석과 범천과 사천왕들이 모두 존경하기 때문이다.

매우 깊은 말, 법성을 나타내 보이기 때문이다.

견고한 말, 설법이 그지없기 때문이다.

정직한 말, 하는 말이 이해하기 쉽기 때문이다.

가지가지 말, 때를 맞추어 나타내기 때문이다.

일체중생을 깨우치는 말, 그들의 원하는 바를 따라서 그들을 이해시켜 주기 때문이다.

이것이 열 가지 말이다.

만약 보살들이 이 법에 편안히 머물면 여래의 위없이 미묘한 말을 얻는다.

● 疏 ●

二 就語辨身中 四門은 皆是所種善根이니 是知彼文雖無나 義已含有라 若全異彼면 豈爲彼行이며 若全同彼면 何須重說가 故彼文에 節節皆云 '若廣說者'인댄 不可窮盡이라하니 小異何疑아

四門은 卽分爲四니 初는 十種語는 明語體用이라

若約遮釋인댄 十中에 初一은 離惡口오 二는 離兩舌이오 次二는 離妄語니 一은 麤 二는 細라 餘六은 離綺語라

若約表釋인댄 十種이 各顯一德이라

'②語業으로 몸을 말한 4문'은 모두 선근을 심은 바이다. 저 십지 부분의 경문에서 직접 언급한 바는 없으나, 그 의미는 이미 포함되어 있다.

만약 저 십지 부분과 전부 다르다면 어떻게 그것을 십지행이라 말하겠는가.

만약 저 십지 부분과 전부 똑같다면 어찌 굳이 거듭 말할 필요가 있겠는가.

이 때문에 십지 부분의 경문에서 節節마다 모두 "만약 자세히 말한다면 다할 수 없다."고 하였다. 어찌 작은 부분의 차이를 의심할 수 있겠는가.

'뒤의 4문'은 4가지로 나뉜다.

첫째 문의 '열 가지 말'은 말의 본체와 작용을 밝혔다.

만약 부정을 들어 해석하면, '열 가지 말' 가운데 제1 柔軟語는 욕지거리를 여의고,

제2 甘露語는 두 말을 여읨이며,

다음 2가지는 허튼소리를 여읨이다. 제3 不誑語는 거친 허튼소리이며, 제4 眞實語는 미세한 허튼소리이다.

나머지 6가지[廣大, 甚深, 堅固, 正直, 種種, 開悟一切語]는 꾸밈말을 여읨이다.

만약 표면을 들어 해석하면 10가지 말에 각기 하나의 덕업을 밝혔다.

經

佛子여 菩薩摩訶薩이 有十種淨修語業하니
何等이 爲十고
所謂樂聽聞如來音聲하야 淨修語業하며
樂聞說菩薩功德하야 淨修語業하며

不說一切衆生의 不樂聞語하야 淨修語業하며

眞實遠離語四過失하야 淨修語業하며

歡喜踊躍하고 讚歎如來하야 淨修語業하며

如來塔所에 高聲讚佛如實功德하야 淨修語業하며

以深淨心으로 施衆生法하야 淨修語業하며

音樂歌頌으로 讚歎如來하야 淨修語業하며

於諸佛所에 聽聞正法하고 不惜身命하야 淨修語業하며

捨身承事一切菩薩과 及諸法師하고 而受妙法하야 淨修語業이 是爲十이니라

불자여, 보살마하살이 열 가지 말의 업을 청정히 닦음이 있다.

무엇이 열 가지 말의 업을 청정히 닦음인가?

이른바 여래의 음성을 듣기 좋아하여 말의 업을 청정히 닦음이며,

보살의 공덕 말함을 듣기 좋아하여 말의 업을 청정히 닦음이며,

일체중생이 듣기 싫어하는 말을 말하지 않아 말의 업을 청정히 닦음이며,

진실하게 말의 네 가지 허물을 여의어 말의 업을 청정히 닦음이며,

여래를 좋아하고 기뻐하면서 찬탄하여 말의 업을 청정히 닦음이며,

매우 청정한 마음으로 중생에게 법을 보시하여 말의 업을 청정히 닦음이며,

음악과 노래로 여래를 찬탄하여 말의 업을 청정히 닦음이며,

부처님 계신 데서 바른 법을 듣고 몸과 목숨을 아끼지 않고서 말의 업을 청정히 닦음이며,

일체 보살과 법사에게 몸을 바쳐 섬기면서 미묘한 법을 받아 말의 업을 청정히 닦음이다.

이것이 열 가지 말의 업을 청정히 닦음이다.

◉ 疏 ◉

二十種淨修語는 顯語淨因이니

初二는 攝法이오 次二는 離過오 次二는 攝善이오 次二는 法施오 後二는 求法行이니 由此十事하야 能令語淨이라

둘째, '열 가지 말의 업을 청정히 닦음'은 말의 청정 원인을 밝혔다.

처음 2구[樂聽聞如來音聲, 樂聞說菩薩功德]는 법을 받아들임이며,

다음 2구[不說一切衆生, 眞實遠離語四過失]는 허물을 여읨이며,

다음 2구[歡喜讚歎, 如來塔所讚佛]는 선을 받아들임이며,

다음 2구[以深淨心, 音樂讚歎]는 법보시이며,

마지막 2구[聽聞正法, 捨身承事]는 법을 구하는 행이다.

이 10가지 일을 통하여 말의 업을 청정하게 닦음이다.

若菩薩摩訶薩이 以此十事로 淨修語業하면 則得十種守

護하나니

何等이 爲十고

所謂天王爲首하야 一切天衆이 而爲守護하며

龍王爲首하야 一切龍衆이 而爲守護하며

夜叉王爲首하고

乾闥婆王爲首하고

阿修羅王爲首하고

迦樓羅王爲首하고

緊那羅王爲首하고

摩睺羅伽王爲首하고

梵王爲首하야 一一皆與自己徒衆으로 而爲守護하며

如來法王爲首하야 一切法師 皆悉守護 是爲十이니라

　불자여, 보살마하살이 이 열 가지로 말의 업을 청정하게 닦으면 열 가지 수호를 얻는다.

　무엇이 열 가지 수호인가?

　이른바 천왕이 수령이 되어 일체 하늘 대중이 보살을 수호하고,

　용왕이 수령이 되어 일체 용의 대중이 보살을 수호하고,

　야차왕이 수령이 되고

　건달바왕이 수령이 되고

　아수라왕이 수령이 되고

　가루라왕이 수령이 되고

　긴나라왕이 수령이 되고

마후라왕이 수령이 되고

범왕이 수령이 되어 하나하나가 자기의 대중들과 보살을 수호하고,

여래 법왕이 수령이 되어 일체 법사가 모두 보살을 수호한다.

이것이 열 가지 수호이다.

● 疏 ●

三十王守護는 卽淨語之果라 發其言善이면 幽冥應之오 況其人乎아 然地經中에 善知識善護는 意通由諸善이오 不獨由語라 故度世經에 亦不躡前이라

셋째, '열 가지 수호'는 곧 청정한 말의 결과이다.

그 말을 선하게 하면 보이지 않는 신명도 감응하는 법인데, 하물며 사람이야 오죽하겠는가.

그러나 지경에서 말한, 선지식의 선의 수호는 모든 선에서 연유한다는 뜻이지, 말의 업에서만 연유한 것이 아니다. 이 때문에 도세경에서는 또한 앞의 문장을 뒤이어 말하지 않았다.

經

佛子여 菩薩摩訶薩이 得此守護已에 則能成辦十種大事하나니
何等이 爲十고
所謂一切衆生을 皆令歡喜하며

一切世界에 悉能往詣하며
一切諸根을 皆能了知하며
一切勝解를 悉令淸淨하며
一切煩惱를 皆令除斷하며
一切習氣를 皆令捨離하며
一切欲樂을 皆令明潔하며
一切深心을 悉使增長하며
一切法界에 悉令周徧하며
一切涅槃에 普令明見이 是爲十이니라

불자여, 보살마하살이 이러한 수호를 얻어 열 가지 큰일을 성취하였다.

무엇이 열 가지 큰일의 성취인가?

이른바 일체중생을 모두 기쁘게 하고,

일체 세계에 모두 나아가며,

일체 모든 근기를 잘 알고,

일체 훌륭한 이해를 모두 청정하게 하며,

일체 번뇌를 모두 끊게 하고,

일체 습기를 모두 여의게 하며,

일체 정욕을 모두 청정하게 하고,

일체 깊은 마음을 모두 증장케 하며,

일체 법계에 모두 두루 하게 하고

일체 열반을 모두 분명히 보게 하였다.

이것이 열 가지 큰일의 성취이다.

● 疏 ●

四는 十種大事는 按經컨대 卽內善外護라 故能成所作이라 然卽地經의 善集白法과 善淨深心等이며 餘句中義도 亦不獨躡於語라 然 '皆躡'者는 以語例餘이니 於理無爽이라 十句는 竝通二利니 文相亦 顯이라

넷째, '열 가지 큰일'은 경문을 살펴보면, 이는 내면의 선으로 외부의 수호를 얻은 것이다. 이 때문에 하는 일을 성취함이다. 그러나 이는 지경에서 말한 '청정한 법을 잘 모은다.' '깊은 마음을 잘 청정히 한다.' 등이며, 나머지 구절에서 말한 의미 또한 말만을 뒤따른 것이 아니다. 그러나 '모두 뒤따른다.'는 것은 말로써 나머지의 예를 제시한 것으로, 이치에 어긋남이 없다.

10구는 자리이타 2가지에 모두 통한다. 문장 또한 분명하다.

經

佛子여 菩薩摩訶薩이 有十種心하니

何等이 爲十고

所謂如大地心이니 能持能長一切衆生의 諸善根故며

如大海心이니 一切諸佛의 無量無邊한 大智法水 悉流入故며

如須彌山王心이니 置一切衆生於出世間最上善根處

故며

如摩尼寶王心이니 樂欲淸淨하야 無雜染故며

如金剛心이니 決定深入一切法故며

如金剛圍山心이니 諸魔外道 不能動故며

如蓮華心이니 一切世法이 不能染故며

如優曇鉢華心이니 一切劫中에 難値遇故며

如淨日心이니 破暗障故며

如虛空心이니 不可量故니라

是爲十이니 若諸菩薩이 安住其中하면 則得如來無上大淸淨心이니라

불자여, 보살마하살이 열 가지 마음이 있다.

무엇이 열 가지 마음인가?

이른바 대지와 같은 마음, 일체중생의 모든 선근을 붙잡아주고 키워주기 때문이다.

큰 바다와 같은 마음, 일체 부처님의 한량없고 그지없는 큰 지혜의 법의 물이 모두 흘러 들어오기 때문이다.

수미산과 같은 마음, 일체중생을 출세간의 가장 높은 선근에 두기 때문이다.

마니 보배와 같은 마음, 욕망이 청정하여 물들지 않기 때문이다.

금강과 같은 마음, 반드시 일체 법에 깊이 들어가기 때문이다.

금강둘레산과 같은 마음, 마군과 외도가 뒤흔들지 못하기 때문이다.

연꽃과 같은 마음, 일체 세간의 법이 물들이지 못하기 때문이다.

우담바라꽃과 같은 마음, 일체 겁에서 만나기 어렵기 때문이다.

밝은 해와 같은 마음, 어둠을 깨뜨려주기 때문이다.

허공과 같은 마음, 헤아릴 수 없기 때문이다.

이것이 열 가지 마음이다.

만약 보살이 이 가운데 편안히 머물면 여래의 위없이 매우 청정한 마음을 얻는다.

◉ 疏 ◉

第二十種心者는 明以何因이니 以大悲爲首하야 荷負一切等故오 十中에 一은 荷負心이니 心如大地라 荷四重任故오 二는 深廣心이니 包含無外故오 三은 勝心이오 四는 淨心이오 五는 利오 六은 堅이오 七은 無染이오 八은 希有오 九는 智慧오 十은 無邊이니 竝語心體也라

제2 단락, '열 가지 마음'은 무슨 원인인가를 밝혔다.

大悲로 첫머리를 삼아 일체 모든 것을 짊어졌기 때문이다.

10구는 다음과 같다.

제1구, 대지와 같은 마음은 짊어주는 마음이다. 그 마음이 대지와 같아서 4가지 무거운 짐을 짊어지기 때문이다.

제2구, 큰 바다와 같은 마음은 깊고 넓은 마음이다. 밖이 없이 모두 포괄하기 때문이다.

제3구, 수미산과 같은 마음은 뛰어난 마음이다.

제4구, 마니 보배와 같은 마음은 청정한 마음이다.

제5구, 강과 같은 마음은 예리한 마음이다.

제6구, 금강둘레산과 같은 마음은 견고한 마음이다.

제7구, 연꽃과 같은 마음은 물듦이 없는 마음이다.

제8구, 우담바라꽃과 같은 마음은 보기 드문 마음이다.

제9구, 밝은 해와 같은 마음은 지혜의 마음이다.

제10구, 허공과 같은 마음은 끝이 없는 마음이다. 아울러 마음의 본체를 말한다.

經

佛子여 菩薩摩訶薩이 有十種發心하니

何等이 爲十고

所謂發我當度脫一切衆生心과

發我當令一切衆生으로 除斷煩惱心과

發我當令一切衆生으로 消滅習氣心과

發我當斷除一切疑惑心과

發我當除滅一切衆生苦惱心과

發我當除滅一切惡道諸難心과

發我當敬順一切如來心과

發我當善學一切菩薩所學心과

發我當於一切世間 一一毛端處에 現一切佛成正覺心과

發我當於一切世界에 擊無上法鼓하야 令諸衆生으로 隨其根欲하야 悉得悟解心이 是爲十이니

若諸菩薩이 **安住其中**하면 **則得如來無上大發起能事心**이니라

불자여, 보살마하살이 열 가지 발심이 있다.

무엇이 열 가지 발심인가?

이른바 나는 일체중생을 제도하겠다는 발심,

나는 일체중생으로 하여금 번뇌를 끊게 하겠다는 발심,

나는 일체중생으로 하여금 습기를 없애게 하겠다는 발심,

나는 일체 의혹을 끊겠다는 발심,

나는 일체중생의 고뇌를 없애주겠다는 발심,

나는 일체 악도의 고난을 없애주겠다는 발심,

나는 일체 여래를 공경하고 따르겠다는 발심,

나는 일체 보살이 배웠던 것을 배워야겠다는 발심,

나는 일체 세간의 하나하나의 털끝에 일체 부처님의 정각 성취를 나타내겠다는 발심,

나는 일체 세계에서 위없는 법고를 쳐서 모든 중생으로 하여금 제각기 근기를 따라서 모두 깨달음을 얻게 하겠다는 발심이다.

이것이 열 가지 발심이다.

만약 보살들이 이 가운데 편안히 머물면 여래의 위없는 능사를 크게 일으킬 수 있다.

◉ 疏 ◉

第三十種發心者는 明爲何義니 爲上求下化라 故發起勝用이라

十句니 可知니라

제3단락, '열 가지 발심'은 무슨 의의인가를 밝혔다. 상구보리와 하화중생을 위함이다. 이 때문에 뛰어난 작용을 일으키는 것이다.

이의 경문은 10구이다. 이는 설명하지 않아도 알 수 있다.

經

佛子여 菩薩摩訶薩이 有十種周徧心하니
何等이 爲十고
所謂周徧一切虛空心이니 發意廣大故며
周徧一切法界心이니 深入無邊故며
周徧一切三世心이니 一念悉知故며
周徧一切佛出現心이니 於入胎誕生과 出家成道와 轉法輪般涅槃에 悉明了故며
周徧一切衆生心이니 悉知根欲習氣故며
周徧一切智慧心이니 隨順了知法界故며
周徧一切無邊心이니 知諸幻網差別故며
周徧一切無生心이니 不得諸法自性故며
周徧一切無礙心이니 不住自心他心故며
周徧一切自在心이니 一念普現成佛故니라
是爲十이니 若諸菩薩이 安住其中하면 則得無量無上佛法의 周徧莊嚴이니라

불자여, 보살마하살이 열 가지 두루 미치는 마음이 있다.

무엇이 열 가지 두루 미치는 마음인가?

이른바 온 허공에 두루 미치는 마음, 뜻을 냄이 광대하기 때문이다.

일체 법계에 두루 미치는 마음, 끝없는 데까지 깊이 들어가기 때문이다.

일체 삼세에 두루 미치는 마음, 한 생각의 찰나에 모두 알기 때문이다.

일체 부처님이 나시는 데 두루 미치는 마음, 모태에 들어가고 탄생하고 출가하고 도를 이루고 법륜을 굴리고 열반에 드심을 분명히 알기 때문이다.

일체중생에게 두루 미치는 마음, 그 근기와 욕망과 습기를 모두 알기 때문이다.

일체 지혜에 두루 미치는 마음, 법계를 따라 알기 때문이다.

일체 그지없는 데 두루 미치는 마음, 일체 요술 그물의 각기 다른 모습을 알기 때문이다.

일체 생겨남이 없는 데 두루 미치는 마음, 모든 법의 자성을 얻지 못하기 때문이다.

일체 걸림 없는 데 두루 미치는 마음, 제 마음과 남의 마음에 머물지 않기 때문이다.

일체 자재한 데 두루 미치는 마음, 한 생각의 찰나에 성불을 두루 나타내기 때문이다.

이것이 열 가지 두루 미치는 마음이다.

만약 보살들이 이 가운데 편안히 머물면 한량없고 위없는 불법으로 두루 장엄함을 얻는다.

● 疏 ●

第四 十種周徧心은 明有何相이니 以過凡夫地하야 入眞如法中故니라

十中에 一은 總明悲廣智大하야 曠若虛空이오 二는 智契深極이오 餘皆可知니라

제4 단락, '두루 미치는 마음'은 어떤 모습인가를 밝혔다.

범부의 지위를 벗어나 진여의 법에 들어가기 때문이다.

10구 가운데 제1구의 '온 허공에 두루 미치는 마음'은 대비와 대지의 광대함이 허공처럼 광활함을 총괄하여 밝혔고,

제2구의 '일체 법계에 두루 미치는 마음'은 지혜가 심오한 극치에 계합함이다.

나머지 구절은 모두 말하지 않아도 알 수 있다.

經

佛子여 菩薩摩訶薩이 有十種根하니

何等이 爲十고

所謂歡喜根이니 見一切佛에 信不壞故며

希望根이니 所聞佛法을 皆悟解故며

不退根이니 一切作事 皆究竟故며

安住根이니 不斷一切菩薩行故며

微細根이니 入般若波羅蜜微妙理故며

不休息根이니 究竟一切衆生事故며

如金剛根이니 證知一切諸法性故며

金剛光焰根이니 普照一切佛境界故며

無差別根이니 一切如來同一身故며

無礙際根이니 深入如來十種力故니라

是爲十이니 若諸菩薩이 安住其中하면 則得如來無上大智圓滿根이니라

불자여, 보살마하살이 열 가지 근기가 있다.

무엇이 열 가지 근기인가?

이른바 환희의 근기, 일체 부처님을 봄에 신심이 무너지지 않기 때문이다.

희망의 근기, 들은 바 불법을 모두 깨달아 이해하기 때문이다.

물러서지 않는 근기, 일체 하는 일이 모두 끝까지 다하기 때문이다.

안주의 근기, 일체 보살의 행을 단절하지 않기 때문이다.

미세한 근기, 반야바라밀의 미묘한 이치에 들어가기 때문이다.

쉬지 않는 근기, 일체중생의 일을 끝까지 다하기 때문이다.

금강과 같은 근기, 일체 모든 법성을 증득하여 알기 때문이다.

금강광명 불꽃의 근기, 일체 부처의 경계를 두루 비추기 때문이다.

차별 없는 근기, 일체 여래가 같은 몸이기 때문이다.

걸림 없는 경계의 근기, 여래의 열 가지 힘에 깊이 들어가기 때문이다.

이것이 열 가지 근기이다.

만약 보살들이 이 가운데 편안히 머물면 여래의 위없는 큰 지혜의 원만한 근기를 얻는다.

◉ 疏 ◉

第二 十種根은 卽安住地中行이니 由前初住之行하야 令此勝用增上하야 皆光顯故로 名之爲根이라

十中分三이니

初一은 信成就요

次六은 修行成就니 於中에 初句는 樂欲根이니 卽近安樂法이니 多聞能正觀故요 二 不退者는 卽不著名利니 於三昧中에 亦無愛著과 及貪求故요 三 安住者는 萬行念念現前故요 四五는 悲智不斷이니 上皆敎道요 六은 卽證道之修요

後三은 卽廻向成就니 一은 總求一切地智故니 卽金剛智 照徹法性故요 二는 別求法身이오 三은 求功德身이니 謂十力等이라

已上十門明初地 竟하다

(ㄴ) '열 가지 근기'는 안주하는 지위에서의 수행이다.

앞의 처음 머문 행을 연유하여, 이러한 수승한 작용을 더욱 향상시켜 모두 빛나도록 한 까닭에 그 이름을 '근기'라 말한다.

10구는 3단락으로 나뉜다.

첫 단락의 제1구 환희의 근기는 신심의 성취이다.

다음 6구는 수행의 성취이다.

그 가운데 ① 제2구 '희망의 근기'는 좋아하고 원하는 근기이다. 이는 안락에 가까운 법이다. 많이 듣고서 바르게 관조하기 때문이다.

② 제3구 '물러서지 않는 근기'란 명예와 이익에 집착하지 않음이다. 삼매 가운데 또한 애착 및 탐구가 없기 때문이다.

③ 제4구 '안주의 근기'란 모든 행이 한 생각 한 생각에 나타나기 때문이다.

④ 제5구 '미세한 근기'와 ⑤ 제6구 '쉬지 않는 근기'는 대비와 대지가 단절되지 않음이다.

위는 모두 敎道이다.

⑥ 제7구 '금강과 같은 근기'는 證道의 수행이다.

뒤의 3구는 회향의 성취이다.

① 제8구 '금강광명 불꽃의 근기'는 일체 지위의 지혜를 총괄하여 구하기 때문이다. 이는 금강지혜로 사무치게 법성을 비추기 때문이다.

② 제9구 '차별 없는 근기'는 법신을 개별로 구함이며,

③ 제10구 '걸림 없는 경계의 근기'는 공덕의 몸을 구함이다. 十力 등을 말한다.

이상 10문에서 밝힌 제1 환희지를 끝마치다.

經

佛子여 菩薩摩訶薩이 有十種深心하니

何等이 爲十고

所謂不染一切世間法深心과

不雜一切二乘道深心과

了達一切佛菩提深心과

隨順一切智智道深心과

不爲一切衆魔外道所動深心과

淨修一切如來圓滿智深心과

受持一切所聞法深心과

不著一切受生處深心과

具足一切微細智深心과

修一切諸佛法深心이 是爲十이니

若諸菩薩이 安住其中하면 則得一切智無上淸淨深心이니라

불자여, 보살마하살이 열 가지 깊은 마음이 있다.

무엇이 열 가지 깊은 마음인가?

이른바 일체 세간법에 물들지 않는 깊은 마음,

일체 이승의 도에 뒤섞이지 않은 깊은 마음,

일체 부처의 보리를 통달하는 깊은 마음,

일체 지혜의 지혜를 따르는 깊은 마음,

일체 마군과 외도가 흔들지 못하는 깊은 마음,

일체 여래의 원만한 지혜를 청정히 닦는 깊은 마음,

일체 들은 법을 잘 지니는 깊은 마음,

일체 태어나는 곳에 집착하지 않는 깊은 마음,

일체 미세한 지혜를 두루 갖춘 깊은 마음,

일체 불법을 닦는 깊은 마음이다.

이것이 열 가지 깊은 마음이다.

만약 보살들이 이 가운데 편안히 머물면 일체 지혜의 위없이 청정한 깊은 마음을 얻는다.

◉ 疏 ◉

第二 十種深心下六門은 明第二地中行이라

於中二니 初 二門은 明發起淨十種深心이오 後四門은 自體淨이라

今初는 前門은 自分이니 直明深心이오 後門은 勝進이니 加以增上이라

今은 初니 晉經及論은 皆名直心者라

然深心有二義니

一은 於法殷重名深이니 卽樂修善行이오 二는 契理名深이니 深入理故니라 若語直心이면 但有後義니 正念眞如法故니라

今文 具二니 初는 由契理오 二는 由修行이니 次七은 廣上契理오 後 一은 顯前修行이라

(2) '열 가지 깊은 마음' 이하 6문은 제2 이구지 부분의 행을 밝혔다.

이는 2단락으로 나뉜다.

511

㈀ 2문은 발기의 청정을 밝힌 것으로, '열 가지 깊은 마음'이며,

㈁ 4문은 자체의 청정이다.

'㈀ 2문' 가운데 첫째 문은 자신의 본분이다. 바로 깊은 마음을 밝혔다.

둘째 문은 훌륭하게 닦아나감이다. 더욱 향상됨을 더하였다.

이는 '첫째, 자신의 본분'이다. 60화엄경과 논에서 모두 '直心'이라 말한 것은 깊은 마음에 2가지 뜻이 있다.

① 법에 성대하고 중대함을 깊다[深]고 말한다. 이는 선행을 즐거운 마음으로 닦음이다.

② 이치의 깨달음을 깊다고 말한다. 진리에 깊이 들어가기 때문이다.

만약 '直心'으로 말하면, '② 이치의 깨달음'만을 말할 뿐이다. 진여의 법을 바르게 생각하기 때문이다.

이의 경문에서는 2가지를 모두 갖추고 있다.

제1구의 '일체 세간법에 물들지 않는 깊은 마음'은 이치의 깨달음에서 연유하고,

제2구의 '일체 이승의 도에 뒤섞이지 않는 깊은 마음'은 수행에서 연유한 것이다.

다음 7구는 앞서 말한 '이치의 깨달음'을 자세히 말하였고,

마지막 1구는 앞서 말한 '수행'을 밝혔다.

佛子여 菩薩摩訶薩이 有十種增上深心하니

何等이 爲十고

所謂不退轉增上深心이니 積集一切善根故며

離疑惑增上深心이니 解一切如來密語故며

正持增上深心이니 大願大行所流故며

最勝增上深心이니 深入一切佛法故며

爲主增上深心이니 一切佛法自在故며

廣大增上深心이니 普入種種法門故며

上首增上深心이니 一切所作成辦故며

自在增上深心이니 一切三昧神通變化莊嚴故며

安住增上深心이니 攝受本願故며

無休息增上深心이니 成熟一切衆生故니라

是爲十이니 若諸菩薩이 安住此法하면 則得一切諸佛의 無上淸淨增上深心이니라

　　불자여, 보살마하살이 열 가지 더욱 향상된 깊은 마음이 있다.

　　무엇이 열 가지 더욱 향상된 깊은 마음인가?

　　이른바 물러서지 않는 더욱 향상된 깊은 마음, 일체 선근을 쌓아서 모으기 때문이다.

　　의혹을 여의는 더욱 향상된 깊은 마음, 일체 여래의 비밀스러운 말씀을 알기 때문이다.

　　바르게 지니는 더욱 향상된 깊은 마음, 큰 원과 큰 행에서 흘러

나오기 때문이다.

가장 훌륭한 더욱 향상된 깊은 마음, 일체 불법에 깊이 들어갔기 때문이다.

주인이 되는 더욱 향상된 깊은 마음, 일체 불법에 자재하기 때문이다.

넓고 큰 더욱 향상된 깊은 마음, 가지가지 법문에 두루 들어갔기 때문이다.

으뜸가는 더욱 향상된 깊은 마음, 일체 하는 일을 성취하기 때문이다.

자재의 더욱 향상된 깊은 마음, 일체 삼매와 신통변화로 장엄하기 때문이다.

안주의 더욱 향상된 깊은 마음, 본래 서원을 받아들이기 때문이다.

쉼이 없는 더욱 향상된 깊은 마음, 일체중생을 성숙시켜 주기 때문이다.

이것이 더욱 향상된 깊은 마음이다.

만약 보살들이 이 법에 편안히 머물면 일체 부처님의 위없이 청정한 더욱 향상된 깊은 마음을 얻는다.

● 疏 ●

二增上深心은 卽勝進上求니 增殷重故니라
十句亦四니 初門은 樂修善行이오 二는 標契理오 次三은 成上離疑니

一은 出所因이오 二는 彰所入이오 三은 成德自在라 後五는 成上積集善根이라

둘째, '더욱 향상된 깊은 마음'은 위로 보리를 구함을 훌륭하게 닦아나감이다. 더욱 성대하고 중대함을 더한 까닭이다.

10구 또한 4절로 나뉜다.

제1절의 제1구는 선행을 즐거운 마음으로 수행함이며,

제2절의 제2구는 진리에 계합함을 밝혔으며,

제3절의 3구는 위의 '의혹을 여읨'을 성취한 것이다.

제3구는 원인이 대상에서 벗어남이며,

제4구는 들어간 대상을 밝혔으며,

제5구는 성취한 공덕이 자재함이다.

제4절의 5구는 위에서 말한 '선근을 쌓아 모음'을 성취한 것이다.

經

佛子여 菩薩摩訶薩이 有十種勤修하니

何等이 爲十고

所謂布施勤修니 悉捨一切호대 不求報故며

持戒勤修니 頭陀苦行으로 少欲知足하야 無所欺故며

忍辱勤修니 離自他想하고 忍一切惡하야 畢竟不生恚害心故며

精進勤修니 身語意業이 未曾散亂하고 一切所作이 皆不退轉하야 至究竟故며

禪定勤修니 解脫三昧와 出現神通이 離一切欲煩惱鬪諍諸眷屬故며
智慧勤修니 修習積聚一切功德호대 無厭倦故며
大慈勤修니 知諸衆生의 無自性故며
大悲勤修니 知諸法空하야 普代一切衆生受苦호대 無疲厭故며
覺悟如來十力勤修니 了達無礙하야 示衆生故며
不退法輪勤修니 轉至一切衆生心故니라
是爲十이니 若諸菩薩이 安住此法하면 則得如來無上大智慧勤修니라

불자여, 보살마하살이 열 가지 부지런히 닦음이 있다.

무엇이 열 가지 부지런히 닦음인가?

이른바 보시를 부지런히 닦음, 일체 것을 버리되 보답을 구하지 않기 때문이다.

계율을 부지런히 닦음, 두타의 고행으로 욕심이 적고 만족할 줄 알아 속이는 바가 없기 때문이다.

인욕을 부지런히 닦음, 나와 남이라는 생각을 여의고 일체 사나운 일들을 참으며 끝까지 성내지 않기 때문이다.

정진을 부지런히 닦음, 몸과 말과 뜻의 업이 조금도 산란하지 않고 일체 하는 일이 모두 물러서지 않아 최고의 경지까지 이르기 때문이다.

선정을 부지런히 닦음, 해탈과 삼매와 나타나는 신통으로 일체

탐욕과 번뇌와 투쟁의 여러 권속을 여의기 때문이다.

지혜를 부지런히 닦음, 일체 공덕을 닦고 쌓되 게으름이 없기 때문이다.

크게 사랑함을 부지런히 닦음, 모든 중생의 자성이 없음을 알기 때문이다.

크게 가엾이 여김을 부지런히 닦음, 일체 법이 공함을 알고서 일체중생을 대신하여 괴로움을 받되 싫어함이 없기 때문이다.

여래의 열 가지 힘을 깨달아 부지런히 닦음, 걸림이 없음을 알아 중생에게 보여주기 때문이다.

물러서지 않는 법륜을 부지런히 닦음, 법륜을 굴려서 일체중생의 마음에 이르기 때문이다.

이것이 열 가지 부지런히 닦음이다.

만약 보살들이 이 법에 편안히 머물면 여래의 위없는 큰 지혜를 부지런히 닦을 수 있다.

◉ 疏 ◉

第二 十種勤修下四門은 明自體淨中行이니 彼는 約別地之行일새 但明於戒하야 而有三聚이니와 今文은 分二니

初一門은 通修十度니 卽攝善法戒니 律儀亦在其中이라

以地相望이면 是修位之首니 故特名勤修니라 晉經에 名方便이니 方便修起故니라

(ㄴ) '열 가지 부지런히 닦음' 이하 4문은 자체 청정 부분의 행을

517

밝혔다.

저 십지에서는 개별 지위의 행으로 말한 것이기에, 계율만을 밝혀 三聚淨戒[攝律儀戒, 攝善法戒, 攝衆生戒]를 말했지만, 이의 경문은 2단락으로 나뉜다.

제1 단락, 1문은 십바라밀을 전체로 닦음이니, 선을 행하는 攝善法戒이다. 악을 막는 攝律儀戒 또한 그 가운데 있다.

지위로 서로 대조하여 보면 지위의 행을 닦는 첫머리이기에 특별히 '부지런히 닦음'이라고 이름 지었다. 60화엄경에서는 '방편'이라 말한다. 방편으로 닦음을 일으키기 때문이다.

經
佛子여 菩薩摩訶薩이 有十種決定解하니
何等이 爲十고
所謂最上決定解니 種植尊重善根故며
莊嚴決定解니 出生種種莊嚴故며
廣大決定解니 其心이 未曾狹劣故며
寂滅決定解니 能入甚深法性故며
普徧決定解니 發心無所不及故며
堪任決定解니 能受佛力加持故며
堅固決定解니 摧破一切魔業故며
明斷決定解니 了知一切業報故며
現前決定解니 隨意能現神通故며

紹隆決定解니 **一切佛所**에 **得記故**며
自在決定解니 **隨意隨時成佛故**니라
是爲十이니 **若諸菩薩**이 **安住此法**하면 **則得如來無上決定解**니라

불자여, 보살마하살이 열 가지 결정된 이해를 가지고 있다.

무엇이 열 가지 결정된 이해인가?

이른바 최상으로 결정된 이해, 존중한 선근을 심기 때문이다.

장엄으로 결정된 이해, 가지가지 장엄을 내기 때문이다.

넓고 큰 결정된 이해, 마음이 용렬한 적이 없기 때문이다.

적멸로 결정된 이해, 매우 깊은 법성에 들어가기 때문이다.

두루 미치는 것으로 결정된 이해, 발심하여 미치지 않는 바가 없기 때문이다.

감당함으로 결정된 이해, 부처의 힘으로 가피를 받기 때문이다.

견고함으로 결정된 이해, 일체 마군의 일을 꺾어버리기 때문이다.

밝은 결단으로 결정된 이해, 일체 업보를 알기 때문이다.

앞에 나타낸 것으로 결정된 이해, 마음대로 신통을 나타내기 때문이다.

이어 높임으로 결정된 이해, 일체 부처님 처소에서 수기를 얻었기 때문이다.

자재함으로 결정된 이해, 마음대로 때를 따라 성불하기 때문이다.

이것이 열 가지 결정된 이해이다.

만약 보살들이 이 법에 편안히 머물면 여래의 위없는 결정된 지혜를 얻는다.

◉ 疏 ◉

二決定解下三門은 明饒益有情戒中行이니 此門은 總顯智니 於諸善決起勝解니라 地經은 約戒하야 但解十善이오 晉經은 名樂修니 由有決解일세 故樂修習이라

제2 단락, '결정된 이해' 이하 3문은 중생에게 도움이 되는 계율 부분의 행을 밝혔다.

이의 첫째 문은 지혜를 총괄하여 밝혔다. 모든 선에 대해 훌륭한 이해를 결정적으로 일으킴이다.

지경에서는 계율을 들어 10가지 선을 해석했을 뿐이며, 60화엄경에서는 "기쁜 마음으로 닦는다[樂修]."고 말하였다. 이는 결정된 이해를 연유한 까닭에 기쁜 마음으로 닦는 것이다.

|經|

佛子여 菩薩摩訶薩이 有十種決定解하야 知諸世界하나니
何等이 爲十고
所謂知一切世界 入一世界하며
知一世界 入一切世界하며
知一切世界에 一如來身과 一蓮華座 皆悉周徧하며

知一切世界 皆如虛空하며
知一切世界 具佛莊嚴하며
知一切世界에 菩薩充滿하며
知一切世界 入一毛孔하며
知一切世界 入一衆生身하며
知一切世界에 一佛菩提樹와 一佛道場이 皆悉周徧하며
知一切世界에 一音普徧하야 令諸衆生으로 各別了知하야 心生歡喜
是爲十이니 若諸菩薩이 安住此法하면 則得如來無上佛刹廣大決定解니라

불자여, 보살마하살이 열 가지 결정한 지혜로 세계를 알고 있다.

무엇이 열 가지 결정한 지혜로 세계를 아는 일인가?

이른바 일체 세계가 하나의 세계에 들어감을 알고,

하나의 세계가 일체 세계에 들어감을 알며,

일체 세계가 한 여래의 몸과 한 연꽃의 법좌에 모두 두루 미침을 알고,

일체 세계가 모두 허공과 같음을 알며,

일체 세계가 부처의 장엄 갖춤을 알고,

일체 세계에 보살이 가득함을 알며,

일체 세계가 하나의 모공에 들어감을 알고,

일체 세계가 한 중생의 몸에 들어감을 알며,

일체 세계에 한 부처의 보리수와 한 부처의 도량이 모두 두루

미침을 알고,

　일체 세계에 하나의 음성이 두루 가득하여 모든 중생으로 하여금 제각기 알고 마음에 기쁨을 내도록 하였다.

　이것이 열 가지 결정한 지혜로 세계를 아는 일이다.

　만약 보살들이 이 법에 편안히 머물면 여래의 위없는 부처 세계의 넓고 큰 결정된 지혜를 얻는다.

◉ 疏 ◉

二는 解世界라

　둘째, 세계를 앎이다.

經

佛子여 菩薩摩訶薩이 有十種決定解하야 知衆生界하나니 何等이 爲十고
所謂知一切衆生界 本性無實하며
知一切衆生界 悉入一衆生身하며
知一切衆生界 悉入菩薩身하며
知一切衆生界 悉入如來藏하며
知一衆生身이 普入一切衆生界하며
知一切衆生界 悉堪爲諸佛法器하며
知一切衆生界에 隨其所欲하야 爲現釋梵護世身하며
知一切衆生界에 隨其所欲하야 爲現聲聞獨覺의 寂靜威

儀하며

知一切衆生界에 **爲現菩薩功德莊嚴身**하며

知一切衆生界에 **爲現如來相好寂靜威儀**하야 **開悟衆生**이

是爲十이니 **若諸菩薩**이 **安住此法**하면 **則得如來無上大威力決定解**니라

불자여, 보살마하살이 열 가지 결정한 지혜로 중생계를 알고 있다.

무엇이 열 가지 결정한 지혜로 중생계를 아는 일인가?

이른바 일체 중생계의 본성에 실상이 없음을 알고,

일체 중생계가 한 중생의 몸에 들어감을 알며,

일체 중생계가 모두 보살의 몸에 들어감을 알고,

일체 중생계가 모두 여래장에 들어감을 알며,

일체중생의 몸이 일체 중생계에 두루 들어감을 알고,

일체 중생계가 모두 불법의 그릇이 될 것임을 알며,

일체 중생계에 그들의 원하는 바를 따라 제석·범천·사천왕의 몸을 나타낼 줄 알고,

일체 중생계에 그들의 원하는 바를 따라 성문·독각의 고요한 위의를 나타낼 줄 알며,

일체 중생계에 그들을 위해 보살의 공덕장엄의 몸을 나타낼 줄 알며,

일체 중생계에 그들을 위해 여래의 훌륭한 몸매의 고요한 위

의를 나타내어 중생을 깨우쳐 줌을 아는 것이다.

　이것이 열 가지 결정한 지혜로 중생계를 아는 일이다.

　만약 보살들이 이 법에 편안히 머물면 여래의 위없는 큰 위력의 결정한 지혜를 얻는다."

◉ 疏 ◉

三은 解衆生이니 文相並顯이라

　셋째, 중생을 앎이다.

　문장의 뜻은 아울러 분명하다.

已上六門 明二地 竟하다

　이상 6문에서 밝힌 제2 이구지를 끝마치다.

이세간품 제38-4 離世間品 第三十八之四

화엄경소론찬요 제93권 華嚴經疏論纂要 卷第九十三

화엄경소론찬요
華嚴經疏論纂要 ⑳

2024년 8월 15일 초판 1쇄 발행

편저자 혜거
발행인 박상근(至弘) • 편집인 류지호 • 편집이사 양동민
편집 김재호, 양민호, 김소영, 최호승, 하다해, 정유리 • 디자인 쿠담디자인
제작 김명환 • 마케팅 김대현, 이선호 • 관리 윤정안
콘텐츠국 유권준, 정승채, 김희준
펴낸 곳 불광출판사 (03169) 서울시 종로구 사직로10길 17 인왕빌딩 301호
　　　　대표전화 02) 420-3200 편집부 02) 420-3300 팩시밀리 02) 420-3400
　　　　출판등록 제300-2009-130호(1979. 10. 10.)

ISBN 979-11-7261-024-1 04220
ISBN 978-89-7479-318-0 04220(세트)

값 30,000원

잘못된 책은 구입하신 서점에서 바꾸어 드립니다.
독자의 의견을 기다립니다. www.bulkwang.co.kr
불광출판사는 (주)불광미디어의 단행본 브랜드입니다.